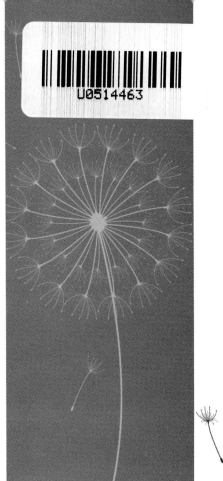

JINGZHUN FUPIN YU XIANGCUN ZHENXING XIANJIE YANJIU

# 精准扶贫与乡村振兴衔接研究

中国（南方）现代林业职业教育集团　编著

中国财经出版传媒集团
经济科学出版社
Economic Science Press

图书在版编目（CIP）数据

精准扶贫与乡村振兴衔接研究／中国（南方）现代
林业职业教育集团编著 . -- 北京：经济科学出版社，
2022.8
ISBN 978 - 7 - 5218 - 3917 - 3

Ⅰ.①精… Ⅱ.①中… Ⅲ.①扶贫 - 研究 - 中国 ②农
村 - 社会主义建设 - 研究 - 中国 Ⅳ.①F126 ②F320.3

中国版本图书馆 CIP 数据核字（2022）第 147239 号

责任编辑：张　蕾
责任校对：孙　晨
责任印制：邱　天

**精准扶贫与乡村振兴衔接研究**

中国（南方）现代林业职业教育集团　编著

经济科学出版社出版、发行　新华书店经销

社址：北京市海淀区阜成路甲 28 号　邮编：100142

编辑工作室电话：010 - 88191375　发行部电话：010 - 88191522

网址：www. esp. com. cn

电子邮箱：esp@ esp. com. cn

天猫网店：经济科学出版社旗舰店

网址：http://jjkxcbs. tmall. com

北京季蜂印刷有限公司印装

710 × 1000　16 开　17 印张　340000 字

2022 年 9 月第 1 版　2022 年 9 月第 1 次印刷

ISBN 978 - 7 - 5218 - 3917 - 3　定价：118.00 元

（图书出现印装问题，本社负责调换。电话：010 - 88191510）

（版权所有　侵权必究　打击盗版　举报热线：010 - 88191661

QQ：2242791300　营销中心电话：010 - 88191537

电子邮箱：dbts@ esp. com. cn）

中国（南方）现代林业职业教育集团
于 2014 年 7 月在广西柳州成立

国家林业局人事司副司长丁立新在中国（南方）
现代林业职业教育集团成立大会上讲话

广西壮族自治区林业局副局长黄政康在中国（南方）
现代林业职业教育集团成立大会上讲话

广西教育厅巡视员林宁在中国（南方）现代林业
职业教育集团成立大会上讲话

广西生态工程职业技术学院院长庞正轰主持中国（南方）
现代林业职业教育集团成立大会

国家林草局人事司教育培训处处长邹庆浩在中国（南方）
现代林业职业教育集团 2020 年年会上讲话

全国林业职业教育教学指导委员会常务副主任胡志东
在中国（南方）现代林业职业教育集团 2020 年年会上讲话

中国（南方）现代林业职业教育集团第二届理事长
罗掌华教授在集团 2020 年年会上讲话

中国（南方）现代林业职业教育集团现任理事长
冯昌信教授主持集团 2020 年年会

全国林业职业教育教学指导委员会常务副主任胡志东
为中国（南方）现代林业职业教育集团秘书长
潘梅勇教授颁发聘书

中国（南方）现代林业职业教育集团
2019 年年会在广西柳州召开

中国（南方）现代林业职业教育集团 2020 年年会
在湖南环境生物职业技术学院召开

中国（南方）现代林业职业教育集团 2017 年校长
联席会在广西柳州召开

中国（南方）现代林业职业教育集团 2018 年校长
联席会在云南林业职业技术学院召开

中国（南方）现代林业职业教育集团 2019 年校长
联席会在黔东南民族职业技术学院召开

中国（南方）现代林业职业教育集团 2021 年校长
联席会在安徽合肥召开

2019 年，中国（南方）现代林业职业教育集团第二届
微课赛复评会在湖南环境生物职业技术学院举行

2020 年，中国（南方）现代林业职业教育集团首届
教学能力比赛在宁波城市职业技术学院举行

**2019 年，中国（南方）现代林业职业教育集团首届**
**技能竞赛开幕式在云南林业职业技术学院举行**

**2021 年，中国（南方）现代林业职业教育集团第二届**
**技能竞赛边坡绿化赛项和林分调查技术赛项**
**在福建林业职业技术学院举行**

**2019 年，中国（南方）现代林业职业教育集团领导**
**与科大讯飞股份有限公司领导洽谈产教融合事宜**

# 序　言

中国（南方）现代林业职业教育集团是由国家林草局指导组建的两大全国性林草行业职教集团之一，2014 年 7 月经广西壮族自治区教育厅批准，由广西生态工程职业技术学院牵头正式成立。集团由南方 16 个省的 42 所涉林院校、90 家行业企业、14 家科研院所、8 家行业协会学会联合组成的非赢利性林业职业教育社会团体。集团的宗旨是按照资源共建、利益共享、合作共赢的原则，以集团化方式融合各主体，突出利益纽带，突出内外协同，从"共建共用实训基地、共商共享集团平台、结对共进服务社会"三个层面，力促政、行、企、校共同参与、共同发挥作用。

党的十八大将生态文明纳入"五位一体"中国特色社会主义总体布局之中，党的十九大将生态文明建设提升到中华民族永续发展千年大计的高度，充分体现了党中央、国务院对生态文明建设的高度重视。森林是人类生存的根基，是国家、民族最大的生存资本，在现代生态文明建设中发挥着不可或缺的作用，特别是在保障生态安全稳定、维系人类健康有序发展方面起着决定性作用。正是基于林业在生态文明建设中的重大意义，加快培养林业类技术技能型人才，是时代赋予林业职业教育的重大使命。为了整合各方林业职业教育资源，更好地发挥各方面力量和作用，林业职业教育集团化办学模式应运而生。

2021 年 2 月 25 日，习近平总书记在全国脱贫攻坚总结表彰大会上指出，脱贫攻坚战的全面胜利，标志着我们党在团结带领人民创造美好生活、实现共同富裕的道路上迈出了坚实的一大步[①]。"胜非其难也，持之者其难也"，脱贫但并不意味着贫困问题的彻底解决。切实做好巩固拓展脱贫攻坚成果，

---

① 习近平 . 习近平：在全国脱贫攻坚总结表彰大会上的讲话 [J]. 老区建设，2021（3）：10 - 17.

让脱贫基础更加稳固、成效更可持续，是党在新的历史时期赋予的使命。因此，继精准扶贫战略之后的乡村振兴战略，有必要将巩固脱贫攻坚成果纳入乡村振兴工作实施范畴，积极推行巩固拓展脱贫攻坚成果同乡村振兴有效衔接。

林业扶贫在全力配合国家脱贫攻坚战略整体推进中做出了巨大贡献。以林业、生态扶贫实践为典型例证，科学阐述林业、生态扶贫的作用机制及成效，对进一步巩固林业作为脱贫攻坚主产业、主阵地的优势以及切实巩固好林业生态扶贫成果具有十分重要的意义。中国（南方）现代林业职业教育集团积极开展林业、生态扶贫征文活动，提升集团成员单位的社会服务能力，是实现高技术高技能人才培养的"立交桥"，是形成产、学、研、用相结合的典型集团化协同育人模式。

为更好地展现中国（南方）现代林业职业教育集团成员单位教职工精准扶贫与乡村振兴衔接研究相关的论文成果，将征集到的林业和生态扶贫论文编写成本论文集《精准扶贫与乡村振兴衔接研究》予以出版。本论文集分为三大板块：一是探讨了精准扶贫与乡村振兴有效衔接的理论基础，二是剖析了中国（南方）现代林业职业教育集团成员单位精准扶贫与乡村振兴典型案例，三是将征集的林业和生态扶贫论文分为教育扶贫与乡村振兴、生态扶贫与乡村振兴、产业扶贫与乡村振兴、党建扶贫与乡村振兴、社会保障扶贫与乡村振兴等五部分呈现。

中国（南方）现代林业职业教育集团的成果之一《精准扶贫与乡村振兴衔接研究》，希望以该研究成果出版为契机，积极发挥中国（南方）现代林业职业教育集团资源优势，为我国林业职业教育发展做出更辉煌的业绩，为推动林业现代化和生态文明建设做出积极贡献。

全国林草职业教育教学指导委员会副主任委员　邹庆浩
2022 年 6 月于北京

# 前　　言

为切实做好巩固拓展脱贫攻坚成果，让脱贫基础更加稳固、成效更可持续，是党在新的历史时期赋予的使命。因此，有必要将巩固脱贫攻坚成果纳入乡村振兴工作实施范畴，积极推行巩固拓展脱贫攻坚成果同乡村振兴有效衔接。

中国（南方）现代林业职业教育集团成立以来，大力通过集团化办学育人模式，提升集团成员单位的社会服务能力和现代林业职业教育综合实力，为我国现代林业经济发展和生态文明建设做出积极贡献，力争打造出良好的现代林业职业教育品牌。中国（南方）现代林业职业教育集团近年来开展的一系列集团化办学育人工作，见本论文集彩页。在集团内开展林业、生态扶贫征文活动就是产、学、研、用相结合的典型集团化协同育人模式，是集团化办学育人模式的典型例证。为更好地展现中国（南方）现代林业职业教育集团成员单位教职工精准扶贫与乡村振兴衔接研究相关的论文成果，采用了征集到的林业和生态扶贫论文共计29篇中的23篇，撰写了精准扶贫与乡村振兴衔接相关的理论基础（即第一～四章内容由中国（南方）现代林业职业教育集团秘书处编写），从中国（南方）现代林业职业教育集团成员单位中征集了精准扶贫与乡村振兴典型案例，并将其编写成本论文集《精准扶贫与乡村振兴衔接研究》予以出版。

本论文集分为三大板块：一是从有效衔接的逻辑关系、核心要素、长效机制等四个方面探讨了精准扶贫与乡村振兴有效衔接的理论基础；二是剖析了中国（南方）现代林业职业教育集团成员单位精准扶贫与乡村振兴典型案例，分别是：对接"双高计划"提升社会服务发展水平、构建"四个三"创新创业体系助推新时代乡村振兴战略、双主体机制多方联动全面提升人才培养质量；三是将征集的林业和生态扶贫论文分为教育扶贫与乡村振兴、生态扶贫与乡村振兴、产业扶贫与乡村振兴、党建扶贫与乡村振兴、社会保障扶贫与乡村振兴五部分呈现。

本论文集的特点是理论与实践相结合，学术性、知识性和实用性并重，主题明确、内容充实。由于编者水平和经验有限，书中难免还有不足之处，欢迎广大读者和各位同仁批评指正。

中国（南方）现代林业职业教育集团理事长　冯昌信
2022 年 7 月

# 目 录

Contents

# 第一篇

# 精准扶贫与乡村振兴有效衔接的理论基础

# 第一章
# 我国脱贫攻坚与精准扶贫相关理论及实践

2020 年 12 月 3 日，习近平总书记郑重宣布，经过 8 年持续奋斗，我们如期完成了新时代脱贫攻坚目标任务，现行标准下农村贫困人口全部脱贫，贫困县全部摘帽，消除了绝对贫困和区域性整体贫困。① 中国共产党带领中国人民完成了举世瞩目的伟大壮举，为人类减贫事业作出了卓越贡献。然而，对于一个有理想的民族而言，消除绝对贫困绝不是我们发展的最终目标，而仅仅是万里长征路上的阶段性成就。党的十九届四中全会上明确提出"坚决打赢脱贫攻坚战，建立解决相对贫困的长效机制"，打赢脱贫攻坚战，消灭绝对贫困问题，在全面实现小康社会的目标下已经进入最后的收尾阶段。在 2020 年全面建成小康社会后，绝对贫困现象将全面消除是不争的事实，在此之后，反贫困的工作重心将由解决"绝对贫困"转向解决更加复杂的"相对贫困"。

## 一、精准扶贫相关政策与实践

精准扶贫是党的十八大以来，以习近平同志为核心的党中央作出的庄严承诺。目前，我国的减贫成就十分突出，特别是 2014 年实施精准扶贫战略以来，中国以举国之力推进脱贫攻坚，贫困发生率由 10.2% 降至 0.6%，贫困人口从 2012 年年底的 9899 万人减到 2019 年年底的 551 万人，连续 7 年每年减贫 1000 万人以上②。中国的精准扶贫实践不仅解决了广大贫困群众的基本生活保障，显著改善和提高了贫困群众的生活水平；而且通过不断摸索，建

---

① 雷明. 脱贫攻坚：书写伟大中国故事［J］. 中国报道，2021（7）：69 - 71.
② 习近平. 在决战决胜脱贫攻坚座谈会上的讲话［N］. 人民日报，2020 - 03 - 07（2）.

立了高效的减贫工作体制机制，推动着我国基层治理、社会治理体系持续改革创新。这也使得中国的减贫工作获得了很高的社会评价，赢得了广泛的国际赞誉。

## （一）政策背景

进入 21 世纪，尽管贫困人口数量大幅减少，但贫困人口分布呈现出"大分散、小集中"、从重点县向重点村转移的态势。2001 年，国务院印发《中国农村扶贫开发纲要（2001–2010 年）》，提出"整村推进"的扶贫方式，划定14.8 万个贫困村作为扶贫重点。从 2004 年开始，国家先后设立良种补贴、农资补贴和种粮直补，启动政策性农业保险试点，全面取消农业税，建立新农合、农村低保和新农保等制度，引入了带有兜底性质的保障性扶贫措施，扶贫成效显著。2011 年，我国将农民人均纯收入 2300 元（2010 年不变价）作为新的国家扶贫标准，根据这一标准，2012 年末农村贫困人口首次下降到 1 亿以下，贫困发生率下降到 10.2%（国家统计局住户调查办公室，2019）。

2013 年，习近平总书记在湖南湘西十八洞村调研时首次提出了"精准扶贫"思想，以此为标志，精准扶贫战略正式走上历史舞台。在此之后，习近平总书记就精准扶贫工作提出了一系列新思想、新论断、新观点，明确了扶贫理念、扶贫方法论和扶贫工具，科学地提出了"六个精准"的详细要求和"五个一批"的具体策略，精准扶贫思想日臻完善，成为发展中国家减贫实践中一份宝贵的精神财富。

精准扶贫战略的提出是中国在减贫道路上不断探索不断进步的结果。中国共产党高度重视解决贫困问题，带领人民持续向贫困宣战，并与时俱进，根据时代发展进程，多次调整贫困线标准和贫困治理目标，不断创新减贫方式方法，成功走出了一条中国特色的减贫道路。

## （二）特征

目前，以新型举国体制推动的精准扶贫具有显著的战略性、协同性、创新性特征。战略性体现在以先进理念指引精准扶贫道路，从一开始就确定建立什么样的扶贫体制、如何对待扶贫对象、遵循什么样的扶贫思路、如何应对扶贫实施中的普遍问题与特殊问题；协同性体现在以科学方法推进精准扶贫施策，通过坚持全国一盘棋，集中力量办大事来协同解决复杂治理难题（王亚华，2020），既包含政府、市场、社会维度的协同，也包含制度、组织、个体维度的协同；创新性体现在以多种工具提升精准扶贫成效，无论是政策工具数量维度的单一选择、多元组合还是政策工具自身类型的变革，都具有鲜明的创新特征。

### （三）制度变迁

**1. 赋能激励与多重约束的稳健性规制**

赋能激励与规范约束既能维护并巩固制度变迁过程中的委托代理关系，又能消解因个体机会主义行为造成的制度性偏误，确保协作主体间达成的共识性制度契约得以维系。规范性约束机制能通过正式或非正式的制度途径对行动者的行为选择形成链式追责，避免行动者因行为失当而导致贫困对象利益流失。强制性规约的建立使得行动主体始终将扶贫脱贫的整体效益置于首位，并极力抑制权责异化的行为，优化扶贫参与过程中的各项成本，形成协商合作的和谐制度环境。

**2. 社会公平与经济绩效的协调性契约**

精准扶贫制度变迁将建立在社会公平目标基础上的效率以及建立在经济绩效基础上的社会公平有效融合，体现了精准扶贫制度的张力与韧性。精准扶贫制度以增进贫困对象整体性福祉为导向，促使稀缺性扶贫资源投入有利于贫困对象发展的领域。经济绩效缓解了常规化、程式化扶贫政策刚性有余而灵活性不足的问题，实现了对贫困地区资源短板的补缺，推动脱贫发展机制的长效化建设。

**3. 秩序建构与自发演进的结构性程序**

国家治理与贫困地区自治的双向调试，确保精准扶贫制度变迁轨迹既不偏离中央扶贫规划要求，又能满足贫困对象脱贫的现实需要。自上而下的精准扶贫政策运作逻辑具有规模经济的利好性，更能降低组织调配的显性成本，推动制度走向均衡。精准扶贫从早期以经济发展为主的开发性扶贫，向以整村推进和保障性扶贫为补充的多维扶贫方式转变。社会主体尝试性探索建立的一套旨在发挥社会资本优势的决策体制，诱发了以贫困对象基本需求为核心的精准扶贫制度。

### 4. 政治权威与社会合约的共治性主体

从精准扶贫制度变迁的主体内容与形式上看，正是由于实现了政府高位驱动与社会组织有效参与，才奠定了促进贫困地区高质量发展的制度环境。精准扶贫赋予了政治权威在贫困地区开展各项事务的正当性与合法性。贫困问题的复杂形势，孕育了社会主体参与精准扶贫全过程的刚性需求。公共价值作为治理目标，使得以信任、互助、合作等非自利性偏好在精准扶贫场景中不断嵌入，为动员社会主体正式参与精准扶贫营建了客观环境。

## （四）基于政策工具的实践

### 1. "政策执行——供给面"的政策实践

（1）社会扶贫。广泛动员全社会力量共同参与扶贫开发是中国特色扶贫开发道路的重要特征。我国通过多种政策鼓励引导各类企业、社会组织和个人以多种形式参与扶贫开发，实现社会帮扶资源和精准扶贫有效对接。例如，组织民营企业开展"万企帮万村"精准扶贫行动，实施扶贫志愿者行动计划和社会工作专业人才服务贫困地区计划，动员广大公众参与脱贫攻坚。

（2）健康扶贫。健全贫困地区基层卫生计生服务体系，加强妇幼保健机构能力建设；将新型农村合作医疗和大病保险制度向贫困人口倾斜，加大医疗救助、临时救助、慈善救助等帮扶力度；加大农村贫困残疾人康复服务和医疗救助力度，扩大纳入基本医疗保险范围的残疾人医疗康复项目；并采取针对性措施，加强贫困地区传染病、地方病、慢性病等防治工作。

（3）精神扶贫。以等、靠、要思想为代表的精神贫困一直是精准扶贫工作中的难点（杭承政等，2017），为增强贫困户脱贫内生动力，我国持续开展扶贫扶志行动。例如，开展扶志教育活动，创办脱贫攻坚"农民夜校""讲习所"；实施以工代赈，动员更多贫困群众投工投劳；推广以表现换积分、以积分换物品的"爱心公益超市"等自助式帮扶做法。

（4）人才扶贫。我国持续开展公务员脱贫攻坚专项培训，把提升精准脱贫专业化能力贯穿培训全过程；选派优秀年轻干部到贫困地区工作，推进中央单位和中西部地区、民族地区、贫困地区之间干部交流任职，选派后备干部到贫困县挂职任职；开展贫困地区青年人才支持行动，由各级团委部门开展优秀青年干部、创业致富带头人、科技工作者、青年教师等青年人才培训工作。

（5）教育扶贫。从中央到地方各级政府在学校布局、软硬件建设、师资力量提升、儿童营养改善、贫困学生救助等方面不断加大投入力度；大力发展现代职业教育，推动东部地区职业院校（集团）对口支援贫困地区职业院校；利用互联网、人工智能等现代科学技术提高教育服务质量。同时也针对深度贫困地区的现实特征，实行有重点有针对性的教育脱贫攻坚，例如为少数民族老师开展普通话培训。

（6）文化扶贫。推动文化投入向贫困地区倾斜，集中实施一批文化惠民扶贫项目，普遍建立村级文化中心，如在湖北、江西、福建、广东等宗族文化地区，普遍将宗族祠堂改造为村级文化活动中心，使传统文化发挥现代效能；在县级层面，推动贫困地区县级公共文化体育设施达到国家标准；同时鼓励文化单位、文艺工作者和其他社会力量为贫困地区提供文化产品和服务。

（7）技能扶贫。增强贫困群体的职业技能是摆脱长久贫困和代际贫困的重要基础。我国实施"雨露计划""春潮行动""技能脱贫千校行动"等项目，大力支持农村贫困家庭新成长劳动力接受职业教育，参加技能培训；实施农民工等人员返乡创业培训五年行动计划（2016～2020 年）、残疾人职业技能提升计划等，实现"教育培训一人，就业创业一人，脱贫致富一户"的目标。

（8）交通扶贫。我国在贫困地区持续推动国家铁路网、国家高速公路网等重大交通项目建设；大幅度增加中央投资投入中西部地区和贫困地区的铁路、公路建设，提高贫困地区农村公路建设补助标准，加强农村公路安全防护和危桥改造；并且明确要结合村镇行政区划调整、易地扶贫搬迁、特色产业发展和农村物流等来规划建设或升级改造"扶贫路"，为脱贫攻坚奠定良好基础。

（9）兜底脱贫。我国对无法依靠产业扶持和就业帮助脱贫的家庭实行政策性保障兜底。针对一些缺乏劳动能力的老、弱、病、残群体，通过政府购买公共服务加强关爱帮扶。近来年，疫情期间为缓解受疫情影响导致的贫困加剧，各地民政和扶贫部门及时将符合民政帮扶政策的人员纳入救助帮扶范围，依规发放救助帮扶资金（如价格临时补贴），或提供救助帮扶服务。

（10）对口帮扶。"对口帮扶"是中国体制基础上为协调区域发展、应对危机事件、开展国家专项工程而开展跨地区、跨部门、跨政府合作，实现协同治理的有效方式，也一直被作为中国扶贫开发的重要手段（燕继荣，

2020）。我国长期实施如下两种协作对口帮扶：一是地区协作。东部地区对口帮扶西部地区。二是定点扶贫。各级党政机关、国有企事业单位帮扶贫困县或贫困村。

（11）易地搬迁扶贫。我国将居住在生存条件恶劣、生态环境脆弱、自然灾害频发等地区的农村贫困人口搬迁到条件相对较好的地理位置，并确保搬迁群众住房安全得到保障，饮水安全、出行、用电等基本生活条件得到明显改善，享有便利可及的教育、医疗等基本公共服务。根据规划，"十三五"期间，全国有22个省约1400个区县981万建档立卡贫困人口实施易地扶贫搬迁。①

（12）财政扶贫。全国多数地方的精准扶贫均具有强投入性特征（陈弘等，2019）。历年来，中央财政专项扶贫资金规模持续稳定增长，一般性转移支付资金、各类涉及民生的专项转移支付资金和中央预算内投资向贫困地区和贫困人口倾斜；中央集中彩票公益金对扶贫的支持力度也持续提升；同时明确要求农业综合开发、农村综合改革转移支付等涉农资金必须要有一定比例用于贫困村。

（13）资产收益扶贫。鉴于我国扶贫资金以公共财政投入为主，各地积极实施资产收益扶贫：对那些财政专项扶贫资金和其他涉农资金投入项目所形成的资产，具备条件的折股量化给贫困村和贫困户；支持农民合作社和其他经营主体通过土地托管、牲畜托养和吸收农民土地经营权入股等方式，带动贫困户增收；在贫困地区开展的水电、矿产等资源开发，也要赋予土地被占用的村集体股权。

（14）光伏扶贫。我国因地制宜采用集中式、分布式等不同工程形式推进光伏农业、渔光互补等新型业态，实施光伏扶贫工程。根据工程规划，推动16个省471个县约3.5万个建档立卡贫困村的200万建档立卡无劳动能力贫困户（包括残疾人）每年每户增加收入3000元以上。② 新冠肺炎疫情期间，国务院扶贫办和财政部联合发文进一步提高了光伏发电收益用于扶贫的比例。

---

① 国家发展改革委关于印发全国"十三五"易地扶贫搬迁规划的通知［EB/OL］. https://www.ndrc.gov.cn/xxgk/zcfb/ghwb/201610/t20161031_962201.html？code=&state=123.

② 关于实施光伏发电扶贫工作的意见［EB/OL］. http://www.nea.gov.cn/2016 - 04/05/c_135250679.htm.

**2. "政策执行——需求面"的政策实践**

（1）生态扶贫。生态扶贫是将生态保护与扶贫开发相结合的一种扶贫工作模式。当前，我国正在实施退耕还林还草、天然林保护、防护林建设、石漠化治理、防沙治沙、湿地保护与恢复、坡耕地综合整治、退牧还草、水生态治理等重大生态工程，此类工程的项目和资金安排进一步向贫困地区倾斜，同时，在贫困地区开展生态综合补偿试点，推动地区间建立横向生态补偿制度。

（2）农业产业扶贫。我国大规模推进农业产业化建设，广泛实施"一村一品"；培育贫困地区农民合作组织，组建各类合作社或合作联社；引进和发挥龙头企业带动作用，探索企业与贫困农户建立利益联结机制；深入推进科技特派员农村科技创业行动；针对产业扶贫出现的一些问题，及时调整政策并加强产业扶贫风险监测，健全风险预警机制，落实风险防范责任。

（3）旅游扶贫。我国在全国层面实施乡村旅游扶贫八大行动：乡村环境综合整治、旅游规划扶贫公益、乡村旅游后备箱和旅游电商推进、万企万村帮扶、百万乡村旅游创客、金融支持旅游扶贫、扶贫模式创新推广、旅游扶贫人才素质提升等，通过专项行动创造优良的乡村旅游环境、市场、金融、人才和管理，实现脱贫攻坚、农村经济、生态环境等多方共赢。

（4）电商扶贫。政府部门对有条件的贫困县实现电子商务进农村综合示范全覆盖，对有条件发展电子商务的贫困村实现电商扶贫全覆盖，并动员第三方电商平台对有条件的贫困县实现电商扶贫全覆盖。中央各部门在电商扶贫行政推进、公共服务、配套政策、网货供应、物流配送、质量标准、产品溯源、人才培养等方面通力合作，合理分工。

（5）就业扶贫。我国持续开展就业扶贫行动，例如劳务协作对接行动、重点群体免费职业培训行动、春潮行动、返乡农民工创业培训行动、技能脱贫千校行动等，以增加贫困群体的就业机会和职业技能；另外，千方百计增加社会就业岗位，支持贫困地区建设县乡基层劳动就业和社会保障服务平台，大力支持家政服务、物流配送、养老服务等产业发展，拓展贫困地区劳动力外出就业空间。

（6）消费扶贫。我国广泛动员各级党政机关、统一战线、国有企事业单位、军队、工青妇等群团组织、行业协会商会、民营企业等各方力量，积极购买贫困地区农产品；同时又采取措施加强贫困地区网络基础设施、仓储保鲜冷链物流设施、电子商务和快递物流网点等建设；并且支持贫困地区建立生产基地、开展标准化生产、推广先进适用技术等以提升贫困地区产品和服务质量。

**3. "政策执行——环境面"的政策实践**

（1）金融扶贫。在对贫困农户的金融扶持上，推动扶贫小额信贷覆盖建档立卡贫困农户的比例和规模持续增长；在对县域经济的金融扶持上，推动金融机构网点向贫困乡镇和社区延伸；增加贫困地区信贷投放，加大对县域基础设施、基本公共服务、易地扶贫搬迁以及重点支柱产业的金融支持力度。针对新冠肺炎疫情影响，还适当延长了贷款主体的还款期限。

（2）税收扶贫。税务部门对从事个体经营的建档立卡贫困人口按每户每年12000元为限额依次扣减其当年实际应缴纳的增值税、城市维护建设税、教育费附加、地方教育附加和个人所得税；对于招用建档立卡贫困人口的企业，与贫困人口签订1年以上期限劳动合同并依法缴纳社会保险费的，在头3年按实际招用人数予以定额依次扣减各种税费。[①]

（3）社会保险扶贫。通过财政补贴减轻贫困人员参保缴费负担，通过降低起付线、提高报销比例和封顶线等倾斜性政策减轻贫困人员医疗费用负担。"十三五"期间，在认定农村低保和扶贫对象时，中央确定的城乡居民基本养老保险基础养老金暂不计入家庭收入。针对"三区三州"深度贫困地区，支持保险机构开办政策性农业保险业务，在有条件的地区开展价格保险、产值保险等新型农业保险。

（4）资本扶贫。对注册地和主要生产经营地均在贫困地区且符合相关条件的企业，或者注册地在贫困地区、最近一年在贫困地区缴纳所得税不低于2000万元且承诺上市后3年内不变更注册地的企业，申请首次公开发行股票并上市的，即报即审，审过即发；[②] 对注册地在贫困地区的企业申请在全国

---

① 财政部　税务总局　人力资源社会保障部　国务院扶贫办关于进一步支持和促进重点群体创业就业有关税收政策的通知［EB/OL］. http://www.gov.cn/gongbao/content/2019/content_5419231. htm.

② 中国证监会关于发挥资本市场作用服务国家脱贫攻坚战略的意见［EB/OL］. http://www. gov. cn/xinwen/2016 – 09/10/content_5107182. htm.

中小企业股份转让系统挂牌或行公司债、资产支持证券，实行专人对接、专项审核，且即报即审。

（5）土地扶贫。易地扶贫搬迁项目需要使用大面积建设用地，在建设用地指标有限的现实约束下，我国国土部门制定政策，允许在连片特困地区和国家扶贫开发工作重点县开展易地扶贫搬迁时，将城乡建设用地增减挂钩指标在省域范围内流转使用，即进行市场交易，既为搬迁农民安置提供用地保障，又能为搬迁农民建新居、农村基础设施建设和扶贫产业发展提供有力的资金支持。

（6）科技扶贫。在 20 世纪 90 年代，中央统战部、国家科学技术委员会、国家民族事务委员会和各民主党派中央、全国工商联围绕"多党合作，智力扶贫"主题在黔西南地区开展"星火计划、科技扶贫"实验区建设，科技特派员制度也应运而生。例如，北京市现有科技特派员队伍近万名，已与 38 个国家级贫困地区开展科技扶贫协作，带动 368 个贫困村、53000 户贫困农民脱贫增收致富（孟竹等，2019）。

（7）网络扶贫。在集中连片特困地区，要求每个村至少确定 1 名有文化、懂信息、能服务的信息员；在全国层面，计划到 2020 年实现全国行政村通光纤、通 4G 比例达到 99%，贫困村通宽带比例达到 99%，电商服务通达所有乡镇，全国中小学（含教学点）宽带接入率达到 99%，远程医疗覆盖所有贫困县。保障建档立卡贫困人口方便快捷接入高速、低成本的网络服务。[①]

中国精准扶贫的成功实践不仅印证了中国自身选择的脱贫攻坚的正确性，也进一步证明了政府作用的有效发挥在扶贫工作中的重要价值（邢成举等，2018）。当然，政府作用的有效发挥并非源于以政府计划手段为主的传统举国体制，而是内嵌于国家治理体系和治理能力现代化推进过程中所形成的新型举国体制中。近年来，新型举国体制在我国公共卫生事件处置、重大科技创新、巨型灾害应对、精准扶贫攻坚等诸多领域取得了令人瞩目的成功。

---

① 2020 年网络扶贫工作要点［EB/OL］. http://www.gov.cn/xinwen/2016 – 09/10/content_5107182.htm.

# 二、脱贫攻坚相关理论与实践

党的十八大以来，我国脱贫攻坚取得举世瞩目的成绩，谱写了人类反贫困事业的新篇章，彰显了以习近平同志为核心的党中央的坚强领导和中国特色社会主义制度的优越性。历经 8 年的持续奋斗，我国历史性地消除了绝对贫困和区域性整体贫困，取得了脱贫攻坚战的决定性胜利，现行标准下 9899 万农村贫困人口全部脱贫，832 个贫困县全部摘帽，12.8 万个贫困村全部出列，中国共产党完成了一项彪炳史册的大业，为人类的反贫困实践写下了浓墨重彩的一笔。① 脱贫攻坚战的胜利，不仅提升了民族信心、振奋了民族精神、增强了农民群众的获得感与幸福感，而且有利于拓展与丰富人类反贫困理论，给世界减贫提供中国智慧与中国方案。

## （一）政策的变迁特点

自党的十八大提出"精准扶贫"以来，中国共产党对扶贫事业越来越重视。特别是中共中央、国务院于 2015 年 11 月颁布《中共中央国务院关于打赢脱贫攻坚战的决定》后，全党全国人民对脱贫攻坚事业的关注度直线上升。通过对我国脱贫攻坚政策年度发布数量、阶段性特点和关键政策发布节点进行梳理，可将我国的脱贫攻坚政策的演变大致分为 2013～2015 年、2016～2017 年、2018～2020 年三个阶段。

第一个阶段是脱贫攻坚政策的酝酿起步期。该时期，习近平总书记于 2013 年在湖南湘西进行实地调研时作出了"精准扶贫"的重要指示，随后，我国相继出台了《关于创新机制扎实推进农村扶贫开发工作的意见》《建立精准扶贫工作机制实施方案》等政策文件，深入贯彻"六个精准""五个一批"的扶贫要求，将"精准"的滴管式贫困治理思想落到实处，初步建立了精准扶贫框架体系。不过，这一阶段颁布的脱贫攻坚政策较少，发文类型以规划和方案为主，且内容较为宏观与抽象，政策实施要求与步骤尚未细化。

---

① 习近平庄严宣告：我国脱贫攻坚战取得了全面胜利！［EB/OL］. http://www.zytzb.gov.cn/tzxy/351769.jhtml.

第二阶段是脱贫攻坚政策的快速发展期。这一阶段我国脱贫攻坚事业渐进艰难，"啃硬骨头"的难度不断加大。对此中央政府高度重视、迎难而上，颁布了大量有针对性的脱贫攻坚政策。如 2016 年中共中央办公厅、国务院办公厅相继出台了《关于加大脱贫攻坚力度支持革命老区开发建设的指导意见》《关于进一步加强东西部扶贫协作工作的指导意见》等，加大对深度贫困地区人力、物力、资金、资源的支持。同时，教育扶贫、金融扶贫、医疗扶贫等力度不断加大，如 2016 年国务院办公厅出台《关于加快中西部教育发展的指导意见》，中共中央组织部、人力资源社会保障部等 9 部门颁布《关于实施第三轮高校毕业生"三支一扶"计划的通知》等政策文件。此阶段，我国脱贫攻坚帮扶领域逐渐扩大，各领域帮扶内容与帮扶举措更加具体与细化，同时社会多元主体积极参与扶贫，"大扶贫"格局初步形成。

第三阶段是脱贫攻坚政策的迸发冲刺期。此时，我国脱贫攻坚战已到关键阶段，全国上下绷紧一根弦，向终极目标迈进。这一时期我国帮扶领域进一步扩大，脱贫攻坚政策内容更加深入与细化，相关部门相继出台了三年行动方案，如《关于印发健康扶贫三年攻坚行动实施方案的通知》《关于印发〈设计扶贫三年行动计划（2018－2020 年）〉的通知》《关于印发实施产业扶贫三年攻坚行动意见的通知》《推普脱贫攻坚行动计划（2018－2020 年）》等，这些三年行动计划对我国脱贫攻坚进程做了进一步规划与安排，是推动脱贫攻坚战取得胜利的重要保障。

2021 年 2 月 25 日，习近平总书记在全国脱贫攻坚总结表彰大会上宣告我国取得了脱贫攻坚战的全面胜利，完成了消除绝对贫困的艰巨任务。

脱贫攻坚时期我国的教育扶贫、产业扶贫、就业扶贫等是扶贫中的主体形式，且帮扶的手段主要是项目和资金，同时体现出我国脱贫攻坚政策涉及领域多样，既包括基本脱贫攻坚政策，也包括专项脱贫攻坚政策，帮扶内容几乎涵盖了贫困地区各个领域。通过多样化的脱贫攻坚政策，多管齐下攻坚克难，注重多种减贫方式的关联性、协调性、互补性与科学性，也是我国脱贫攻坚战取得胜利的重要法宝。

## （二）主要特征变化

党的十八大以来，脱贫攻坚被纳入"五位一体"总体布局和"四个全面"战略布局进行整体性部署，是新时代中国共产党带领全国人民消除绝对贫困、打赢脱贫攻坚战的重要理论遵循，也是全面建成小康社会、实现共同富裕的关键。同以前相比，新时代的脱贫攻坚也出现了一些新的变化与特征，主要体现在以下几个方面。

**1. 扶贫目标从解决温饱到高质量脱贫转变**

据统计，到 1978 年，我国贫困人口约 2.5 亿人，贫困发生率高达 30.7%，贫困人口温饱问题尚未完全解决。此后，扶贫开发一直以解决贫困人口的温饱问题为目标，不断巩固扶贫成果。党的十八大以来，我国脱贫攻坚的目标发生转变，更加注重解决"两不愁三保障"为基础的绝对贫困，强调贫困地区和贫困人口共同摆脱贫困，除了解决农村贫困人口吃的问题，还要保障其穿的问题以及教育、基本医疗和住房问题，逐渐向高质量脱贫转变。此外，中国设定的贫困线标准也由 1978 年的人均年纯收入 100 元，上调至 2011 年的 2300 元，不再以满足贫困人口的温饱作为扶贫目标，更加注重人的生存质量。

**2. 扶贫主体从单一主体到多方联动转变**

党的十八大以来，在以习近平同志为核心的党中央的坚强领导下，我国已逐步构建起政府、市场、社会协同推进的大扶贫格局，充分发挥政府主导作用，不断加强市场与社会组织的参与力度。政府、市场、社会多元主体的参与，能够为贫困地区提供更多的物质和人才供给，推动了农村贫困地区经济更好更快发展和贫困人口高质量脱贫，夯实了新时期脱贫攻坚的基础。

**3. 扶贫对象从普遍性到精准性转变**

新中国成立初期，在贫困地区建立合作社，实施土地制度改革，促进了经济发展；1980 年国家设立专项资金用于扶贫，标志着中国扶贫对象开始向精确性转变；1986 年《关于进一步活跃农村经济的十项政策》，提出以贫困县为重点推进扶贫开发工作，从此，我国扶贫对象开始精确到县；2001 年《中国农村扶贫开发纲要（2001—2010）》颁布，开始以贫困村为重点实施扶持，扶贫对象精确到村；2014 年精准扶贫政策的正式落地，使扶贫对象精确到户。党的十八大以来，党中央更加注重贫困人口的瞄准、识别、帮扶、退出，不断完善精准扶贫政策，实现了扶贫对象由普遍性到精准性的转变，确保脱真贫、真脱贫。

**4. 扶贫模式从救济式到开发式转变**

1986 年以前，我国扶贫开发主要采取给钱、给物的救济式扶贫模式，这种模式对于解决农村贫困问题有一定成效，但是容易滋生贫困人口"等、靠、要"的问题，无法做到脱贫致富的长效性，一旦遇到大病大灾等情况，就会立刻返贫。由救济式扶贫向开发式扶贫的转变，符合了中国农村贫困实际，提出的治贫先治愚、志智双扶相结合的新举措，注重提高贫困地区和贫困人口的内生动力，调动了贫困人口积极性、主动性和创造性，增强了贫困地区的自我发展能力，促进了农村地区经济社会的快速发展。

## （三）实践经验

我国脱贫攻坚战之所以能够取得彪炳史册的伟大成就，与党的领导和重视、科学合理的扶贫理念分不开，更与全党全国全社会的共同努力有关联；是中国特色扶贫开发道路在新时代的重大理论和实践创新，其主要经验可以归纳为以下几点。

**1. 党和政府高度重视，充分发挥社会主义制度优越性**

党的领导与重视是我国脱贫攻坚战取得胜利的根本保证。党的十八大以来，中国共产党将脱贫攻坚纳入"五位一体"总体布局和"四个全面"战略统筹，并将其作为全面建成小康社会的底线任务和标志性指标，组织了声势浩大的脱贫攻坚战，不断将党的钉钉子精神、攻坚克难精神内嵌于宏观、中观、微观的减贫制度设计中，并通过公共政策这一重要载体将脱贫攻坚上升为国家发展战略。面对脱贫攻坚这一重大政治任务，中国共产党始终坚持总揽全局、协调各方，发挥"把方向、谋大局、定政策、促改革"的关键作用，强化落实中央统筹、省负总责、市县抓落实的工作机制，强化党政一把手总负责的领导责任制。例如，中共中央办公厅、国务院办公厅于2016年印发的《省级党委和政府扶贫开发工作成效考核办法》中明确规定，每年要对22个中西部省级党委和政府扶贫开发工作进行考核问责，实行考核评估，开展年度约谈、常态化约谈，奖优罚劣等举措。同时，中国共产党坚持对脱贫攻坚工作的全面领导，将贫困治理纳入国家整体治理体系进行考虑，为打赢脱贫攻坚战提供了根本保证，彰显了党与政府的政治担当、责任担当，更体现了党的领导在贫困治理中的重大意义。发挥政治优势是脱贫攻坚取得巨大成就的基本经验，也是打赢脱贫攻坚战的政治保障。

### 2. 动员机制坚强有力，促进国家整体实力提升

动员一般包括动员主体、动员对象和动员方法等要素。在脱贫攻坚中，动员主体往往是脱贫攻坚指挥部、领导小组或工作小组，小组或指挥部往往由县长、县委书记或共同任组长或指挥长，扶贫办主要负责人任副组长或副指挥长，相关职能部门及乡镇一把手为成员。动员的另一核心要素是动员对象，脱贫攻坚的动员对象主要是贫困群众和扶贫干部，在群众动员中，往往将脱贫与收入、教育、医疗、环境、下一代等群众关心的问题联系起来，提高群众脱贫积极性；同时，以集体开会动员、入户单独动员、电话跟踪动员、微信强化动员、典型示范动员等方法，试图以表面"共商"的"算账"方式，让群众自愿脱贫、主动脱贫。在干部动员上，我国往往用"战争式"的语言体系来表示重视，"攻坚战""战区制""突击团""冲锋队""尖刀班""战士"等称谓比较普遍。通过按照战区的方式来对待脱贫攻坚，明确相关责任人的主要任务，确保政令畅通，形成全党动员、全民参与的工作格局。

同时，我国还通过国际减贫合作与交流，有效借助国际扶贫力量提高国内减贫效果，形成了由内而外的社会动员机制。动员各方社会主体参与扶贫的做法恰与"参与式发展理论"相吻合，该理论强调在"外来者"的帮助下，赋予当地成员相应权力，鼓励当地群众积极主动地参与贫困治理，从而实现成果共享的发展。将"参与式扶贫"理论运用到我国扶贫实践中，不仅是对传统"输血式"扶贫的突破，更是让贫困地区与贫困人口得到更多实际效益。同时，通过出台各类优惠政策、提升基础设施和公共服务能力来提高贫困地区竞争力，增加就业机会、获得金融服务等形式，提高贫困人口自身能力，成为脱贫攻坚的宝贵经验。

### 3. 立足从贫困实际出发，扶贫开发理念科学合理

脱贫攻坚始终立足我国贫困的实际问题，根据国家经济社会发展的需要和贫困地区、贫困人口分布特征，及时制定并调整扶贫战略和政策。脱贫攻坚瞄准的是真问题，要求的是实办法，拿出的是准方案，真、实、准，三位一体，既是互相联系，又是互相补充的。真就是要真扶贫与扶真贫，实就是要扶贫要扶志和扶智，准就是要贵在精准重在精准。

党和政府高度重视是我国创造脱贫攻坚奇迹的组织保障，而科学的扶贫开发理念则是取得胜利的基本前提。正如多维贫困理论认为除了关注经济状

况外，还应从多个方面探讨致贫原因和测量贫困一样。脱贫攻坚战始终以发展的方式解决贫困问题，致力于全方面提升贫困地区与贫困群众的自身发展能力，故而以习近平同志为核心的党中央扶贫开发理念是以"促进人自由而全面的发展"为核心，这蕴含着勇于探索的创新思想、改革发展的共享思想、生态绿色的环保思想、减贫主体的合作思想等深刻而丰富的内涵。我国将科学的扶贫开发理念嵌入脱贫攻坚目标、方针、政策中，以发展引领贫困地区和贫困人口的高质量脱贫，并通过出台优惠政策、完善基础设施和增强公共服务能力提高贫困地区的竞争力，通过增加就业机会、提供金融服务等方式提升贫困人口的发展潜力，为全面打赢脱贫攻坚战提供了基本保障。

**4. 坚持扶贫创新，推动扶贫方式的良性互动**

新中国成立以来，我国扶贫开发经历了从救济式扶贫模式，到开发式扶贫模式，再到开发式与保障式并重的扶贫模式。受致贫原因、人口结构、区域发展等因素影响，采取差异化扶贫方式，有选择、有重点、有针对性地进行扶贫开发，成为脱贫攻坚可供借鉴的宝贵经验。新中国成立初期，绝对贫困人口数量庞大，实行救济式扶贫，以平均分配和社会救济为基本手段，解决了普遍贫困状态下多数人的基本生存需要。但是，这种"输血式"扶贫忽视了贫困人口发展的内生动力，受经济社会发展水平影响较大，只能短期内缓解贫困人口的生存困难，无法从根源上消除绝对贫困；开发式扶贫是中国结合自身特点独创的全新扶贫模式，注重采取多种措施，以项目扶持、资源开发等方式，变"输血"为"造血"增强贫困地区和贫困人口的发展能力和内生动力，对于缩小城乡差距发挥了积极作用；党的十八大以来，面对绝对贫困与相对贫困并存、致贫原因更加复杂等新特征，以习近平同志为核心的党中央坚持开发式扶贫与保障式扶贫并存，对无法依靠自身努力脱贫致富的贫困人口，建立以社会保险、社会救助、社会福利制度为主，以慈善帮扶、社工救助为辅的综合保障体系，成为脱贫攻坚创新性的体现。

## 三、实现脱贫攻坚是乡村振兴的前提条件

2020 年底如期实现全面脱贫是党对人民作出承诺的兑现，当前，我国已实现贫困人口全部脱贫、贫困县全部摘帽、解决区域性整体贫困，"两不愁、

三保障"等基本问题得到充分保障。脱贫攻坚的政策目的导向性就是解决农村低收入群体的生存保障问题，是农村发展和农民增收等一系列农村政策的基础。只有优先解决了基本生存问题，把最薄弱的绝对贫困问题解决，才能动员更大的人力、物力和财力搞好农村生产发展、农村治理等多元发展问题。由此，可以看出，首先，脱贫攻坚的成果为乡村振兴奠定了良好的物质基础，在一定程度上提升了乡村振兴发展的起点高度，为最终实现更高层次的乡村振兴水平埋下了伏笔；其次，脱贫攻坚过程中形成的具有可持续发展前景的扶贫模式和扶贫项目，亦可继续用于乡村振兴的发展中，从而减轻了乡村振兴的压力；最后，从思想认知和信心层面为乡村振兴创造了良好的发展氛围，无论从我国历史进程还是国际经验来看，世界上都没有让上亿人实现脱贫的壮举，我国脱贫攻坚战略目标的按期实现给广大中国人民树立了强大的发展信心，能够极大激发广大农村群众向美好生活继续奋斗的内生动力，这是容易被忽视但却是乡村振兴建设中极为重要的一点。

为解决困难户基本生活需求的保障性扶贫是解决农村贫困问题的一个根本前提，而解决农村低收入群体增收需求的开发式扶贫，则与乡村振兴发展思路相契合，在未来很长一段时间内都是乡村振兴的前提条件。此外，乡村振兴的关键还是在于对农村低收入群体的利益激励机制的构建，只有在实现脱贫攻坚的前提条件下，农村劳动力、土地资源等生产要素的活力才能在市场化的激励作用下得到最大限度利用，农村资本投入不足的弊端也能通过社会资本流入得以解决。也只有在这个基础上才能搞好农村经济，并且利用农村产业振兴和农业现代化经营的开发投入吸引更多的资金投入到农村公共基础设施建设。农村经济发展是消除绝对贫困的最本质基础，也是防止脱贫户返贫的最有效方式，同时，也为缓解相对贫困创造了良好的发展环境。因而说，全面脱贫是乡村振兴的基本前提条件。

## 四、脱贫攻坚与乡村振兴战略的衔接

实施乡村振兴战略，是党中央做出的重大决策部署，是新时代"三农"工作的总抓手。目前，我国正处于巩固拓展脱贫攻坚成果同乡村振兴有效衔接的历史时期，一方面，脱贫攻坚战宣告胜利结束，绝对贫困问题得到历史性解决；另一方面，党的工作重心逐渐向乡村振兴转移，乡村振兴工作有序开展。回顾过去，展望未来，"十三五"时期脱贫攻坚政策设计也给"十四五"时期的乡村振兴工作带来重要启示与借鉴。

## （一）政策主体要更加重视协同治理与多元合作

党和政府可以在短期内集中全部力量打赢脱贫攻坚战，但超常规的治理方式无法长效解决乡村振兴问题。因此，乡村振兴时期的政策设计应更加注重市场、社会、企业等多方主体的协同参与，通过引入市场机制撬动政府、企业、社会资源，发展当地特色产业，利用市场机制激活各生产要素，通过市场效率提升农户的获得感与幸福感。同时，积极吸引大中小企业参与农业农村现代化过程，加大减免帮扶企业的税收优惠力度，提升乡村发展潜力。此外，还需不断扩大社会组织参与乡村振兴的渠道与方式，深入实施东西部协作，引导慈善类、社工类、医疗类社会组织参与乡村产业发展与人才振兴。毕竟，社会组织更方便从人才培养、乡风建设、生态宜居等角度出发，促使政府更加精准、高效地提供制度供给，从而提升农村治理效能。

## （二）政策对象要更加明确分层分类与因地施策

脱贫攻坚时期的政策对象是9899万农村贫困特殊群体，而乡村振兴政策面对的则是全体农村人口，受益群体范围更加广泛，农村、农民类型也更复杂多样。因此，乡村振兴不宜搞"一刀切"，应该分层次分类型逐步推进。一方面，我国绝对贫困问题虽已解决，但中西部脱贫地区与乡村振兴、农业农村现代化的要求仍有较大的差距，因此在巩固脱贫攻坚成果同乡村振兴有效衔接的初期，中西部地区刚脱贫的不稳定户、边缘易返贫户等监测户仍是重点关注对象，对这部分群体应以巩固脱贫攻坚成果为主，实施常态化监测、定期核查和动态管理，采取针对性措施进行帮扶，防止返贫发生。同时，政府应出台相应的激励性、引导性政策，鼓励支持脱贫地区开展产业振兴、人才振兴；支持龙头企业、农产品加工业、乡村致富带头人的发展，促进脱贫人口稳定就业；大力培养本土人才，鼓励大学生、外出务工人员、有为青年下乡创业，造就高素质的"三农"队伍，为加快乡村振兴、农业农村现代化提供人才支持。另一方面，由于市场经济发达、社会发展水平相对较高，东部地区大部分农户已稳定脱贫,较早进入到相对贫困治理阶段,乡村振兴也已取得了一定的效果,对于这部分地区的乡村与农户,政府应做好中长期发展规划,持续加强农户能力建设,有效激发内生发展动力,给予其更多的资源与发展政策,推动市场、社会、企业多元主体融入乡村振兴全进程。

### (三) 政策内容要更加注重统筹兼顾与城乡融合

现阶段,我国绝对贫困问题已得到历史性解决,进入了相对贫困治理阶段。在此背景下,政策内容也应由脱贫攻坚时期的解决贫困人口"一达标两不愁三保障"为重点,转向满足广大农民对美好生活的向往,实现乡村"产业兴旺、生态宜居、乡风文明、治理有效、生活富裕"。任务转向对政策内容提出了新的要求,具体表现在:一是应注意主要政策措施的平缓过渡,在5年过渡期内严格落实"不摘责任、不摘政策、不摘帮扶、不摘监管"的"四不摘"政策,巩固脱贫攻坚成果,防止返贫;二是注重城乡融合发展,着力解决发展不平衡不充分问题,加快资本、人才、技术等各类要素在城乡之间的顺畅流动,以工业化、服务化理念统筹推动农业全面升级;三是优化普惠性、区域性公共服务供给,对脱贫人口、低收入群体建立长效帮扶机制;四是提升基础设施建设和公共服务水平,持续改善乡村道路、电力、通讯等基本生活生产条件,不断完善乡村义务教育和医疗卫生建设,提升广大农村地区的整体风貌。

### (四) 政策思路更加转向造血帮扶与长效机制

脱贫攻坚时期的政策设计主要关注贫困人口与贫困地区的脱贫,为此以"运动式治理"的方式实施了一系列带有"输血"性质的产业政策、人才政策、以购代捐政策等。但是,比较遗憾的是,贫困地区的产业发展仍然过多依赖国家政策的支持,尚未形成可持续的造血机能,乡村产业振兴基础还不牢固。因此,"十四五"时期在维持部分"输血"政策的情况下,应以市场为导向,加大"造血式"帮扶政策的出台,倒逼乡村产业转型升级和效率提升;扎实提高农副产品质量,打造乡村品牌,以真正获得消费者的青睐;注重对农村人口的金融扶持、教育帮扶与就业培训,构建志智双扶长效机制,不断增强乡村发展的活力与动力,构建乡村振兴长效机制。

## 参考文献

[1] 谢治菊, 李恺茵. 我国脱贫攻坚政策的变迁特点、实践经验及其与乡村振兴战略的衔接 [EB/OL]. http://kns.cnki.net/kcms/detail/44.1751.D.20220324.0859.002.html.

[2] 王亚华, 舒全峰. 中国精准扶贫的政策过程与实践经验 [J]. 清华大学学报 (哲学社会科学版), 2021, 36 (1): 141-155+205.

[3] 王琳. 我国脱贫攻坚的特征和经验 [J]. 北京大学学报 (哲学社会科学版), 2020, 57 (6): 126-131.

[4] 陈燕. 脱贫攻坚后时代: 农业农村现代化及乡村振兴的新征程 [J]. 福建论坛 (人文社会科学版), 2021 (3): 109-118.

[5] 黄妮. 中国精准扶贫制度变迁及其路径选择 [J]. 统计与决策, 2021, 37 (6): 24-27.

[6] 彭小兵, 龙燕. 基于政策工具视角的我国消费扶贫政策分析 [J]. 贵州财经大学学报, 2021 (1): 95-101.

[7] 斯丽娟, 尹苗. 新中国 70 年西北地区扶贫开发模式的演进与创新——基于 LDA 主题模型的分析 [J]. 兰州大学学报 (社会科学版), 2019, 47 (6): 94-105.

[8] 习近平. 在全国脱贫攻坚总结表彰大会上的讲话 [J]. 新长征 (党建版), 2021 (4): 4-11.

[9] 魏传永, 徐俪筝, 王健. 多维贫困理论视域下的健康扶贫政策: 以山东省为例 [J]. 山东社会科学, 2019 (9): 118-123.

[10] 王金艳. 习近平扶贫开发理念探析 [J]. 理论学刊, 2016 (2): 18-23.

[11] 王亚华. 从治水看治国: 理解中国之治的制度密码 [J]. 人民论坛·学术前沿, 2020 (21): 82-96.

[12] 陈弘, 周贤君, 胡扬名. 后精准扶贫阶段农村精准扶贫综合绩效提升研究——基于 4 省 38 市数据的实证分析 [J]. 中国行政管理, 2019 (11): 12-18.

[13] 孟竹、高星. 北京市落实国家科技特派员制度推行 20 周年总结会议精神座谈会召开 [EB/OL]. http://tv.people.com.cn/n1/2019/1021/c61600-31412293.html.

[14] 邢成举, 李小云. 超越结构与行动: 中国特色扶贫开发道路的经验分析 [J]. 中国农村经济, 2018 (11): 32-47.

[15] 国家统计局住户调查办公室. 中国农村贫困监测报告 [M]. 北京: 中国统计出版社, 2019.

# 第二章

# 脱贫攻坚与乡村振兴有效衔接的逻辑关系

习近平总书记指出，脱贫攻坚战的全面胜利，标志着我们党在团结带领人民创造美好生活、实现共同富裕的道路上迈出了坚实的一大步。同时，脱贫摘帽不是终点，而是新生活、新奋斗的起点。解决发展不平衡不充分问题、缩小城乡区域发展差距、实现人的全面发展和全体人民共同富裕仍然任重道远。① 因此，我们必须切实做好巩固拓展脱贫攻坚成果同乡村振兴有效衔接各项工作，让脱贫基础更加稳固、成效更可持续。

## 一、脱贫攻坚的目标与乡村振兴战略的目标

### （一）脱贫攻坚的目标

脱贫攻坚意味着已脱贫人口的收入水平能够长期保持稳定，稳定实现扶贫对象不愁吃、不愁穿，保障其义务教育、基本医疗和住房、脱贫人口返贫和新生贫困现象得到有效控制。

### （二）乡村振兴战略的目标

按照党的十九大提出的全面建成小康社会以及分两个阶段实现第二个百年奋斗目标的战略安排，党中央明确了实施乡村振兴战略的奋斗目标和任务：一是到 2020 年，我国乡村振兴战略取得阶段性进展，相关政策体系和制度框架基本形成；二是到 2035 年，我国乡村振兴战略取得决定性进展，农业农村

---

① 习近平庄严宣告：我国脱贫攻坚战取得了全面胜利！［EB/OL］. http：//www. zytzb. gov. cn/tzxy/351769. jhtml.

现代化基本得到实现；三是到 2050 年，我国乡村全面振兴，实现农业强、农村美、农民富的目标。

乡村振兴战略的主要内容主要包括以下方面：第一，产业兴旺。产业兴旺是实现乡村振兴的基石，而发展现代农业则是产业兴旺重要的内容，即通过产品、技术、制度、组织和管理的创新，提高良种化、机械化、科技化、信息化、标准化、制度化和组织化水平，从而推动农业、林业、牧业、渔业和农产品加工业等农村相关产业的转型升级。一方面，大力发展现代农业。即以新型专业农民、适度规模经营、经营外包服务和绿色农业为主要抓手，大力发展现代农业。另一方面，促进农民产业链的延伸。需大力推进乡村第一、二、三产业的一体化发展，促进农民产业链的延伸，创造更多的就业机会和经营收入。第二，生态宜居。生态宜居是保证乡村振兴发展质量的基础。其内容主要包括建立干净整洁的村庄，完善村里的水、电、路和其他基础设施，保护生态环境、保护乡村气息、保护乡村景观，减少乡村环境污染，实现人与自然和谐共处。第三，乡风文明。乡风文明是乡村振兴建设的灵魂，乡风文明建设主要包括：促进乡村文化教育和医疗卫生事业发展，改善乡村基本公共服务，弘扬社会主义核心价值观，传承遵规守约、尊老爱幼、邻里互助、诚实守信等乡村良好习俗，以及努力实现乡村传统文化与现代文明的融合。第四，治理有效。治理有效是乡村善治的核心，一般治理的效果越好，乡村振兴战略的实施效果就越好。因此，需要健全党委领导、政府负责、社会协同、公众参与、法治保障的现代乡村社会治理体制，健全自治、法治、德治相结合的乡村治理体系，同时加强乡村基层党组织建设，深化村民自治实践，建设平安乡村；要进一步加强党群和干部群众关系，有效地协调农民和集体利益、短期利益以及长远利益，确保乡村充满活力且和谐有序。第五，生活富裕。生活富裕是乡村振兴的目标，通常乡村振兴战略的实施效果往往需用农民的富裕程度来评价。因此，必须努力保持农民收入的快速增长，同时继续降低乡村居民的恩格尔系数，不断缩小城乡居民的收入差距，使广大农民和全国群众能够进入全面小康社会，稳步迈向共同富裕的目标。

# 二、脱贫攻坚与乡村振兴有效衔接的逻辑关系

## （一）脱贫攻坚是实现乡村振兴的前提和基础

脱贫攻坚为乡村振兴提供物质基础和制度保障，是实现乡村振兴的前提和基础。第一，必须巩固和加强物质及经济社会基础，这包括支撑脱贫户收入的产业、就业等经济基础及相应的创收能力，支撑"三保障"的基本公共服务以及支撑产业、就业与基本公共服务的基础设施等，尤其要做好易地扶贫搬迁后续帮扶、脱贫地区特色产业可持续发展和稳定就业等方面的工作。第二，脱贫的物质和经济社会基础，必须建立和完善保障这些物质和经济社会基础有效运转的长效机制。第三，脱贫攻坚需要稳定脱贫人口对政策和帮扶工作的预期，过渡期内，要严格落实"四不摘"政策。第四，脱贫攻坚还必须传承和发扬从脱贫攻坚工作中凝练出的精神，继续提升扶贫对象的内生动力、维持帮扶单位对脱贫人口的关爱、传递社会对弱势群体的爱心，继续传承和发扬脱贫精神。第五，脱贫攻坚要将脱贫攻坚中的管理体制、治理机制和相关优惠政策等，对乡村振兴有价值的发展及治理经验，积极地融入乡村振兴，最终实现巩固脱贫与乡村振兴的有机融合。第六，要拓展脱贫攻坚的受益范围。即将原来只有扶贫对象享受的优惠政策和福利适当延伸，比如教育扶持政策、健康保障优惠政策等。第七，要努力提高脱贫攻坚的标准和质量。即不断提高脱贫户在内的农民收入水平，提高脱贫人口和脱贫项目的质量，推进脱贫地区可持续发展。

## （二）脱贫攻坚与乡村振兴具有联动性

打赢脱贫攻坚战，为实施乡村振兴战略奠定坚实的基础和前提。习近平总书记强调，打好脱贫攻坚战是实施乡村振兴战略的优先任务。一是脱贫攻坚为乡村振兴打下了坚实的物质基础。党的十八大以来，为彻底解决绝对贫困问题，中央和地方政府出台了一系列扶贫的政策措施。在扶贫政策的帮扶下，贫困地区基础设施建设得到加强，乡村生产生活条件有了明显改善；通过因地制宜发展特色产业，提升了贫困地区的发展能力。二是脱贫攻坚为乡

村振兴提供了良好的发展环境。脱贫攻坚的相关举措提升了贫困地区的公共服务水平，通过发展环境的改变，改善贫困人口的生存条件，增强贫困人口的基础发展能力。三是脱贫攻坚为乡村振兴塑造了组织载体。脱贫攻坚的实施，促进了乡村治理体系的完善，尤其是乡村治理的组织载体得到了夯实。通过向贫困村派驻"第一书记""驻村工作队"的扶贫方式，实现了国家治理重心的下沉；跨部门领导小组工作制的实行，形成了乡村治理协作框架。

实施乡村振兴战略，有利于巩固拓展脱贫攻坚成果。当前，新时代脱贫攻坚目标任务如期完成。但对于脱贫人口和脱贫地区，尤其是农村低收入人口和欠发达地区而言，由于产业基础薄弱、基础设施不完善、公共服务不到位等原因，仍然存在返贫风险。因此，亟须尽快在脱贫地区建立脱贫长效机制，巩固拓展脱贫攻坚成果，增强其内生发展动力。一方面，在农业农村优先发展和推动城乡融合发展的原则下，配置型资源和政策支持将助力乡村发展；另一方面，乡村振兴战略的实施将增强权威型资源在乡村的供给，赋予乡村持续减贫以综合性内涵。乡村振兴战略的实施，将实现脱贫攻坚的纵深发展和可持续发展。

### （三）脱贫攻坚与乡村振兴具有一致性

从时间安排的维度上看，脱贫攻坚与乡村振兴之间存在重叠和交叉关系。根据党中央的相关部署，2020 年必须打赢脱贫攻坚战。党的十九大提出实施乡村振兴战略，根据全面建成小康社会和实现"第二个百年奋斗目标"的战略安排，为实施乡村振兴战略制定了"三步走"的时间表。其中，近期目标是"到 2020 年，乡村振兴取得重要进展，制度框架和政策体系基本形成"。因此，2018 ~ 2020 年就是打赢脱贫攻坚战与实施乡村振兴战略的重叠期和交叉期。时间上的交汇，决定了一定时期内两大战略的实施内容和任务目标高度契合。在贫困地区尤其是深度贫困地区，乡村振兴战略的优先任务、主要任务就是打赢脱贫攻坚战，聚焦解决绝对贫困问题。在其他地区，2020 年前脱贫攻坚和乡村振兴都以如期高质量全面建成小康社会为核心任务。时间上的交叉和重叠，确保了二者在实施过程中不产生脱节现象。

从空间布局的维度上看，脱贫攻坚与乡村振兴之间存在耦合和重合的关系。打赢脱贫攻坚战，主要聚焦贫困村和所在县，尤其是特困连片地区和深度贫困地区。实施乡村振兴战略，则覆盖整个农村区域，要在城乡融合的原则实现乡村的全面振兴。因此，脱贫攻坚的覆盖范围是乡村振兴覆盖范围的重要组成部分。2020年前，贫困村和所在县实施乡村振兴战略，优先任务是打赢脱贫攻坚战。2020年后，绝对贫困被消除，但相对贫困将长期存在。实现脱贫摘帽后的地区，能否构建长效稳定的脱贫机制，能否增强内生发展动力，将深刻影响乡村振兴战略的实施进程。

从战略安排的维度上看，脱贫攻坚与乡村振兴之间存在共通和融合的关系。脱贫攻坚与乡村振兴，二者在领导体制、工作机制和总体要求等方面具有共通性。在领导体制上，都以坚持党的领导作为根本政治保证，强调党政一把手负责制，要求省市县乡村五级书记一起抓；在工作机制上，均强调要落实好中央统筹、省负总责、市县抓落实的管理体制；在总体要求上，脱贫攻坚"五个一批"的总体要求和乡村振兴"二十个字"的总要求有较高契合度，都强调乡村产业、乡村生态和乡村治理的重要性；在实施方法上，均要求把握不同乡村的差异性，因地制宜、因村施策。

## （四）脱贫攻坚与乡村振兴具有递进性

从战略目标的维度来看，脱贫攻坚与乡村振兴之间存在接续关系。打赢脱贫攻坚战，是实现第一个百年奋斗目标的底线任务。脱贫攻坚以解决"两不愁三保障"突出问题为基本要求和核心指标。习近平总书记多次强调，要坚持现行脱贫标准，既不拔高，也不降低。实施乡村振兴战略，则对标第二个百年奋斗目标，旨在通过乡村产业、人才、文化、生态、组织的全面振兴，解决城乡发展不平衡，农村发展不充分的问题。脱贫攻坚的全面胜利，为推进乡村振兴战略奠定了坚实基础，在目标维度上呈现递进关系。

从战略对象的维度来看，脱贫攻坚的帮扶主体是现行标准下的农村贫困人口，重点解决贫困户的生存问题；乡村振兴战略涵盖的对象就更加广泛，包括全体农村居民。就对象所在区域而言，脱贫攻坚瞄准贫困地区，重点聚焦以"三州三区"为代表的集中连片特困地区和深度贫困地区；实施乡村振兴战略，则要实现所有乡村的全域覆盖，实现乡村全面振兴，在实施过程中要统筹好相对贫困人口与其他人口、脱贫地区与其他地区之间的关系。

从战略内容的维度来看，由于乡村振兴的战略目标层次更高，战略实施的持续时间更长，其战略内容的内涵更丰富、涵盖面更广。就内容属性而言，打赢脱贫攻坚战，强调在期限内彻底解决绝对贫困问题，以完成基本要求和达到核心指标为导向，属于治标之策；实施乡村振兴战略，旨在实现农民的共同富裕和乡村的全面振兴，着重解决农村居民和乡村的长远发展问题，属于治本之策。就内容特性而言，脱贫攻坚以帮扶为导向，通过外部资源对乡村的投入改变其生产生活环境；乡村振兴战略以增强农民和乡村的自我发展能力为导向，致力于解决城乡发展不平衡的根源性问题。

## 三、脱贫攻坚与乡村振兴有效衔接的思路

脱贫攻坚与乡村振兴有效衔接的基本思路，要内嵌于新时代中国特色社会主义发展的战略安排，根据不同阶段的战略目标、战略要求梯次有序推进。在基本实现社会主义现代化的阶段，要把巩固拓展脱贫攻坚作为乡村振兴的首要任务，着力解决相对贫困问题，以"产业兴旺、生态宜居、乡风文明、治理有效、生活富裕"为要求，重点推进现代农业发展、农民就业增收、城乡基本公共服务均等化，加快推进农业农村现代化。

### （一）基本要求：切实防止返贫

目前，我国现行标准下农村贫困人口全部脱贫，贫困县全部摘帽，易地扶贫搬迁任务全面完成，消除了绝对贫困和区域整体性贫困，创造了人类减贫史上的奇迹。然而，由于脱贫地区产业基础薄弱，精神贫困问题未根本消除等原因，脱贫人口自我发展的内生动力并未完全形成，防止返贫仍存在较大压力。全面建成小康社会后，要推动减贫战略和工作体系平稳转型，建立高质量的减贫标准体系和常态化的帮扶模式，切实防止返贫。此外，要巩固拓展巩固脱贫成果，持续实施乡村振兴战略，在产业、人才、文化、生态、组织等方面持续发力，培植脱贫地区和脱贫人口持续发展的"土壤"，逐步走上共同富裕的道路。

### （二）战略主体：各方协同

打赢脱贫攻坚战与实施乡村振兴战略，在战略规划主体、战略实施主体、

战略参与主体和战略目标主体等方面均具有共通性。党中央国务院在巩固脱贫成果与乡村振兴中做好顶层设计、总体布局的工作，各级党委和政府是制度供给者和政策实施者，发挥统筹协调、整体推进、督促落实的作用；在战略实施过程中，需要广泛动员各方社会力量的参与，脱贫攻坚形成了专项扶贫、行业扶贫和社会扶贫"三位一体"的大扶贫格局，乡村振兴战略的实施同样也需要形成社会各方协同的振兴局面；脱贫攻坚与乡村振兴的最终目标是增强农民群众的获得感幸福感安全感，逐步促进农民群众的全面发展、共同富裕，都强调以农民为主体。同时，乡村振兴战略的目标层次更高、内涵更丰富、持续时间更长，在战略实施过程中需要实现市场机制有效、微观主体有活力、宏观调控有度。因此，乡村振兴战略要协调好政府主导与农民主体的关系，要强调市场在资源配置中的决定性作用，同时突出农民的主体地位。

### （三）贯穿主线：增强人民的自我发展能力

要实现切实防止返贫，巩固拓展巩固脱贫成果的目标，核心在于激发农民的内生发展动力。在政策引导上，要优化相关产业政策和金融政策等的有效供给，将"输血式"政策转变为"造血与输血协同式"政策，着重改善脱贫地区发展环境、保障脱贫地区发展要素、提升脱贫人口发展能力等。在产业发展上，要更加注重农民主体地位的体现。农户不仅是乡村产业发展的受益者，更是乡村产业发展的直接参与者。在主体培育上，要通过多种形式的教育与培训，着力培育"有文化、懂技术、会经营"的新型职业农民，提升其以农业生产经营为核心的发展能力。在组织保障上，充分发挥农村集体经济的带动作用，提高农民的组织化程度，重塑乡村主体性。与此同时，要大力支持专业合作社、社会化服务组织与供销合作社等对农民的组织作用，并构建合理的利益联结机制，激发农民的内生发展动力。

### （四）实施路径：产业支撑和政策保障

从产业支撑的角度来看，当前部分地区扶贫产业的发展，主要是技术含量较低的特色种养产业和劳动密集型非农产业，且存在农民主体缺失、内生动力不足、可持续性差等问题。因此，下一步要实现产业升级、促进多元产业发展。从实现机制的角度来看，基于脱贫攻坚与乡村振兴的统一性，要全面总结脱贫攻坚的成功经验，充分借鉴在打赢脱贫攻坚战过程中形成的行之有效的体制机制。基于脱贫攻坚与乡村振兴的差异性，要根据乡村振兴系统性、长期性、融合性等特征，在实施乡村振兴战略的过程中逐步探索新的体制机制。因此，要继续统筹落实体制机制。从政策保障的角度来看，乡村振兴战略"产业兴旺、生态宜居、乡风文明、治理有效、生活富裕"的总要求，与脱贫攻坚"五个一批"总体要求存在一定的契合度，但内涵更广、标准更高、覆盖更多。实现二者的有效衔接，需要在保持现有帮扶政策总体稳定的基础上，对现行政策进行梳理和研究，并做好政策统筹。

# | 第三章 |
# 脱贫攻坚与乡村振兴有效衔接的核心要素

经过全党全国各族人民的共同努力，我国脱贫攻坚战取得了全面胜利。由脱贫攻坚取得全面胜利转向全面推进乡村振兴，是"三农"工作重心的历史性转移。实现由脱贫攻坚与乡村振兴的有效衔接的核心要素主要包括以下六个方面。

第一，发展规划有效衔接。实现巩固拓展脱贫攻坚成果同乡村振兴有效衔接，关键要科学谋划好二者有效衔接的顶层设计。首先，要巩固拓展脱贫攻坚成果，根据各地发展实际制定出更加具体有效的措施，切实解决好相对贫困问题，进一步制定和完善治理相对贫困的指标体系，及时更新相对贫困的评价体系。其次，要统筹好相对贫困区域和非贫困区域的协调发展，在推进乡村振兴过程中着力解决好相对贫困问题。最后，要继续提升乡村振兴战略规划的统筹性和针对性，自觉遵循乡村经济社会发展规律，切实把解决相对贫困纳入乡村振兴战略，融入乡村基础设施建设、乡村社会治理中，全方位体现乡村振兴战略规划的系统性、连贯性和融合性。

第二，保障机制有效衔接。政策是党和国家为实现一定时期的目标或路线而制定的行动准则。为打赢脱贫攻坚战，我国先后出台了一系列政策和措施，保障脱贫攻坚战的顺利实施。巩固拓展脱贫攻坚成果与乡村振兴有效衔接，必须在制定和完善政策时注重兼容性、协调性和持续性，使二者在具体实施过程中能够无缝对接、相得益彰：一是要继续延续脱贫攻坚的好政策，保证各项涉农政策相对稳定，保持对"三农"投入的力度不减，避免因政策取消或政策变化而消解脱贫成果；二是要研究和制定与乡村振兴相衔接的解决相对贫困的政策，进一步明确相对贫困人口认定的标准、程序，从多方面做好对相对贫困群体的帮扶工作；三是要根据脱贫后的实际情况，为实现乡村振兴提供有力政策支撑。

第三，工作机制有效衔接。脱贫攻坚战虽然已经打赢，但相对贫困问题的彻底解决还需要很长的时间。为了继续巩固脱贫攻坚成果并使之与乡村振兴有效衔接起来，应延续打赢脱贫攻坚战的好经验、好做法、好机制、好措施，使之更好地运用到乡村振兴上来：一是将"五级书记抓脱贫攻坚"转变为"五级书记抓乡村振兴"加以实施；二是将之前成立的脱贫攻坚领导小组及时转为乡村振兴领导小组；三是将之前实施的脱贫攻坚专项述职制度及时转变为乡村振兴专项述职制度等。

第四，帮扶机制有效衔接。对口帮扶是完成脱贫攻坚目标任务的关键一环，在助力打赢脱贫攻坚战中发挥了重要作用。在全面推进乡村振兴过程中，可继续延续对口帮扶这一好的做法和经验，努力实现原有帮扶机制的有效转化和衔接。具体来说，包括继续做好帮扶工作队伍和人才的衔接，确保帮扶项目和资金不断、对口支援单位帮扶力度不减等，使之在助力实现乡村振兴过程中发挥更加积极有效的作用。

第五，产业优势有效衔接。大力发挥产业优势，是脱贫地区继续实现乡村振兴的长远之计。脱贫攻坚任务完成后，为不断巩固拓展脱贫攻坚成果，建立健全解决相对贫困的长效机制，从而尽快实现乡村振兴，必须把产业振兴摆在重要位置，着力发挥适合本地发展特色的产业优势，加快形成具有市场竞争力的优势特色产业体系。在努力打造产业优势的同时，还要注重发挥市场作用，不断搭建产品网络销售平台，以农村第一、二、三产业融合发展来助力乡村振兴，为彻底解决相对贫困问题、实现乡村振兴注入强劲发展动力。

第六，重大举措有效衔接。近年来，中央和地方先后推出了一系列重大举措，采取了一系列独具特色、富有成效的方法措施，对打赢脱贫攻坚战都起到了重要作用。需要看到的是，与相对发达地区相比，原有贫困地区基础设施和公共服务虽得到了相对改善，但与当地群众对美好生活的向往和期盼相比还有一定距离。为此，在继续巩固脱贫攻坚成果的同时，应继续贯彻实施具有特色、富有成效的方法措施，使之在乡村振兴过程中继续发挥积极作用：一是要确保基础设施建设的衔接，尤其是群众用水、用电、用气等基础设施必须不断优化升级；二是要确保公共服务保障水平的衔接，确保已有公共服务水平不断提升；三是要确保产业发展举措的衔接，通过加大培育优势特色产业力度，加快构建现代农业生产体系、经营体系和产业体系；四是要确保环境治理措施的衔接，通过加大生态治理力度，探索适合地方特色的人居环境治理方式，建设生态宜居乡村。

# 第四章
# 脱贫攻坚同乡村振兴有效衔接的长效机制

实现巩固拓展脱贫攻坚成果同乡村振兴有效衔接，关键在于建立巩固拓展脱贫成果的长效机制。应做好以下几个方面。

第一，完善帮扶和救济制度。一是完善低收入人口和欠发达地区帮扶机制。建立低收入人口和欠发达地区帮扶机制，需要明确低收入人口和欠发达地区帮扶在国家扶贫战略和乡村振兴战略中的地位，明确低收入人口和欠发达地区帮扶原则、主要帮扶方式、资源保障机制以及相应的领导和责任机构、治理体系。二是完善东西协作扶贫等社会扶贫制度。东西部扶贫协作和对口支援、社会力量参与帮扶，是具有中国特色且行之有效的社会扶贫制度，在我国脱贫攻坚任务中发挥了重要的积极作用。要在总结已有经验的基础上，根据协作互助、共赢、奉献相结合的原则，建立和完善东西部扶贫协作和对口支援的长效机制。通过完善准入、税收减免、信息共享、购买服务等政策引导，逐步建立和完善个人和社会组织等社会力量共同参与扶贫的长效机制。三是完善社会保障和社会救助制度。养老、医疗等社会保障和低保、特困人员救助供养、医疗救助、教育救助、住房救助等社会救助，是巩固拓展脱贫攻坚成果的重要制度保障。要完善和加强社会养老保险、基本医疗保险在巩固拓展脱贫攻坚成果中的基础性作用，根据发展水平和财政能力逐步提高保障标准、优化支付程序、增加使用和支付的便利性；加快社会救助法的立法、完善社会救助法对脆弱群体的救助标准、程序和管理，更好地发挥社会救助在巩固拓展脱贫攻坚成果中的基础性和补充性作用。四是完善易地扶贫搬迁脱贫人口的基层治理和社会融入帮扶机制。在做好易地扶贫搬迁脱贫人口的就业、创收和基本公共服务保障等后续帮扶工作的同时，建立易地扶贫搬迁脱贫人口的基层治理和社会融入帮助机制也显得尤为重要。要加强和改善易地扶贫搬迁集中安置社区的基层组织建设和制度机制建设，使搬迁脱贫户的需求和诉求能够得到合理有效的满足。同时通过建立和完善搬迁人口社会融入帮助机制，让搬迁人口尽快完成再社会化过程。

第二，推动扶贫的法治建设。法治化建设是巩固脱贫攻坚成果、实现扶贫制度化规范化的基础性工作。我国要加快推进扶贫开发法治建设，通过扶贫立法确定我国扶贫工作的长期性，界定政府和社会等不同主体在扶贫中的法律责任，确定扶贫的主要方式及资金保障，规范扶贫治理和扶贫主体的行为。

第三，完善公共服务供给制度。一是完善脱贫地区基础设施管护制度。脱贫攻坚期的交通、水利、能源、通信、环境等基础设施，是巩固拓展脱贫成果和推进农业农村发展的物质基础，需要尽快建立和完善脱贫地区基础设施管护制度，明晰各个基础设施项目的产权和管护责任，确定合适的管护形式和制度，明确管护经费来源。二是完善公共服务质量保障制度。要巩固拓展义务教育、基本医疗保障成果。建立和完善基本公共服务供给和提升保障制度势在必行，为此首先需要建立和完善基本公共服务供给和保障机制，使城乡和区域均等化程度不断提升，并建立和完善相应的责任体制、经费保障机制、资源相对均衡配置机制以及监测评估机制；建立和完善保障脱贫地区、脱贫人口、低收入人口和其他脆弱人口基本公共服务供给的长效机制，特别是在基本公共服务的基础设施建设和配套、运行经费、资源配置和能力建设等方面。

第四，完善收入分配制度。一是完善扶贫项目资产运营、管理和分配制度，推动特色产业可持续发展。脱贫攻坚期间投资建设了大量的归集体所有且形成固定资产的基础设施、公共服务设施及扶贫车间、扶贫基地等扶贫项目。这部分资产的产权、收益和分配不仅影响资产的安全，也影响脱贫攻坚成果的巩固。需要建立健全扶贫项目资产管理体制和运行机制，构建归属清晰、权能完整、流转顺畅、保护严格的扶贫项目产权制度，切实维护农村集体和农民群众的合法权益。二是完善低收入人口和欠发达地区的就业支持和保障制度。为有劳动能力的脱贫和低收入人口提供就业支持和保障，事关脱贫成果的巩固拓展。应该在推进包容性充分就业战略、总结已有就业扶贫政策的基础上，探索、建立和完善脱贫和低收入人口就业支持和保障制度。继续为脱贫和低收入人口提供就业技能培训，促进就业信息分享；继续在东西劳务协作、创造就近就业机会、分配等方面向脱贫和低收入人口倾斜，同时建立包括农村劳动力在内的失业保险和就业救助制度，加强就业保障。

第五，完善防止返贫和新生贫困监测帮扶机制。减少和防止已脱贫人口返贫和滋生新的贫困人口是巩固脱贫攻坚成果的内在要求。《国务院扶贫开发领导小组关于建立防止返贫监测和帮扶机制的指导意见》确定了防止返贫机制建立的基本原则和防止返贫的帮扶措施。现在需要根据脱贫攻坚任务完成后新的形势，结合已有的试点经验，完善防止返贫和新生贫困监测和帮扶机制。重点是进一步明确和动态调整返贫和新生贫困监测和帮扶的对象和标准，优化监测和帮扶对象确定程序，细化和规范监测数据来源和质量控制，完善帮扶措施并提高多种帮扶措施的协调性。

## 参考文献

[1] 谢治菊，李恺茵. 我国脱贫攻坚政策的变迁及其与乡村振兴战略的衔接 [J]. 公共治理研究，2021，34（2）：5－15.

[2] 王亚华，舒全峰. 中国精准扶贫的政策过程与实践经验 [J]. 清华大学学报（哲学社会科学版），2021，36（1）：141－155＋205.

[3] 王琳. 我国脱贫攻坚的特征和经验 [J]. 北京大学学报（哲学社会科学版），2020，57（6）：126－131.

[4] 陈燕. 脱贫攻坚后时代：农业农村现代化及乡村振兴的新征程 [J]. 福建论坛（人文社会科学版），2021（3）：109－118.

[5] 黄妮. 中国精准扶贫制度变迁及其路径选择 [J]. 统计与决策，2021，37（6）：24－27.

[6] 彭小兵，龙燕. 基于政策工具视角的我国消费扶贫政策分析 [J]. 贵州财经大学学报，2021（1）：95－101.

[7] 斯丽娟，尹苗. 新中国70年西北地区扶贫开发模式的演进与创新——基于LDA主题模型的分析 [J]. 兰州大学学报（社会科学版），2019，47（6）：94－105.

[8] 习近平. 在全国脱贫攻坚总结表彰大会上的讲话 [J]. 新长征（党建版），2021（4）：4－11.

[9] 魏传永，徐俪筝，王健. 多维贫困理论视域下的健康扶贫政策：以山东省为例 [J]. 山东社会科学，2019（9）：118－123.

[10] 王金艳. 习近平扶贫开发理念探析 [J]. 理论学刊，2016（2）：18－23.

［11］王亚华. 从治水看治国：理解中国之治的制度密码［J］. 人民论坛·学术前沿, 2020（21）：82 – 96.

［12］陈弘, 周贤君, 胡扬名. 后精准扶贫阶段农村精准扶贫综合绩效提升研究——基于 4 省 38 市数据的实证分析［J］. 中国行政管理, 2019（11）：12 – 18.

［13］孟竹、高星. 北京市落实国家科技特派员制度推行 20 周年总结会议精神座谈会召开［DB/OL］. http：//tv. people. com. cn/n1/2019/1021/c61600 – 31412293. html.

［14］邢成举, 李小云. 超越结构与行动：中国特色扶贫开发道路的经验分析［J］. 中国农村经济, 2018（11）：32 – 47.

［15］国家统计局住户调查办公室. 中国农村贫困监测报告［M］. 北京：中国统计出版社, 2019.

［16］韩振峰. 实现脱贫攻坚与乡村振兴有效衔接的关键［N］. 经济日报, 2021 – 04 – 26（10）.

［17］王亚玲. 统筹做好有效衔接强力推进乡村全面振兴［N］. 青海日报, 2021 – 10 – 26（8）.

［18］谢治菊. 易地扶贫搬迁社区治理困境与对策建议［J］. 人民论坛·学术前沿, 2021（8）：112 – 127.

［19］李周. 深入理解乡村振兴战略的总要求［J］. 理论导报, 2018（2）：43 – 44.

［20］王琳. 习近平关于扶贫的重要论述理论探析［J］. 理论观察, 2020（11）：11 – 13.

［21］中共中央 国务院关于打赢脱贫攻坚战的决定［J］. 吉林农业, 2016（2）：9 – 16.

［22］赵燕, 张翔. 歧视知觉对异地扶贫搬迁儿童心理适应影响的追踪研究［J］. 中国学校卫生, 2022（1）：43 – 44.

［23］冯艳阳. "后扶贫时代"高校学生资助质量提升研究［J］. 财富时代, 2021（12）：224 – 225.

# 第二篇

## 中国（南方）现代林业职业教育集团成员单位精准扶贫与乡村振兴典型案例

## | 第五章 |

# 对接"双高计划",提升社会服务发展水平

(广西生态工程职业技术学院)

2019 年《广西高水平高职学校和专业建设实施方案》公示的"广西高水平高职学校和高水平专业建设计划拟立项名单"中,广西生态工程职业技术学院荣获广西高水平专业群建设单位,林业技术专业群列入了广西第一批高水平专业建设计划。广西生态工程职业技术学院林业技术高水平专业建设在实践中走出了具有鲜明特色的专业建设之路。因此,本案例以广西生态工程职业技术学院林业技术高水平专业建设实践为例,探讨对接"双高计划"提升社会服务发展水平的机制、措施与成效,为"双高建设"提供经验借鉴。

## 一、"双高计划"中社会服务的重要性

"双高计划"中的"社会服务"是利用老师的智力知识和技术技能,向行业企业积极开展科学研究、成果转化等技术服务,面向区域社会广泛开展新技术与高技能培训,与企业密切合作开展技术研发和技术创新等为社会经济和科技发展提供的一系列服务。"双高计划"明确提出到 2022 年列入"双高计划"的高职院校和专业群在社会服务能力等方面得到显著提升,即高职院校社会服务能力是衡量高职院校建设水平的重要指标。因此对接"双高"建设提升社会服务发展水平十分必要。这就要求高职院校应不断创新社会服务模式,提升高职教师的社会服务能力,充分对接区域经济发展要求,为社会发展供给多元化社会服务,切实提升自身对于经济社会的贡献度。

# 二、提升社会服务发展水平的机制

广西生态工程职业技术学院通过成立"双高计划"建设领导小组，强化社会服务组织管理，搭建产学研结合的林业技术推广服务平台，承担面向区域林业产业发展的林业技能培训和新技术培训，为林业企事业单位提供应用技术研发和技术服务等方式，并不断探索与创新社会服务模式，拓展社会服务职能，提升社会服务能力，以使我校的专业优势和科研优势实现最大限度的发挥。

# 三、提升社会服务发展水平的措施

## （一）不断完善社会服务体系

### 1. 努力提高师资队伍社会服务的能力

第一，明确社会服务的重要性，强化社会服务意识。广西生态工程职业技术学院不断强化高职院校办学理念中的服务理念和服务意识，树立主动适应社会的服务观，变被动服务为主动服务，变单一服务为系统化服务，从而增强自己的实践能力拓展社会服务领域，以更好地胜任社会服务工作。第二，不断提高教师的技术服务能力。广西生态工程职业技术学院积极为教师搭建平台，促进教师深入企业生产第一线，增加教师到企业工作锻炼的机会，加强教师技术实践经验的积累，不断丰富教师的知识结构和实践教学能力以及技术服务技能和技术研发能力，真正培养出既具有理论知识又具有技术研发能力的高水平的双师型教师，使教师能驾驭学校、企业两个讲台。第三，从企业中大力引进高技能应用型人才。广西生态工程职业技术学院充分利用"校企合作"的互动平台，面向国内林业行业聘请企业技术骨干及"能工巧匠"充实专职教师队伍，形成高职院校与企业人力资源的共享通道。

### 2. 持续推动高职院校的社会服务平台建设

高职院校的社会服务平台建设是高水平院校建设的重要载体，也是提升社会服务能力的重要支撑。近年来，广西生态工程职业技术学院搭建多元化的社会服务交流平台,并开通多样化的社会服务渠道。

第一,搭建产学研结合的技术推广服务平台。高职院校科研成果的转化科技成果转化水平是衡量高职院校自身发展潜力和社会服务能力的重要指标,是其社会服务能力的直接体现。广西生态工程职业技术学院依托"1121"创新平台(1个中国(南方)现代林业职业教育集团,1个广西现代林业产业学院,2个中心:森林资源保护与利用协同创新中心、广西珍贵乡土树种培育中心,1个柳州市重点实验室),积极推进科技成果转化与推广应用。第二,搭建产学研结合的技术研发平台。广西生态工程职业技术学院依托专业优势、人才优势和技术设备条件,与政府和行业企业合作共建技术研发平台。目前,我院与政府和行业企业合作共建技术服务平台有自治区科技厅批准成立的广西珍贵乡土树种良种培育中心、教育厅批准成立的林业产业服务平台、自治区林业厅批准成立的桂北林木种苗检测中心和森林病虫害监测防治站,技术研发方向主要包括森林培育、林木种苗繁育技术、林业有害生物控制等3个方向。此外,广西生态工程职业技术学院利用在《高等职业教育创新发展行动计划(2015—2018年)实施方案》中获得的国家级协同创新中心,不断强化技术技能积累与创新,提升技术服务与研发能力,切实服务当地林业产业与林业企业的发展。第三,完善国际化合作与交流平台。广西生态工程职业技术学院搭建国际化交流平台,开展多样化的产教融合项目。一是通过设立与国际接轨的国际合作与交流职能部门,完善国际化工作制度与运行机制。二是主动接轨国际先进职业教育体系。对接"世界一流"职业教育标准,开发林业技术专业课程标准,推出一批具有国际影响的高质量专业标准和课程标准,实现国际标准的落地和先进标准的输出。

**3. 制定社会服务激励政策,引导教师主动提供社会服务**

教师参与职业教育社会服务的意愿和能力是影响高职院校社会服务的核心因素。广西生态工程职业技术学院建立健全相应的激励机制,从源头上解决教师参与社会服务原动力问题。一是将社会服务纳入教师绩效工资和职称评聘。要激发教师参与社会服务的动力,首先要提高教师服务社会的主观能动性。因此,广西生态工程职业技术学院出台了《教师实践管理办法》,并把教师参与社会实践所取得的重要成果作为评聘教师职称的重要依据。二是制定了科研评价制度。进一步优化社会服务工作量核算办法,逐步完善科技创新和成果转化项目的人员收入分配制度，从而引导教师积极开展社会服务。三是将社会服务工作纳入评先评优的条件。

## （二）社会服务紧跟区域林业经济发展

### 1. 生产一线攻坚技术难点，总结实践技术经验

第一，开展林业技术咨询。"双高计划"实施以来，广西生态工程职业技术学院为社会提供技术咨询服务 96 项，主要包括生态环境监测调查、森林资源规划调查和森林经营方案编制、林业有害生物普查、造林补贴项目作业设计、林木资源资产评估等。第二，林业技术开发与推广。广西生态工程职业技术学院大力开展林业技术开发，分别在林业 3S 技术开发和森林资源培育方面组建了林业科技创新团队，取得了显著成效；学校整合资源创办科技型企业，在生物技术研究中心的基础上创办柳州赛特生物科技研发中心，在林木组培方面取得了显著成果；近 2 年，广西生态工程职业技术学院获得林业相关国家专利授权 70 项，其中发明专利 4 个，实用新型专利 46 个，外观设计专利 20 个。从 2020 年起，广西生态工程职业技术学院先后共计派出了 7 位广西农村科技特派员和 1 位广西林业科技特派员，深入到基层企业、农户或经济合作组织，开展桉树、油茶、杉木、猕猴桃、马蹄荷、竹子等高产栽培技术专题讲座和实用技术推广等 33 次，培训农户 275 家，取得了明显的成效。

### 2. 开展技术培训，培养技术骨干

一是开展林业技能培训。高职院校"双师型"教师队伍资源丰富，这类教师不仅具有先进的教育教学管理经验，还具有专业的应用型和实践型知识，可更好地为企业职工提供短期技能培训。"双高"建设实施以来，我院集中力量、利用专业优势扎实推进形式多样的技能培训工作，在广西林业系统开展全国林业有害生物防治员职业技能竞赛（广西选拔赛）培训班、柳州市森林火灾扑救演练暨森林防火业务培训班、松材线虫病疫情监测培训班、生态护林员培训班等各种层次的技术培训，共举办各类培训班 31 期、参加培训的人数达 3883 人次。二是开展林业职业资格培训与职业技能鉴定。广西生态工程职业技术学院依托自有的职业技能鉴定中心、实训基地，以及完善的教学培养体系，针对社会行业企业某些工种对技能鉴定和职业资格培训等有特殊

要求，开展技能鉴定、职业资格培训及考证服务，满足区域内企业特殊员工的职业资格培训和职业技能鉴定需求。"双高"建设实施以来，广西生态工程职业技术学院开展广西林业植物检疫员资格培训班、全区第一期林业有害生物防治员、广西林业植物检疫员资格培训班等职业资格培训与职业技能鉴定培训班，培训人数达 14243 人次。

**3. 以科普形式，扩大技术推广范围**

高职院校是科技工作者聚集地，是培养创新型、高素质、技能型人才的重要阵地，在推广我国科普事业中占有至关重要的地位。广西生态工程职业技术学院结合学校自身实际，开发科普教育资源，建立了"柳州市生态林业科普教育基地"，该基地包括一个 3000 多亩的森林公园、60 多亩的树木标本园、80 平方米的昆虫科普标本室、100 平方米的动物科普标本室，200 平方米的林业生态主题展厅，利用该科普基地面向柳州市民和中小学生开展科普讲座、爱鸟周、野生动植物保护等形式多样的科普教育活动 15 次。

**4. "三下乡"活动，推广技术到乡镇**

大学生"三下乡"活动是一种大学生走近农村、服务农村的社会实践活动，是将先进的科学技术和文化知识传播到农村，帮助农村解决生产技术难题，协助政府培养新型农民，提高农村人口的劳动技能和文化素质，把巨大的农村人口压力转变为人力资源优势，对于服务"三农"、推进乡村振兴具有重要意义。"双高"建设实施以来，广西生态工程职业技术学院团委组织暑期大学生先后赴柳州市、河池市、梧州市、北海市等地开展"三下乡"社会实践活动，举办种植养殖等科技农林业知识专题讲座 28 次、发放宣传资料27000 份、送文艺下乡 10 次，受益的群众达 5 万人。

# 四、社会服务取得的成效

广西生态工程职业技术学院通过成立"双高计划"建设领导小组，强化社会服务组织管理，搭建产学研结合的林业技术推广服务平台，为企业提供林业技术研发和技术服务，承担面向区域林业产业发展的林业技能培训，拓展社会服务职能，社会服务能力逐步提升：一是科研社会服务经费排名稳居前列。高职院校教师参与技术研发、产品开发、技术服务的能力，可以从科研社会服务到款额中体现。在《2020 中国高等职业教育质量年度报告》发布中，广西生态工程职业技术学院在科研社会服务经费排名第 33 位。这从一个侧面反映出我校的社会服务能力较强。二是在行业内产生了巨大影响。广西生态工程职业技术学院为建设成为具有广西特色的高水平现代化职业院校和特色专业群，不断提高社会服务水平，引领全省职业教育改革创新发展，为区域经济发展及国家产业升级转型提供人才保障、技术支持与智力支撑，在行业内生了巨大影响受到一致好评，中国绿色时报、广西日报、柳州晚报对我校社会服务成效进行相关报道。

# 第六章

# 构建"四个三"创新创业体系
# 助推新时代乡村振兴战略

（湖北生态工程职业技术学院）

湖北生态工程职业技术学院是一所特色鲜明的职业院校，开办有覆盖"生态文明、绿色发展"全领域的 30 余个专业，学校致力于培养美丽事业的建设者。作为全省第一家成立创新创业孵化中心的高职院校，我校确立了"创新引领、生态培育"的创新创业教育理念，实践中形成了"四个三"的工作体系，培育出具有创新能力的大学生，助推了新时代乡村振兴战略。学校 2016 年被评为"全国林业职业院校创新创业工作先进集体"，2017 年被评为"湖北省大学生创业示范基地"，现将工作情况报告如下。

## 一、"四个三"体系：培育具有创新能力的大学生

### （一）三层目标

本院创新创业的目标是建立一个特色突出的服务创新创业实践基地，培养一批创新创业人才，形成一批创新实践成果，塑造创新创业文化。培养目标有三个层面，首先是培养创新创业意识。意识培育是创新创业的观念前提，是创新创业教育的基本目标，早在 2013 年就成立了创新创业俱乐部，培养大学生创新创业意识。其次是营造创新创业氛围。氛围营造是激发大学生创新创业活力的核心目标，我们定期举办大学生创新创业训练营，使学生在生动活泼的氛围中增强对创新创业的理解和认识。最后是提升创新创业能力。能力提升是对大学生创新创业能力层面目标的操作性表达，是创新创业教育的

根本目标，我校建设了孵化基地，出台了《大学生创新创业管理制度》《创新创业基金管理办法（试行）》等制度，为项目实施提供了平台。

## （二）三条原则

一是突出创新的原则。我们根据新时期大众创业万众创新的需要，坚持以学生为中心，通过专业教育、创新创业教育与"五个思政"建设的协调推进，突出发挥创新创业教育改革"牵一发而动全身"的带动作用。二是依据专业的原则。每个专业择优扶持 2～3 家学生创业企业，坚持把创新创业教育寓于专业教学之中，使学生在获得专业知识的同时接受创新创业教育。三是围绕市场的原则。我们根据市场导向和规则，孵化成功一个，向市场转化一个。

## （三）三项内容

一是课程的建设与完善。我院将创新创业教育理念融入人才培养方案，编写了适合我校实际的校本教材，将创新创业课程融入专业课程体系，将创新创业实践融入专业实践教学，创新创业保障措施融入人才培养保障体系，将潜在创业者培养融入就业教育与指导。二是文化氛围的建设与营造。以活动为载体，开发学生创新思维，提高学生创业能力，充实校园文化内容，定期举办"互联网＋"大学生创新创业大赛和大学生创新创业训练营，对优秀项目进行扶植、孵化；支持大学生创新创业社团建设，配备专业指导教师；大力开展创业培训、模拟创业活动，为创业学生提供了交流、培训机会。三是实践平台的打造与构建。我们将学校原图书馆装修改造为大学生创新创业孵化中心，并以大冶生态文明教育基地和学校其他实习实训基地为两翼，形成了一个集资源共享、项目孵化等多功能为一体的创业孵化平台，根据湖北省的考核指标，我校校内创业场地使用面积达到了生均 0.19 平方米，超过省级标准。

## （四）三个结合

与科技创新相结合。我校积极挖掘现有的专利、项目等技术储备，鼓励"科技创新"，增强大学生创新创业的技术含量，积极选择实用性强、市场前景好的新理念、新方法、新技术、新工艺等技术需求作为大学生创业活动实践的选题。2018 年，我校选送的"景区智能移动污物处理器"创意项目成功进入 2018 年大学生创业世界杯中国赛区半决赛，作为大赛唯一一所入围半决赛的高职类院校，获得中国赛区铜奖；骆明臣同学的项目"轩灵智能路灯系统"获国家版权局计算机软件著作权登记证书。与实习实训相结合。充分利用现有的实习实训场所，通过科学的整合和调配，尽可能做到教学与创业资源共享，避免出现重复、分叉设置，提高现有教学资源的利用率，让专业兴趣浓厚并具有创业潜质的学生感受并体验全真的实践环境和工作单位的整体运行过程。例如，湖北省第四届"长江学子"创业奖获得者李瑞同学在金林林业公司实习期间，积累了丰富的经验，2017 年在校创立了"武汉瑞宇凌辉林业发展有限公司"，营业 6 个月实现营业额近 100 万元，为林业技术专业学生提供 26 个就业岗位。2018 年 10 月，本校谭舟、黄俊杰两位同学在 2018 年第二届金砖国家技能发展与技术创新大赛中分获工业机器人赛项一等奖和二等奖。与校企合作相结合。我校根据专业特点联系相关行业企业，建立校内外基地平台，引导学生到企业、实践基地实习锻炼，真正走上社会，走进企业。本校与京东商城合作，建立京东·湖北生态双创实训中心，学生在实践基地实习实训，参与企业的生产和经营活动，学到了很多课堂上没有习得的实践技能；本校还加入"政校行企·万讯创新创业学院高校联盟"，深化了校企合作促进创新创业教育的改革，探索了校企合作扶持大学生创业的商业模式；与全国青年彩虹工程实施指导办公室合作，设立了"彩虹工程湖北汽车技术培训学院"及具有孵化器功能的创业基地。

## 二、"五个成为"：助推新时代乡村振兴战略

通过"四个三"体系的实施，湖北生态工程职业技术学院大学生创新创业工作完成了从意识培养到氛围营造再到能力提升的蜕变，实现了"创新引领、生态培育"的初衷，助推新时代乡村振兴战略。

——成为乡村产业振兴的"参与者"。创业基地的明静同学由于参加过学校组织的油茶嫁接苗实习，从中看到了前景，在创业导师的指导下，她回乡走上创业道路，成立麻城四季美绿化苗木专业合作社，目前，苗圃面积达

150余亩，成为麻城独有的绿化容器苗生产基地，也是麻城规模最大、市场效益最好的合作社。我校湖北省第三届长江学子创新之星刘木青在老师的指导下通过栽培与试验，定期记录百合生长管理数据，在记录过程中总结了一套实用的百合繁殖栽培技术，培育的矮生金百合"小蜜蜂"、大花东方百合"八点后"和矮生橙色百合"日落矩阵"等品种，通过南湖花木城推向了市场。

——成为乡村人才振兴的"贡献者"。本校每年举办"扎根基层，建设美丽中国"大学生就业创业供需见面会，鼓励广大青年学子扎根基层，推动了一批毕业生向农村就业创业，返乡就业的甘肃籍大学生村官陈波积极参与到精准扶贫、党建及经济建设等方面工作中，通过自己的努力把家乡建设得越来越美丽，成为乡村人才振兴的"贡献者"。

——成为乡村文化振兴的"宣传员"。我们创新创业团队的师生在全省中职学校和高中学生中开展了"传播绿色文化，共建生态校园"的宣传教育活动，组织开展了生态文明征文比赛，成为乡村文化振兴的宣传员。

——成为乡村生态振兴的"策划者"。"绿水青山就是金山银山"，美丽乡村是乡村生态振兴的重要目标，本校创新创业团队积极参与其中，提出了思考与构想，在2017年湖北省大学生"美丽乡村"创新创业大赛中，获一项二等奖、两项优秀奖；《万农苗圃网》项目获得首届全国林业创新创业大赛三等奖。

——成为乡村组织振兴的"推动者"。本校创新创业团队发挥社会服务职能，积极参加到了对基层林业干部职工开展培训，积极参与到全省"精准灭荒"核查工作中去，提升基层干部推动乡村振兴的领导力。

## 三、"五个提升"：推动创新创业教育提质增效

一是质量提升。完善创新创业课程体系，充分挖掘校内外资源，开设部分高级创业培训，培养创业精英，在现有学生创业群体中重点指导帮扶，促成创业项目向实体的转化。二是功能提升。提高组织开展"创新创业俱乐部""创业沙龙"等活动频次，邀请成功企业家、创业成功人士来校与学生交流创业心得，发挥榜样的带头和示范作用。三是力量提升。邀请校内外资

深创业专家参与大学生创业导师团,负责创业指导和政策咨询,评审创业项目,定期举办创业讲座,指导创业活动有序健康开展。四是项目提升。结合学生"创业计划大赛"等竞赛活动,培育项目、孵化创新创业成果,提高创业项目科技含量,提升服务农村经济社会发展的功能。五是保障提升。结合学校实际,编制创新创业发展规划,制订创新创业工作促进乡村振兴实施方案,用好创新创业基金,实施高效服务。

## |第七章|

# 双主体机制多方联动　全面提升
# 人才培养质量

（湖南环境生物职业技术学院）

2018 年，湖南环境生物职业技术学院在上级有关部门的正确领导下，在中国（南方）林业职业教育集团各位同仁的大力支持下，认真贯彻落实国家、省《关于加快发展现代职业教育的决定》精神，以现代职业教育体系建设为统领，以产教融合为主线，大力推进教育教学改革，创新人才培养模式，扩大对外交流合作，拓展服务社会的能力，全面提高人才培养质量和办学水平，各项工作取得初步成效。现将有关情况总结如下。

## 一、立足特色科技扶贫，扎实开展社会服务

湖南省省级贫困县会同县魔芋产业因为种植技术落后，发展面临"痛点"，学院组织校内专家，攻克魔芋病虫害防治技术，研究了一套魔芋丰产高效栽培技术，并开办技术培训班培训农民 5000 余人次，并采用 O2O 线上线下精准服务，助推会同县魔芋产业升级发展。2018 年，会同县魔芋种植面积发展到 3.5 万余亩，亩均增产 25%，带动 2519 户、8570 人脱贫致富。学院助力会同魔芋产业案例入选《湖南省职业教育扶贫工作报告》。学院凭借农林学科优势，立足地方特色，科技扶贫，精准施策，从 2017 年开始组织由农业、林业、医药、畜牧、旅游、经管等领域专家组成，分成杉木、油茶、楠竹、林下经济、经济果树、魔芋、养殖、蔬菜、生态旅游等 14 个专家服务队组成的会同县"万名"工程服务团，深入会同县等贫困山区开展有针对性的创新服务项目，在筑梦乡村振兴道路方面取得了较好成绩，左家哺院长代

表学院在全省高等职业教育特色发展推进会上作了《集特色专业群优势，筑梦乡村振兴道路》的典型发言。湖南省教育厅应若平副厅长充分肯定我院科技扶贫的系列举措并在工作报告中指出："特别是涉农高职院校，发挥独特的专业优势，选拔教学骨干，组建新农村建设服务团队，赴农村开展种植、养殖、园林设计、农产品加工、农业经济等方面的技术服务，积极参与教育精准扶贫。"真正把科技致富的种子种在扶贫项目上，把论文写在武陵山脉深处。

同时，我院始终聚焦精准扶贫、服务乡村振兴战略和美丽中国建设，携手衡阳市委统战部省内首创"同心美丽乡村"创建。学院在原有 17 个科技服务团队基础上，结合美丽同心村建设总体规划，抽调各专业精英，组建 11 个团队一对一服务衡阳市 10 个县市区各村，将在产业规划、村整体规划、电商平台建设、乡村旅游、种植、养殖、加工技术等方面提供科研服务和技术指导，将为美丽衡阳、美丽湖南建设作出积极的贡献。

## 二、制定高校生态校园建设国内首个标准，为生态校园建设提供科学依据

学院高举生态文明建设大旗，依托农林专业技术优势，开展了高标准生态校园建设和生态校园建设规范研究。由衡阳农林职教集团理事长、湖南环境生物职业技术学院院长左家哺教授牵头主持制定的湖南省地方标准 DB43/T 1383—2018《普通高等学校生态校园建设规范》（以下简称《规范》），2018 年 01 月 29 日经湖南省质量技术监督局正式发布，将于 2018 年 03 月 29 日开始实施，这是国内普通高校生态校园建设的首个标准。该标准的发布实施，对提升校园生态功能、培育生态意识、践行生态文明建设具有重要意义。

《规范》将生态学有关原理方法和校园建设有机结合，深度融入校园规划、设计、建设、运行、管理各个方面，构建了具有"生态理念、生态建设、生态环境、生态教育"内涵的高校生态校园建设规范。《规范》涵盖了普通高等学校生态校园建设规划、景观设计、植物布局与配置、生态建筑、生态文化教育及宣传、维护管理等技术要求。确立了高校生态校园建设的基础架构和应用，解决了生态校园内涵及技术实现上的困惑，为高校建设生态

校园提供了科学依据。《规范》的发布实施，有助于提高师生环境素养及自然保护意识，有助于美化校园环境、约束不文明行为，有助于提高学生优美校园中学习动力、培养学生综合能力。

学院在园林技术专业中高职衔接项目建设中，与一建园林、先导园林共同开发《湖南省中等职业学校园林技术专业教学标准（试行）》基础上，与一建园林、楚韵园林、鑫茂园林等共同研制了园林专业质量标准包，《高等职业教育园林技术专业教学质量标准包构建的研究》已正式出版。解决了园林技术专业教学的引导性、学生选择性自主学、学历教育与员工培训两者结合三个教学问题，研究成果和实践成果丰富、具有开创性，鉴定专家认定达到国际先进水平，并荣获湖南省职业教育省级教学成果特等奖。

## 三、积极开展以"双带"为基础的现代学徒制探索，着力培育高技能工匠

学院 2018 年 8 月获批教育部第三批现代学徒制试点单位。探索了以老师带学生、师兄师姐带学弟学妹"两带"为基础，创新"三轮实训、三轮考核、三名导师"现代学徒制试点专业人才培养模式，学训交替、搭建育人新平台，打造"双主体""双螺旋"育人新机制，着力培育具有工匠精神和创业梦想的新时代大学生。

我院的现代学徒制试点探索重在"做出特色，求实创新"，坚持在硬件和软件建设上下功夫。硬件即生态绿化技术产业园，与混合制办学的合作公司紧密联系，按项目规划建设成高标准的生态绿化技术产业园区，并带动周边产业水平提升，打造生态绿化旅游景区。软件即双导师、学徒进入园区按"六位一体（产学研推训创）＋四高（高新设备、高新技术、高端产品和高新业态）"的模式有序推进，重在创新育人管理机制，研制企业用工、人才培养等有效标准，实现从产品设计、生产、施工、营销到售后服务的全专业能力链，培养适应企业需要的高素质技术技能型的现代学徒。

同时，在校企"双主体"育人机制、招生招工一体化、人才培养制度和标准、师资队伍互聘互用和管理制度等方面制定了详细实施方案和任务书。积极发挥二级学院在二级管理中的作用，与合作企业一道做好内涵工作，开

好导师与学徒的见面会，签好学校、企业、学徒三方协议，举行各项技能比赛，落实学院产业园既定的"产学研推训旅"目标。成立了园林创业学院，每月定期邀请2名卓越校友以创业成功者现身说创业，体现现代学徒制内涵开展创业专题讲座。在每年的技能竞赛和创新创业比赛中，专业老师精心指导、带学生一起精心制作与设计每一个项目，奉献给师生一场全新的视觉盛宴，对新生工匠精神的培养发挥了引领作用。

## 四、以生态为轴心，构建了具有生态特色的专业群

重点建设特色专业群之一生态绿化技术及服务获批省级示范性特色专业群，其核心专业——园林技术专业获批省级示范性特色专业。

我院确立了"树木 树人 济世 济民"校训和"乐山乐水 笃学笃行"办学理念，以生态为轴心，构建培育了生态绿化技术及服务、生态养殖技术、生态建设队伍健康服务、生态建设队伍健康技术、生态产品经营管理和生态宜居技术等6个特色专业群。其中，前三者为重点建设特色专业群，后三者为支撑特色专业群。各特色专业群间相互联系、相互支撑，形成一个有机整体。生态绿化技术及服务特色专业群是生态建设的核心和主阵地，获批省级示范性特色专业群并通过验收，其核心专业——园林技术专业获批省级示范性特色专业，建成园林技术专业国家级课程教学团队，办学定位是建立人与植物的和谐关系，提供优质的生态产品。《中国绿色时报》《林业与生态》和《中国教育报》分别先后以《育卓越人才 创卓越院校》《树生态标杆 创卓越院校》和《人才供需如何实现同频共振——湖南环境生物职业技术学院为绿色湖南建设提供精准教育供给的探索》为题予以专题报道。

# 第三篇

## 教育扶贫与乡村振兴

# 第八章

# 林业职业院校实施林业科技推广示范项目推动巩固拓展脱贫攻坚成果同乡村振兴有效衔接的对策浅议

丁占菊

（云南林业职业技术学院）

2021 年是"十四五"开局之年，是"三农"工作重心转移全面推进乡村振兴的重要一年，为全面贯彻落实习近平总书记在 2021 年中央农村工作会议上和在脱贫攻坚总结表彰大会上的讲话精神，2021 年中央 1 号文件、《中共中央国务院关于实现巩固拓展脱贫攻坚成果同乡村振兴有效衔接的意见》，充分发挥职业院校促产业振兴、人才振兴、生态振兴作用，通过实施林业科技推广示范项目对全省县域经济发展、农村技术技能人才的培养、绿色发展等方面实现推动，进而促进巩固拓展脱贫攻坚成果同乡村振兴有效衔接。

## 一、林业职业院校在巩固脱贫攻坚成果同乡村振兴有效衔接中的作用和重要性

### （一）林业职业院校在巩固脱贫攻坚成果同乡村振兴有效衔接中的作用

职业院校作为高校的一部分，它拥有人才培养、科学研究、社会服务、文化传承、交流合作五大职能。为林业建设和地方经济发展服务，围绕林业发展战略，立足林业生态体系、产业体系、文化体系，为现代林业建设培养

高素质技能型人才是林业职业院校的使命任务，新时期以职能为本位，服从和服务于巩固拓展脱贫攻坚成果同乡村振兴有效衔接，大力举办林农教育培训，促进林业科教结合，大规模培养林业实用型人才和技能型人才，通过乡村人才振兴促进乡村振兴是林业职业院校为党育人、为国育才的政治担当和教育本色，具有不可替代的作用。

## （二）巩固拓展脱贫攻坚成果同乡村振兴有效衔接期内林业职业院校的重要性

自 2018 年 1 月以来，中央系列文件和讲话精神对涉农职业院校作出了呼唤。例如，中共中央国务院关于实施乡村振兴战略的意见中，在汇聚全社会力量、强化乡村振兴人才支撑方面，提出实施新型职业农民培育工程、支持地方高等学校、职业院校综合利用教育培训资源，灵活设置专业（方向），创新人才培养模式，为乡村振兴培养专业化人才。在中共中央国务院关于实现巩固拓展脱贫攻坚成果同乡村振兴有效衔接的意见中提出，在进一步提升脱贫地区公共服务水平中要求加强脱贫地区职业院校（含技工学校）基础能力建设，在做好人才智力支持政策衔接上要求建立健全各类人才服务乡村长效机制，继续支持脱贫户"两后生"接受职业教育。中共中央办公厅国务院办公厅关于加快推进乡村人才振兴的意见中，在充分发挥各类主体在乡村人才培养中的作用中提出，要发展面向农村的职业教育，并将在基础能力建设、整合实习实训基地、加强涉农专业、学制教育和专业培训相结合开展"两后生"技能培训等方面给予支持。一系列文件都对职业教育特别是农林等涉农职业教育提出了要求，明确了任务，林业职业院校以其涉农的本质属性体现了在巩固拓展脱贫攻坚成果同乡村振兴有效衔接中的重要性，促使学校必须充分发挥培养人才、科学研究、社会服务的职能作用，积极参与到巩固拓展脱贫攻坚成果同乡村振兴有效衔接中去，按照要求进一步夯实基础能力、整合实习实训基地、培训双师型教师队伍。要在过渡期中展现林业职业院校的职能和优势，选择一个什么样的载体来实现呢？笔者认为努力争取并实施好林业科技推广示范项目是一个双赢的选择，既可以项目为载体推动县域经济发展，又可促进学校教学、科研工作向纵深发展。

## 二、林业职业院校实施林业科技推广示范项目在推动巩固脱贫攻坚成果同乡村振兴有效衔接中的积极作用

### （一）林业科技推广示范项目的任务和作用

林业科技推广是把潜在的、知识形态的生产力转化为现实的、特质形态的生产力的过程，是实现价值和使用价值，加速商品化，推动经济发展的前提条件。林业科技推广示范项目，是利用一项或几项林业科技成果，依托一个由政府、高校或研究院所、企业组成的推广体系和一支特殊的林业科技成果推广队伍，执行可操作性很强的项目实施方案，彰显示范基地的样板作用，它通过技术技能培训、科普宣传，从社会、经济、生态方面综合展示林业科技，为科技兴林富民作出贡献。林业科技推广示范项目以"龙头企业＋示范基地＋科技成果＋技能人才培养＝产业经济发展"的模式，推动广大县域内的产业振兴、人才振兴和生态振兴，促进农村产业兴旺、生态宜居。

### （二）林业职业院校实施林业科技推广示范项目的优势

林业职业院校在巩固拓展脱贫攻坚成果同乡村振兴有效衔接中任重道远，反映出自2019年"职教改革20条"出台后，全社会对职业教育的认同，承认职业教育在人才培养中的重要作用，那么，林业职业院校在林业科技推广中到底有什么样的优势所在？

（1）从办学特点方面看，职业院校人才培养上以"职"为主线，借校企合作的功能定位实现产学研用融合，开展校企深度合作，为教师搭建平台，让教师根据区域经济和行业经济实际，以应用研究为重点，以解决问题为目标，全面提高区域经济的发展。长期以来，林业职业院校以培养高素质技术技能人才为己任，为提高学生的实践动手能力，学校拥有一大批实习实训基地，能提供灵活多样的办学方式，为项目开展技能培训、示范样板基地的建立等创造了得天独厚的条件，林业职业院校校企合作、工学结合的这一办学特点和林业科技推广示范项目的技术推广模式具有高度的契合性。

（2）从人力资源方面看，林业职业院校为林业建设和地方经济服务，所

设置专业门类符合地方经济发展需求，拥有一支致力于提升专业水平的师资力量，长期的办学实践让这批师资力量拥有丰富的实践教学经验、扎实的专业功底，通过正确引导可以适应多样化教学方式。另外，这批人才在经过近十年的推广项目历练后，在总结推广及管理经验的基础上，借助林业职业院校的人力、智力和网络资源，担负起林业科技成果的传播功能，有能力为巩固拓展脱贫攻坚成果同乡村振兴有效衔接在产业兴旺、乡村人才技术技能提高、绿色发展、生态宜居方面发挥重要作用。

## 三、承担林业科技推广示范项目对林业职业院校的促进作用

### （一）为林业职业院校更紧密地为乡村振兴服务创造了条件

以××地区为例，进入"十四五"后，林业科技推广示范项目的行政管理部门要求，新时期林业科技推广示范项目的支持将聚焦到为××地区打造世界一流"绿色食品牌"上，重点支持核桃、澳洲坚果、花椒3个特色产业树种实现"推广落实一批项目、提升完善一批示范基地、辐射带动一批产业发展、培养造就一批技术操作能手、消化吸收创新一批技术成果"的目标（以下简称林推"五个一批"），要求项目实施地的合作单位要重点选择各县域龙头企业、专业合作社及国有林场等林业经济组织。从项目重点支持方向、目标、合作单位的条件等反映出，新时期林业科技推广示范项目的实施要求更接"地气"，更贴近"三农"，科技人员必须行走在田间地头，更深层次地接近农民，做实实在在的技能培训和科普，才能真正达到目标，为林业职业院校服务社会、服务三农，促进巩固拓展脱贫攻坚成果同乡村振兴有效衔接创造了有利条件。

### （二）促进林业职业院校基础条件能力建设、教师专业水平提升

对于自有科技成果较少的林业职业院校来说，林业科技推广示范项目的实施是一个对林业科技成果进行消化、吸收、创新的过程，要求科研人员对林业科技成果进行全面把握，才能完成项目各项指标，在消化、吸收—发现问题—研究集成—完善成果的过程中实现自我科研能力的提升，此过程对学

校的科研条件、科研能力是一次考验，并促使学校不断完善教学、科研基础条件。

### （三）为教师、学生熟练运用专业知识、展示实践动手能力提供了一个直接与市场对接的平台

林业科技成果推广过程，是一个产学研协同配合的过程，示范基地在生产一线，且与社会经济效益挂钩，有别于学校建立的以仿生和展示为主的实习实训基地。生产一线的示范基地面临的情况复杂，需要教师科研人员和参与项目的学生，在错综复杂的环境中做实科研调查和调研，制定切实可行的实施方案，还要能根据情况变化适时应变，项目为教师、学生熟练运用专业知识、展示实践动手能力提供了一个直接与市场对接的练手平台。

## 四、林业职业院校实施林业科技推广示范项目存在的问题

以××××职业技术学院为例，在"十三五"期间，学校共争取到"现代营林耕作技术推广示范""五倍子林农倍间作模式技术推广示范""白及丰产栽培技术推广示范"等9项林业科技推广示范项目，把林业技术成果在9个县域内以基地为中心向周边进行了辐射带动24725亩，营建了14个相关技术示范基地共5855亩，推送了4765册相关技术资料，惠及近万人次的技术人员、林农、学生，培养了大量技术技能人才，充分发挥了学校在行业中的专业优势。向13个县输送了15名省级科技特派员，完成了15项实用技术服务。

在推广的过程中有显示度很好的项目，也有显示度一般的项目，在项目的执行过程中面临的困难和存在问题也集中涌现，主要有以下几个方面：

### （一）林业科技推广示范项目前期准备不充分，项目储备不足

受林业职业院校科研发展历史沿革的影响，科研起步晚、基础薄弱，科研历练少，虽然专业实践经验丰富，但在申报林业推广示范项目时因对前期成果水平和实施地情况精准把握不足，存在在申报阶段临时抱佛脚的情况，缺乏对全省县域经济对林业科技的需求调查和成果库中相关成果的了解，造

成获得立项的项目不多和立项项目准备不充分，从校级层面表现出总体项目储备不足的情况。

## （二）项目负责人的项目组织能力不强

主要表现在项目负责人调动团队组成人员的工作积极性、对成果技术措施落实的有效指导等方面缺乏方法和措施，导致项目组人员之间协调能力弱而分散力量，有时出现单打独斗的情况，项目组的技术指导作用体现不出来。

## （三）资金管理不科学不规范

项目组成员中缺乏专人负责资金管理，没有严格按照项目实施方案进行资金支出，资金支出进度偏慢。

## （四）项目实施方案的编制针对性和可操作性不强

在林业推广项目实施方案的编制过程中，因对县域产业和使用成果的调查了解不足，导致推广的技术与林农的需求不称的情况，方案中技术路线和技术内容空泛，导致技术推广的针对性和可操作性不强。

## （五）推广实施的同时总结宣传不够

项目负责人对项目进行年度执行情况缺乏总结，导致对林业科技成果的推广实施停留在完成任务指标上，而对科技成果推广过程中的成功经验教训无法让广大林农、林业技术员及时认知。宣传内容局限在任务指标的完成上，对科技推广带来的经济、社会、生态效益缺乏综合性宣传。宣传范围不广，只注重在校级平台上宣传，其他平台的宣传微乎其微，宣传工作没有真正起到科普、技普的作用。

## （六）项目档案管理不规范重点不突出

林业科技推广示范项目的档案管理除要具有一般科研项目的管理程序外，还要特别注重技术动用效果、报到宣传材料的收集、整理，技术运用效果要以事实为依据、要有相关数据支撑、图片对比，但往往这方面资料不太全，存在为推广而推广，对数据的采集相对滞后，有时在档案中缺乏相应材料，体现出档案管理意识薄弱，管理方法不当。

## （七）技能培训对象覆盖面低

在已实施的项目中技能培训对象主要集中和局限在基地内林农、技术员、工人上，而对基地辐射带动的广大林农的技术培训不多，导致技能培训对象覆盖面低，没有真正落实到技术的"推广"上。

## （八）主要技术经济指标中缺乏原有成果的技术补充和科教结合不突出

对林业科技成果检验过程中发现的问题没有针对性开展研究或有研究但没有进行理论性总结，对林业科技示范成果消化、吸收后没有再进行相应技术的二次集成和创新，原有成果的技术后续创新不足，难于进一步完善和实现成果的二次入库登记。有些项目在技术经济指标的展示上过分注重实用新型专利为主的非实质性审查的技术专利获得上，真正原创性并可再次实现推广和转化的技术专利缺乏。有些项目实施后没有与教学结合起来，出现校外热校内冷的情况。

在林业科技工作中，林业科技推广的意义重大，林业科技推广示范项目的实施可以检验前期科技研发工作的成功与否，是科技创新的延续和补充。林业科技成果推广存在明显的地域性、公益性，且推广后成效展现的周期较长，影响推广效果的因素多而杂，使成果的推广应用把握难度很大。在学校科研基础条件薄弱的情况下，第一批项目的实施，相当于摸着石头过河，有成功的喜悦也有失败的经验教训，以上这些问题的涌现，极大地影响了项目推广示范的质量和效果。发现问题，正视问题，并用有效的方法解决问题，是林业职业院校发挥办学优势，是以林业科技示范项目为纽带长入县域经济，确保在县域经济产业发展中提高林业科技显示度的必修课，只有修好了这一课，实现林推"五个一批"任务目标，才能真正促进巩固拓展脱贫攻坚成果同乡村振兴有效衔接。

## 五、林业职业院校实施林业科技推广示范项目推动巩固拓展脱贫攻坚成果同乡村振兴有效衔接的对策

### （一）扎实调研，超前谋划，做好林业推广项目储备工作

在巩固拓展脱贫攻坚成果同乡村振兴有效衔接的过程中，林业职业院校应按照《关于乡村人才振兴的意见》的要求，选准目标，主动出击，在总结经验的基础上，抢抓机遇，发挥好林业推广主体作用，彰显学校办学职能与林业科技成果推广示范项目目标的高契合度效能，组织科研人员，围绕重点，选准选好成果，做好调研，超前谋划项目，对项目开展好预评审和修改完善，储备一批林业推广项目，提高项目的申报质量，为提高省级、国家级项目评审的通过率做好前期准备工作。

### （二）加强立项项目的全过程规范管理，确保项目的显示度

林业推广项目立项实施前要邀请省内优秀推广项目负责人来学校"传经布道"，在项目实施前学习先进的管理经验，树立"立项一个显效一个"的意识，以推广示范项目为显示器，提升林业职业院校在培养技术操作能手、辐射带动产业方面的显示度；在实施过程中，注重对项目的执行情况进行总结，及时发现问题、解决问题；普及推广项目的档案管理标准要求和明确档案管理重点，促使档案管理规范、齐全，提高档案的价值；在项目的经费管理上，要注重对学校财务人员和项目组财务人员的同步培训培养，促进经费管理的双向协调，并指导好合作实施单位的财务管理，专款专用。

### （三）选准一个基地，打造林业技术成果推广示范样板

林业科技推广示范基地选择的恰当与否，直接关系到示范效果的成功与否上，示范基地是推广工作的重点，也是亮点，选准建好示范基地犹如点上一盏灯，会照亮一大片。林业科技推广示范基地有别于生产性基地，选择时要综合考虑建设内容的相符性和示范技术的展示性，要注重科学性和规范性。

## （四）培养推广能力强的林业科技推广队伍，为成果的后续创新打下人才基础

在项目谋划和储备阶段就开始培养林业技术推广示范项目负责人，按项目需求组织好一支致力于林业公益事业的队伍，对于专业结构合理，团队合作能动性强，有能力对技术消化吸收再创新的，由学校在团队建设方面给予资助，围绕项目的公益性目标再建立团队建设目标，与推广项目周期同步或稍长于项目周期完成团队建设任务，真正培养一支推广能力强而相对稳定的队伍，为成果的后续创新在人才方面打下基础。

## （五）科学运用科研项目的分类评价制度，实现成果推广与研究提升双促

对学校承担的林业推广示范项目科学运用科研项目的分类评价制度进行评价，对于项目组承担的主项目（林业科技成果推广示范项目）以应用示范类标准实施评价，确保"推广"的经济社会效益得以呈现。对主项目派生的研究项目，按可行性由学校立项支持，根据项目类型按相应分类评价标准来进行评价，在确保主项目技术经济指标不偏离、对县域产业的辐射带动性和对技术技能人才培养显效的前提下，避免科研人员为了"成果贡献"而迁移推广的技术经济指标，以无转化前景的成果替代有益成果，而对原林业科技成果的集成、创新、提升没有任何意义，造成推广资金的浪费。通过分类支持和分类评价，促进推广显效的同时推动团队对推广成果有创新有补充完善，研究能力同步提升。

## （六）熟练掌握林业科技成果推广示范技术，多方式广覆盖培养林业技术技能人才

按照成果合作协议，由学校项目组先自主学习成果相关技术，然后提出问题，再由成果主要完成人根据问题解答，熟练掌握成果技术规程、规范，最后以灵活多样的方式向基地和辐射带动区域扩散技术，既要注意针对性又要完成量大面广的任务，采用经验交流会、现场示范、技术知识竞赛、动手操作能力竞赛等适当方式传授技术和技术知识，实现"一个项目带一个基地

促一个产业出一群技术技能人才"的目标，在县域经济中彰显林业职业院校的技能培训实力。组织教师团队根据实际编写教材，开展工学结合教学模式，将自身的研究成果应用到课堂之中，把林业科技成果技术普及到相关专业学生中，把在校学生培养成熟悉生产一线林业技能的技术技能人才，让学生有较强的社会适应能力，毕业就可以上岗，提高学校输出人才的整体质量。

### （七）形式多样开展宣传报道，扩大成果推广的影响力

要利用新媒体、报刊、电视等多形式多样化开展宣传报道，宣传林业科技知识、总结推广情况、展示基地示范效果、宣传林业科技推广中长期奋斗在生产一线的林技推广人员先进事迹和农村学技术、用技术能手、林业技术致富带头人等，扩大公众对林业技术的关注度、接受度，扩大林业科技的影响力。

综上，林业职业院校通过承担林业科技成果推广示范项目促进巩固拓展脱贫攻坚成果同乡村振兴有效衔接有其特殊的优势，但只有在解决好前期涌现的一系列问题的基础上，把工作做扎实，才会在全面推进乡村振兴加快农业农村现代化的进程中做出特色做出亮点，推动县域产业经济快速健康发展，彰显林业科技对产业振兴、人才振兴、生态振兴的支撑、引领作用。

### 参考文献

［1］2021 年中央一号文件．关于全面推进乡村振兴加快农业农村现代化的意见［EB/OL］．http：//www. gov. cn/xinwen.

［2］中共中央 国务院关于实现巩固拓展脱贫攻坚成果同乡村振兴有效衔接的意见［EB/OL］．http：//www. gov. cn/xinwen.

［3］中共中央办公厅 国务院办公厅印发《关于加快推进乡村人才振兴的意见》［EB/OL］．http：//www. gov. cn/xinwen.

［4］郑秋霞．浅析中央林业科技推广示范项目对地方性林业产业发展的带动作用［J］．经验交流，2014（4）：23 - 26.

［5］周小玲，梁军生，董春英，等．中央财政林业科技推广项目实施回顾与思考［J］．湖南林业科技，2012（5）：89 - 91.

［6］于海涛．新形势下林业科技推广面临的问题与对策分析［J］．农村科技实验，

2017（7）：62.

　　[7] 周文佳，马璇，徐若冰. 基于区域经济发展的行业高职院校办学定位再思考 [J]. 石家庄铁路职业技术学院学报，2017（9）：89-93.

　　[8] 陈荣强，熊景鸣. 高职院校如何为农村产业革命聚力赋能 [J]. 职业技术教育，2020（15）：60-65.

# 第九章

# 产教融合视域下林业类高职院校在生态扶贫中的研究

张凤英　温常青

（江西环境工程职业学院）

## 一、林业类高职院校在生态扶贫中的作用

推进生态文明建设，实现经济可持续发展是新时代高职院校的社会服务功能的重要体现。林业类高职院校在服务区域发展过程中精准实策，因地制宜开展产业帮扶，是生态扶贫的重要社会力量之一。

### （一）生态扶贫的重要参与者

高职院校以人才、资源等优势通过教学、科研、人才培养、社会服务等形式参与生态扶贫各环节。林业类高职院校具有林业生态方面的专业特色，长期扎根沃土，深耕"三农"事业，在专业农林技术人员培训、职业农民培养、产业精准帮扶等方面具备独一无二的优势。因此，结合地方产业分布与特色，充分发挥学校技术、专业及专业群优势，提供适合当地产业发展的技术指导与推广服务。

### （二）精神扶贫的主要生力军

扶贫先扶志，生态扶贫过程中，林业类高职院校聚集于精神与教育扶贫，充分发挥教育资源优势，通过教育拔出贫穷之源，消除贫困的代际传递。通过培育热爱林业、耕于林地的职业精神，开展农林技术培训等提升精神扶贫的成效。此外，对建档立卡贫困家庭学生免学费，开展学习与生活补助，实

践精准扶贫。除培养他们的实践能力外，辅导员还专门开展心灵引导，将教育扶贫与精神扶贫两者有机结合。

### （三）开发扶贫的有力践行者

开发式扶贫指的是采取经济与市场的途径，在贫困地区强调以改造生产条件的形式，从而形成新的生产能力。着重从贫困区域与人口出发，对致贫原因进行分析，研究，并因地施策，整合优质资源，激发贫困地区脱贫的内生发展动力，落实精准扶贫要求，同向聚集精准发力。而林业类高职院校利用人才、技术等优势，为定点帮扶地区带来新理念、新思想、新技术，引进新项目、开拓新市场。此外，通过政策宣讲，将培训开到林场，研究适合当地产业发展的农林产品开发，实现乡村振兴对接，提升农村地区人口的发展能力。

## 二、产教融合是高职院校生态扶贫的重要手段

党的十九大报告指出要"完善职业教育和培训体系，深化产教融合、校企合作。"林业类高职院校参与生态扶贫工作的重点就是要以产教融合、校企一体为指导。从产教融合的视角，结合本地产业发展与区域特点，加强同中小型企业的合作，将专业教育教学融入区域产业发展，将生态扶贫工作与专业（群）建设结合，共建产教融合服务平台，真正承担起服务精准扶贫的伟大使命。

### （一）有助于贫困地区精准扶贫工作

林业类高职院校与林业中小微企业共建职教集团（产教联盟）等平台，有助于产品前期的市场调研，构建产学研一体产品开发路径。同时，将进一步加强农林技能培训，在产品开发、技术投入、电商营销等方面发挥重要作用。平台以培养高素质基层农林类技术技能人才为主，通过技能的提升，成为农林产业发展的专家技能，对促进贫困地区可持续发展具有重要的意义。

### （二）有利于发展学生创新意识与创造能力

一方面，产教融合平台为学生提供良好的实习教学条件与技能实操机会，

林业类高职院校专业教学与区域农林产业发展进行有效对接。生产管理实践过程中，学生理、实、做一体，真正地将理论知识融入于实践技能操作中，切实培养生产过程中解决实际问题的能力。另一方面，产教融合平台注重资源的共建与共享，激发成员的创新意识与创新能力培养，这也正与高等职业教育的办学方向趋同。

### （三）有利于促进职业教育持续健康发展

以就业为基本导向，培养面向生产与管理一线的高素质技术技能人才是职业教育的初衷。精准对接林业行业发展趋势，精准掌握企业岗位专业技能，在职业教育人才培养实践中能够带来巨大的经济效益。林业类高职院校协同林业行业、企业，坚持"产教结合，校企一体"理念，开发适应企业发展所需要的产品、技术，实现了职业教育培养人才、开发新产品及提供社会服务的功能。高职院校与产业发展的有效对接，将企业技能操作与智库专家的优势资源充分参与人才培养与教育学，将进一步完善优化职业教育的人才培养体系。

## 三、林业类高职院校助力生态扶贫的实践探索——以××学院为例

"打好精准脱贫攻坚战，走中国特色减贫之路，实现乡村振兴"是党和国家的政之所往，更是民心所望。在这场"战役"中，××学院全面贯彻落实党的十九大精神，坚持以"职业教育"为重点，将提升劳动者素质作为扶贫攻坚的关键，将精准扶贫和产业发展有机地结合起来，政、行、校、企联动定位实施，积极探索农科教相结合、多领域协同的综合服务模式，在"三农"人才培养、农业产业、农村乡镇规划、生态环境、美丽乡村产学研和实践等方面，开展了卓有成效的研究和实践，使之成为深化农村改革、促进赣南苏区脱贫攻坚的有效方式，彰显了职业院校主动服务地方、助力乡村振兴的使命与担当。

## （一）多元聚力联动，搭建服务平台

2012 年 11 月，学院牵头组建职教集团。集团现有校、政、行、企、研等成员单位 141 家。集团成员多元联动，建立产教融合长效机制，搭建产教融合技术技能创新服务平台，实现了资源的共建共享。学院与章贡区人民政府、信丰县人民政府共建乡村振兴学院，与南康区政府共建南康家具学院。现已建成江西省森林菌物资源综合开发工程研究中心、江西绿色生态家具工程中心、油茶工程中心、林业有害生物防治等 6 个应用技术研发中心。这些平台既为赣南苏区产业扶贫提供人才、技术支持，同时也是职教扶贫的"造血"平台。通过校企、校际间共建共享校内外实训基地或是由政府牵头、校企融合，共建共享实验室、应用技术创新协同中心等形式，积极引导企业参与脱贫攻坚等民生工程，打造精准指导、精准培训、精准实施的产教融合服务平台，实现区域产业人才精准培养、技术精准推广、产品精准营销的产教融合共建共享机制，同时又为学院学子及毕业生提供了实践基地及就业岗位。

如学院与南康区政府共建的南康家具学院，南康家具学院以扶贫家具产业为载体，以家具产业技术人才培训为重点，形成了多方联动的利益机制，为中国（中部）家具产业基地培养亟须的技术技能人才，助力于我市最具特色、规模最大的产业集群（江西省 14 项重点产业之一）现代家居产业的高质量发展。与此同时，南康区政府与学院共建的项目纳入其产业发展规划中，从而解决南康区家具产业技术人才短缺的问题。在此基础上，学院借助专业优势，科学评估区域家具产业资源，精准聚焦实策，贫困人员实现产业致富。近三年，学院先后在赣南 18 个乡镇开展家具类讲座 45 场，为家具行业人才技能培训约 20000 人日，有效提升了家具产业从业人员的基本素质与职业技能，为江西自由王国家具有限公司等 12 家南康头部家具企业提供产品研发及技术服务，累计为企业创造经济效益近亿元。

## （二）共谋乡村振兴，多措并举筑牢根基

### 1. 聚焦乡村人才培养，打造"三农"人才之基

学院地处经济欠发达的江西赣南革命老区，培养的学生很大一部分都来自当地的十八个县区。扎根赣南 60 余年来，学院为老区输送了大量优质毕业

生，为地方建设提供了人才支持。近年来，通过开展高职扩招、林业"三定向"、对接会昌珠兰、瑞金职中等中职院校，高质量地开展赣南特色产业发展亟需的技术技能人才培养与培训等工作，培养了一大批扎根老区的高素质乡村应用型人才。仅 2020 年，学校包揽首届中华人民共和国职业技能大赛金银牌；据中国高等教育学会发布 2020 年全国普通高校大学生竞赛排行榜（高职）中名列全国第 2 名。

**2. 深耕乡村旅游项目，推进美丽乡村建设**

学院多次派出专业团队到于都、赣县、兴国、会昌、龙南等参与旅游规划和产业扶贫建设中，为新农村建设出谋划策。如依托园林技术、旅游管理等专业，为于都仙下龙溪村编制《于都仙下龙溪村乡村旅游概念规划（2019 – 2023）》，开发建设以生姜种植观赏养生为核心的休闲农业与乡村旅游大村落，对赣县区大埠乡杨雅村等多地制定乡村旅游规划和产业发展规划，为当地政府进行产业建设，新农村建设提供参考。

**3. 依托学校专业优势，支持农业产业发展**

依托学院创新服务平台，充分发挥林业技术、中草药栽培技术、家具制造与设计、园林技术、电子商务等专业优势，对接赣南区域特色产业发展，指导群众开发农业新品种、新成果与新技术的转化、集成与推广活动，推动农林科技应用与推广，以科技创新引领农业高质量发展。在政府的支持下，结合地方农林资源条件与现代农林发展特点，学院大力引进高端技术与推广普及农林科技成果，建立江西省森林菌物资源综合开发工程研究中心、油茶工程中心等技术创新平台，将农林科技成果转化为生产力，逐步成为培育发展新技术产业的重要载体。通过对口帮扶服务赣南乡村油茶、中草药、肉牛、巴马香猪、食用菌等产业发展，通过中央财政林业科技推广项目开展金线莲、蓝莓、铁皮石斛、脐橙等科研成果推广与技术服务。此外，还为科技示范户、农林类生产专业户、涉农林类企业等提供技术、信息和服务，不断提高贫困群众的科学素质和科学种植技术水平，实现脱贫。与此同时，这些农林类产业成为学院学子实习、实训大后方及职业技能试验场，如林业、园林、园艺、电商等专业的不少贫困学生毕业后创办了自己的企业，部分学生直接服务赣南苏区农业产业，扎根农业，成为当地创新创业的典范。

**4. 致力乡村绿色发展，助推乡村生态振兴**

充分发挥学院林业、生态、环保、旅游等方面人才优势，为农业绿色发展、生态资源价值实现、乡村生态保护与修复提供技术咨询、科技支撑与推广服务，助力乡村生态振兴。学校多名教师被遴选为赣州市环保局专家库成员，积极参与企业项目的环评评审、清洁生产审核等工作；师生积极参与编制完成宁都等12个乡镇的农村环境连片区开展综合整治工作项目；对全区、县境内有污染源的单位及个体经营户，进行包括工业污染源等开展抽样调查，对第三产业主要涉水污染源进行分析测算，取得了较好的社会影响。

**5. 挖掘红色文化内涵，助力文旅商农融合**

传承发展赣南优秀传统文化和红色文化，加强乡村文化建设，与信丰油山共建红色研学教育基地，提高文化服务质量，提升文化服务效能，推动乡村文农商旅融合。研学基地以农业、商业、旅游业相结合的形式展开，因地制宜开展基地项目建设，基地产品多样化。此外，与章贡区人民政府多次洽谈共建乡村振兴学院，在"以人才培训、技术服务为切入点，推进产教融合和示范点建设，形成有影响的乡村振兴学院"模式上达成共识。

## （三）创新培养模式，提升个人造血能力

自2014年始，学院就针对基层林业技术人员匮乏这一问题，与全省林业局共同开展了林业基层技术人员的定向招生、定向培养、定向就业的"三定向"模式，至今已为江西省林行业培养了基层林业技术人员982名。其中，林业技术专业还创新实施了"以产治学、由产至教"的人才培养路径，人才培养实践获得国家级教学成果二等奖。针对部分14、15级"三定向"毕业生的用人单位反馈，具有本地户籍的"三定向"专科生能吃苦，上手快，有"三农"情怀，熟悉农村工作环境，扎根基层的思想稳定，实现了政府、高校、用人单位与学生本人"多方共赢"，深受干部群众的欢迎和好评。此外，积极发挥省林业行业人才培养基地的重要作用，依托江西省林业人才培训基地、江西省退役士兵培训基地、赣南电子商务培训基地，围绕江西省森林质量提升、良种良法技术等，多形式开展多类型多层次的农林培训与农民技能培训工作，提升了乡村基层人才的可持续发展能力。仅今年上半年，学院就先后承办了全省森林旅游与康养技术培训、全省自然保护地管理技术培训、

全省江西省林业基层技术人员培训等，搭建了职业技能鉴定与培训平台。

### （四）精准设置课程，定制培训成果显著

针对职业教育培训课程的供给与农户实际需求，学院设计了广泛的适应性培训课程体系，编制了针对性强的培训项目及课程，打造了基于供给与需求、要求与能力要相互补且契合度较高的课程超市，形成了多样化、多形式的培训课程菜单，供政府、行业企业、培训学员选择，推进了农民工与课程设置、产业经济以及行业企业需求的无缝对接。依托农林业类专业优质教学资源，学院开设课程注重居民文化积淀、职业技能、互联网＋、电子商务等内容。如 2018 年，学院根据于都县全面脱贫攻坚工作安排，对于都县全县进行前期调研，建档立卡，开展贫困劳动力培训，结合当地实情，开设了油茶生产技术、毛竹低产林改造技术、光皮树扦插育苗及丰产栽培技术等课程内容。培训时间 1 个月，覆盖了于都县 23 个乡镇，培训人员达 1600 余人。培训后还追踪、关注农民工职后表现，提供职后培训提升服务，强化农民工的职业稳定性与持久性，农民技能培训后再就业率为 97％。2021 年，学院与赣州以诚农旅开发有限公司合作共建蔬菜园。针对当地的一些菜农，提供免费的专业技术指导，直接带动了 20 多名农民本地就业，为乡村振兴提供了强大的智力与技术。

2020 年，学院在全国乡村振兴职业技能大赛江西省选拔赛中获得两金两银，并顺利入选农业农村部、教育部乡村振兴人才培养优质校拟推介名单。作为一所以服务地方经济发展为己任的高职院校，学院切实担负起服务和推动乡村振兴的重任，充分发挥校企在人才培养、科学研究、社会服务和文化传承与创新等方面优势，精准把握乡村发展的重点、难点、痛点和具体需求，为脱贫攻坚与乡村振兴的有机衔接提供全方位支持。

# 四、结语

××学院是全国高职院校开展生态扶贫，服务乡村振兴的一个缩影，学院在结合自身专业（群）发展特点，助力生态扶贫、乡村振兴道路上不断总结经验，完善优化，主动担当。其中非常重要的经验即为充分发挥职业教育

引领作用，创新扶贫思路；充分发挥合力优势，激活内生动力。总之，无论是精准扶阶段还是乡村振兴阶段，林业类高职院校都是精准扶贫事业中无可或缺的重要中坚力量，是实现推动我国社会主义现代化建设的发展不可替代的高素质精锐力量，值得我们期待。

## 参考文献

［1］耿立春，等. 农业类高职院校产教联盟在精准扶贫中的实践研究［J］. 云南林业，2020（7）.

［2］胡军，等. 职业教育精准扶贫：深度贫困区的产教融合与实践效能——以三峡区为例［J］. 职教论坛，2018（8）.

［3］张育松，等. 职教集团助推精准扶贫的战略考量［J］. 现代教育管理，2018（7）.

［4］姜乐军，等. 我国职业教育面向农民工精准扶贫的价值、举措及展望［J］. 职业技术教育，2018（6）.

［5］林艺芳，等. 产教融合平台与机制的探索与实践［J］. 闽西职业技术学院学报，2018（6）.

［6］曾武祈，郑翠红. 高职院校教育精准扶贫的实践与分析［J］. 教育评论，2018（7）：41－43.

［7］费晓映. 精准扶贫理念下高职院校帮扶形式拓展探析［J］. 湖北函授大学学报，2019（7）：30－32.

# 第十章

# 面向乡村振兴的林业类高职院校林业科技推广体系建设与实践

韩木先　王海民　侯　梅　毛　燕　杨　繁　黄慧中

（湖北生态工程职业技术学院）

高等职业教育是高等教育的重要组成部分，既是人才培养的基地，也是知识创新体系的主体，更是科技成果转化的载体和桥梁，是支撑我国建设创新型国家的基石之一[1]。

民族要复兴，乡村必振兴。站在承上启下、继往开来的新起点上，如何巩固和拓展脱贫成果，成为全国各族人民的新使命、新命题。党的十九大报告指出，农业、农村、农民问题是关系国计民生的根本性问题，必须始终把解决好"三农"问题作为全党工作的重中之重，要实现农村产业振兴、人才振兴、文化振兴、生态振兴、组织振兴[2,3]。作为产业振兴的重要一环，科学技术正因为有效契合产业振兴、人才振兴与乡村特色产业建设，逐渐成为实现乡村振兴的主要抓手。

据了解，我国开设有农林类专业的高等本科院校及农林特色高职院校有100多所[4]，农林类专业人才已成为乡村振兴的中坚力量。高等职业技术学院作为培养农林类人才的重要基地之一，已成为我国科技创新与推广的重要力量，在今后科技新成果的转化与推广过程中将会发挥越来越重要的作用。

## 一、林业类高职院校建设林业科技推广体系的三个意义

科学技术是第一生产力，但科技成果（这里主要指应用研究成果）在尚

未直接应用于生产、没有产生经济效益之前，还只是潜在的生产力。我国每年都有数以万计的科技成果完成，但真正应用于生产实践、并大面积推广应用转化为现实生产力的并不多[5]。在我国乡村振兴的背景下，林业类高等职业院校作为我国科技创新与推广的重要力量，建设林业科技推广体系，有特别重要的意义。

## （一）林业类高职院校建设林业科技推广体系，可以促进科技成果转化，提高教师科研动力

2017 年，农业部、教育部联合下发了《农业部教育部关于深入推进高等院校和农业科研单位开展农业技术推广服务的意见》，提出深入推进农业科研院校开展农业技术推广服务，加强农科教协同，推动农业科研院校开展科技创新和推广应用工作。尊重乡村发展规律，因势而谋、应势而动、乘势而上，推动乡村振兴高质量发展。习近平总书记在 2020 年 12 月召开的中央农村工作会议上，从统揽"两个大局"的战略高度，精辟阐述了全面推进乡村振兴、加快农业农村现代化的使命任务，提出要吸引各类人才在乡村振兴中建功立业。

以科技成果转化为契机，提高教师科研动力，锻炼教师的专业技能，进一步提高学校教学质量，践行农科教协同，为林业类高职院校服务乡村振兴，打造"武器"。在推广项目实施过程中，教师可以结合推广项目进一步开展有关项目研究，可以提高教师自身能力，进而提高教学效果，进一步锤炼教师，升级科技服务技能。

## （二）林业类高职院校建设林业科技推广体系，可以促进产教融合，提高人才培养质量

校企合作，产教融合，是职业院校发展的趋势。"职教 20 条"明确提出支持产教融合型企业发展，鼓励企业参与职业教育办学，意在落实校企深度合作。

现阶段，校企合作的现状是，学校很积极推动，但是企业往往热情不高，根本原因是企业很少能从校企合作中共赢。建设科技推广体系，锻炼教师的科研能力，提高教师的教学技能，高职院校既可以更好地为企业提供科学技

术支持、进行科技服务，也能为企业输送掌握先进科学技能的毕业生。要真正实现产教融合，就要在科技创新上发力。

连续几年高校毕业生就业情况不容乐观，特别是国内外新冠肺炎疫情出现以来，高校毕业生就业形势越来越严峻。高职院校要贯彻以就业为导向的培养目标，学生能否就业是检验其教育质量的重要标准[1]。学生就业不仅要看就业率，还要看就业质量，如考察利用所学的专业技能就业。在乡村振兴背景下，林业类高职院校做好科技推广，有利于使培养的学生真正掌握进入未来工作岗位的专业技能，让学生能够在乡村类岗位就业，切实提高毕业生的就业率和就业质量，林业类高职院校落实好了校企合作、产教融合，才能更好地为乡村振兴培养建设人才和技术骨干。

### （三）林业类高职院校建设林业科技推广体系，可以促进乡村振兴，可以提高学校社会影响

高等职业教育以学生就业为办学导向，有特色的高职院校，有特色的专业，既能吸引更好的招生生源，也能利用条件，更好地培养学生，更能利用学校、专业特色，帮助学生就业，才能更好地服务乡村振兴特色产业建设，并能在适当时机为乡村振兴建设、打造特色产业。高职院校只有具备了相应的科技能力，培养学生掌握创新技术，才能使所办专业独占鳌头、形成特有的专业特色、学校特色，建设特色产业。

林业类高职院校建设林业科技推广体系，是对全省林业科技推广体系的有益补充，可以促进乡村振兴，提高学校社会影响。

## 二、林业类高职院校林业科技推广体系的建设

为促进科技成果转化，全国人民代表大会常务委员会于 1996 年 10 月通过《中华人民共和国促进科技成果转化法》[6]，深入实施创新驱动发展战略。为落实《国家中长期科学和技术发展规划纲要（2006 - 2020 年)》中的"加速高新技术产业化和先进适用技术的推广的政策"要求，我校积极开展科技推广，相关课题组研究并实施了建设林业科技推广体系"12345"体系（见图 10 - 1）。

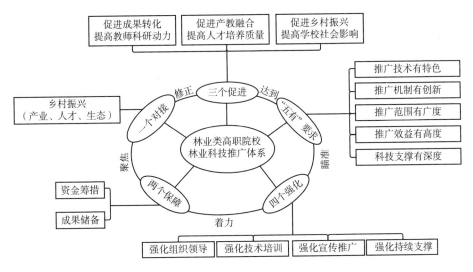

图 10 - 1　"12345" 林业类高职院校林业科技推广体系

## （一）一个对接：对接乡村振兴

2018 年 1 月《中共中央国务院关于实施乡村振兴战略的意见》和 2018 年 9 月《乡村振兴战略规划（2018 - 2022 年)》均要求实施乡村振兴战略，要"坚持人与自然和谐共生"这一基本原则，"牢固树立和践行绿水青山就是金山银山的理念""以绿色发展引领乡村振兴"。××××学院，是××地区唯一一所生态高职学院，学校特色是林业技术。现代林业与乡村振兴密不可分，林业特色高职院校主要通过培养农林实用技术人才来参与乡村振兴，同时林业类高职院校还不应满足于此，林业类高职院校还应着力研发林业实用技术，并将其推广应用乡村振兴实践，这既是作为高校的职能之一，也是林业类高职院校培养高素质林业实用人才的必然要求。

## （二）二个保障：成果储备、资金筹措

### 1. 成果储备

要开展林业科技推广工作，首先要有合适的成果。成果有两个来源，一个是自主研发的成果，另一个是引进其他单位成果，并由成果单位作为科技支撑单位，共同开展技术推广工作。自主研发成果是首选，这有三个优点：

不用支付成果使用费；同时熟悉成果技术内容，能够密切对接成果使用单位；另外可以在应用中针对出现的问题进一步深入研究，甚至可以形成新的成果。引进其他单位成果有时也是必要的，这也有三个优点：能够弥补自主成果不足；通过联合实施科技推广项目，推进双方团队交流，为深入开展科技合作架桥铺路；有利于快速切入某个新的研究领域，起到"借鸡下蛋"的功效。2011年以来，××××学院累计实施了20项林业类科技推广示范项目，其中使用引进成果5项，占25%；推广自主成果15项，占75%。2011~2015年开始实施项目中，使用引进成果，4项，占40%；2016~2020年，使用引进成果1项，占10%。这也说明学校自主研发能力在增强。

**2. 资金筹措**

要顺利开展林业科技推广工作，有了合适的成果，还必须有资金保障。科技推广资金来源主渠道是申请中央财政林业科技推广示范资金，2011~2020年，我校共主持承担了20项中央财政推广项目，累计获得推广资金2010万元；另外在校级项目、承担的重点林业科技支撑项目中列支一定比例的推广经费。同时加强推广经费管理，提高使用效率，严格执行国家项目财务管理制度。

## （三）四个强化

### 1. 强化组织领导

为了加强对科技推广项目建设的组织领导，项目承担单位、成果完成单位和成果应用单位要共同成立项目领导小组。领导小组全面负责项目建设的组织领导，支持制定项目建设大政方针，落实建设资金，组织和领导项目的实施。为了保证项目的顺利实施，项目领导小组下面设立由相关单位共同组成的项目实施专业小组，主要负责项目建设的全面管理：制定项目实施方案，签订合同，具体组织项目实施，编制实施计划、工程施工计划，经领导小组讨论批准后组织实施；施工现场的组织协调、进行质量监督和项目建设的日常事务管理；针对成果推广过程出现的问题，开展技术攻关。

### 2. 强化技术培训

首先要编印好简明扼要、操作性强的技术培训资料；由于林业生产周期较长，几乎不可能在较短时间内培训完一项技术的所有要点，因此要拍摄好技术视频，要求完整覆盖一项林业生产实用技术的所有要点，同时还要有一定观赏性。在技术培训方式方面，要课堂集中理论教学和现场技能操作示范相结合，更应该注重后者，从而有效增强林农技能，提高了基层林业技术人员和林农对项目的了解程度，为项目总目标的实现奠定了坚实的基础。

**3. 强化宣传推广**

为了实施项目，扩大项目影响，提高项目的示范带头效应，项目从立项到实施，要注重宣传工作。在项目实施地设置了醒目的宣传牌，内容要包括推广的主要技术、项目规模以及项目实施单位等基本情况，如此可以引导项目实施地附近林农参照项目采用相关技术。通过网络和报刊对项目实施情况进行报道，项目实施一定要与当地产业发展等结合起来，如此才能更有效地推广。在项目实施村，树立脱贫典型户，通过示范，带动其他农民；同时通过实施村的示范，带动邻近村。

**4. 强化持续支撑**

推广林业科技成果，必须要有强有力、可持续的科技支撑。如果使用自有成果，科技成果推广项目中必须要有成果完成单位人员参加；如果使用第三方成果，则必须有第三方人员参加。项目实施中，要组织专家定期到实施区进行技术指导，根据具体情况进行相应技术改进。项目实施结束，也要安排专人进行后续跟踪指导，如院士专家工作站、实施教授回乡项目、各类人才项目、科技特派员等，使成果转化项目能够持续发挥效益。

## （四）五个要求

**1. 推广技术有特色**

推广的技术一定要有特色，而不是普通的、常见技术，首先最好与成果推广地的特色产业对接，针对其发展瓶颈，推广相应的技术；技术本身要有特色，或者是产量高、抗性强、成本低的新品种，或者是能够提高原有品种产量、大幅度降低人工成本、提高经济效益的新技术。2011 年以来，学校实施了 20 项林业科技推广项目，其中 16 项是林木新品种类，3 项是种植新技术类，均对接当地特色产业，为当地发展特色产业起到了良好的示范效应。

**2. 推广机制有创新**

要根据项目具体特点，创新推广机制，探索"高职院校＋公司＋合作社＋农户"的产业化经营模式，构建"院所支撑、高职院校实施、政府推动、项目驱动、企业带动、上下联动"的协同推广机制，还应结合我校职业教育特点，突出技术培训，结合学生实习实训创新创业，鼓励相关专业学生参与，还可以因地制宜结合乡村振兴、校企合作、科技下乡活动甚至党建活动等结合起来。学校在实施 2017 年度中央财政林业科技推广示范资金项目"湖北省茶花优良品种应用示范"，需要嫁接改造 200 亩低产油茶林为茶花林，将项目与学校林业技术专业实习实训结合起来，组织学生参与嫁接，既较快完成了项目任务，学生也完成了实习任务、提高了技能，同时还有一定的报酬。

**3. 推广范围有广度**

科技推广项目实施地点一定要考虑具有一定产业发展规模，选择一个产业发展基础较好的村镇进行实施，先示范，后辐射推广，力求每实施一个科技推广项目，就达到"推广一项技术，培训一批林农，带动一个产业，改善一片生态，造福一方百姓"的目标。2018 年学校对接××市建设××油茶之乡，实施 2018 年度中央财政林业科技推广项目油茶北缘产区良种与丰产栽培技术应用示范，示范建设 600 亩示范林，举办了 3 期培训班，较好地提高了当地油茶产业的技术水平。

**4. 推广效益有高度**

林业科技推广项目首先要突出良好的经济效益，否则很难让林业企业和林农接受，推广的新品种、新技术一定要比当地原有品种、技术在经济效益方面有一个显著提升；其次要具有良好的社会效益，项目的实施能促进当地林农就业，促进当地农业经济结构调整，符合和助力当地产业发展政策。林业科技推广项目还有一个突出的要求就是要具有良好的生态效益，如减少水土流失、提高森林覆盖率、当地大尺度景观等。

**5. 科技支撑有深度**

实施推广项目要边示范、边推广、边研究、边创新，及时解决技术在应用中遇到的新问题。一方面将技术应用的细节、流程规范化，标准化，形成技术规范，甚至研制地方标准，以便于技术在更大范围内应用；另一方面联合技术支撑单位、成果应用单位，结合项目实施，选中技术应用出现的突出问题，聚焦深入研究，从而形成新的技术成果。学校在实施 2018 年度中央财政林业科技推广项目雷竹良种与早出丰产栽培技术推广示范期间，将雷竹早出覆盖技术制定地方标准，在全省范围内发布实施。

# 三、林业科技推广体系建设的成效分析、问题及对策

## （一）林业科技推广体系建设的成效分析

### 1. 提高了科技成果转化率，调动了教师科研积极性

2012～2019 年学校共计完成 14 个鉴定评价类林业科技成果，其中 12 项获得中央财政林业科技示范资金推广，成果转化率 85.7%。2011～2020 年共有 17 名教师担任 1 次或者两次中央财政林业科技推广示范资金项目主持人，其中 15 名已经由副教授评上教授，2 名由讲师评上副教授。

### 2. 推广项目效益明显，学校社会影响逐步增强

2011 年以来，学校共计主持承担了 20 项中央财政推广项目，推广资金2010 万元，拉动社会投资 1 亿元以上，项目累计建设各种示范林 1.5 万亩，获得湖北省科技成果三等奖 1 项、湖北省科技进步奖 2 项、湖北省高校优秀成果转化项目 1 项，学校社会影响逐步增强。

### 3. 技术培训成为亮点，提升人才培养质量

作为林业科技推广体系建设的一部分，学校承担了全省林业系统行业培训职能，每年培训 3 千人次以上；实施中央财政林业科技推广示范资金项目，累计培训林农和林业技术人员 1 万次以上。学校累计有 200 多名教师参与中央财政林业科技推广示范项目，推动了相应专业教学改革，提升了教学质量。为完成培训任务，编制技术培训手册 24 部，公开出版培训教材 13 部，拍摄微课 73 部，累计获得全国高职院校微课大赛、科普中国林业行业微视频大赛等赛项等一、二、三等奖 50 多项，首次提出农林类种植技术类微课"四化"设计思想，在微课中嵌入"古典化、田园化、故事化和主旋律化"设计思想，使微课兼具技术性和观赏性[4]。

例如，历时 12 年技术研发和技术推广服务的"油茶北缘产区良种选育及其丰产栽培关键技术"获得××省 2020 年科技进步三等奖，是 2020 年××

省高职院校唯一获奖项目。历时12年，服务了油茶产业高质量发展，取得如下技术成果：（1）营建了北缘产区油茶种质资源库，保存油茶种质1370余份；（2）确立了北缘产区油茶育种技术体系，分区域选育油茶良种5个，3个被列为××省主推品种，谷城大红果8号、阳新米茶202号、阳新桐茶208号，鲜果产量比对照品种分别提高19.0%、31.6%、29.1%；（3）研发了××省首个油茶育苗专用基质并获得发明专利，利用该基质育苗，比普通基质育苗，苗高、地径、移栽成活率分别提高31.58%、25.93%、12%；（4）集成创新了北缘产区油茶育苗技术体系和北缘产区油茶丰产栽培技术体系。同时，该技术研发及相关技术服务经济和社会效益明显，提高了学校社会影响力。项目累计审（认）定良种5个，鉴定成果2项，验收成果8项，获得专利7项，发表了论文21篇，支撑建设国家油茶良种基地1个、油茶产业示范县1个；获得××市科技进步二等奖1项、××市科技成果推广三等奖1项。累计生产容器2.5亿个，总产值5000万元；支撑建立省级油茶育苗定点苗圃5个，累计育苗1.2亿株，总产值2.6亿元。该研究成果已经连续9次得到中央财政林业科技示范资金支持立项推广，获得推广经费900多万元，累计推广造林100余万亩，全部达产后年均总产值15亿元以上，按照良种增产10%计算，可增加产值1.5亿元。另外，该项目技术研发和技术服务提高了教师科研能力，促进了教师成长。该项目研发和技术推广中，总共有涉林专业教师30余人参与项目，其中5人晋升教授，3人晋升副教授。该项目技术研发和技术服务推动了涉林专业教学改革，提高了人才培养质量。该项目实施激发了林业技术专业教学改革，累计有500多名林业技术专业学生参与项目实施中。

## （二）问题及对策

林业科技推广体系建设取得了初步成效，但是仍然存在推广项目效益不能立竿见影、机制不够完善、推广人员经验不足等问题，但是最大、最突出的问题是科技成果产出不够，难以确保每年申报1~2项中央财政林业科技推广示范项目。原因如下：一是横向项目管理办法的实施，极大地调动了承担横向项目的积极性，但是一定程度上消减了开展成果工作的积极性；二是对成果的奖励力度不够，研发并完成评价一个成果需要几年甚至十几年的努力，而完成成果的团队却没有相应的激励机制，教师大多倾向于参加或者指导学生参加技能大赛；三是学校成果工作高度集中在几个科研人员，一旦其工作重心发生转移或者因科研项目完成而告一段落，学校难以每年保持评价 1～2 个科技成果。

针对科技成果产出不够的问题，可以通过三条途径扩大成果储备：一是继续围绕"两提两培"策略（两提：提高项目实施和成果质量，提升科研创新与社会服务能力；两培：培育优势研究领域，培养科研领军人才），通过实行"两提"策略（到基层去提炼成果，到高等院校去提高成果），确保每年完成 1～2 个成果。二是适当采用第三方科技成果，采用第三方科技成果一定要满足 3 个条件：自身要有一定研究基础，有利于与成果完成单位开展长期合作，有利于推广项目实施并形成新的技术成果。三是提高推广项目实施质量，要力争形成新的成果。

# 四、小结

研究面向乡村振兴的林业类高职院校林业科技推广体系，意义重大。但是，目前在很多高职院校，科技推广体系建设还是学校的薄弱环节。××××学院特色是林业技术，该学院以林业科技推广体系的建设意义、措施、强化、要求等着手，提出了"12345"科技推广体系，该科技推广体系建设，有利于提高学校教师科研动力、促进产教融合、提高人才培养质量、提高学校社会影响，是对全省林业科技推广体系的有益补充，有利于促进乡村振兴，该科技推广体系，可推广至其他林业类高职院校科技推广体系的建设，对其他非林业类高职院校科技推广体系的建设也有借鉴意义。

## 参考文献

［1］金继刚，谢南斌. 高职院校科技推广"二传手"角色定位的探索［J］. 中国集体经济，2009（2）：185－185.

［2］韩俊. 以习近平总书记"三农"思想为根本遵循实施好乡村振兴战略［J］. 管理世界，2018（8）：1－10.

［3］詹宏伟. 我国农村经济体制改革的成功起步、理论蕴含和现实启示——兼论乡村

振兴中的产权改革问题［J］. 重庆工商大学学报（社会科学版），2020（6）：131 – 138.

［4］韩木先，毛燕，侯梅，等. 农林种植类微课"四化"设计思想及实践［J］. 武汉职业技术学院学报，2021，20（1）：48 – 52.

［5］卢绍洲. 高校科技成果转化与科研立项［J］. 河北工业科技，2001，18（1）：4 – 4.

［6］杨莉. 对促进科技成果转化法实施的几点建议［J］. 中国人大，2016（22）：52 – 53.

# 第十一章

# 突出林业高职院校优势，高质量助推
# 脱贫攻坚的实践探索

## ——以江西环境工程职业学院为例

**余 涛 曾 毅**

（江西环境工程职业学院）

　　江西省赣州是全国著名的中央苏区和脱贫攻坚的主战场。2019 年 5 月 20 日，在赣州市于都县考察调研时，习近平总书记指出，"我这次来江西，是来看望苏区的父老乡亲，看看乡亲们的生活有没有改善，老区能不能如期脱贫摘帽"，这充分说明总书记最关心的是脱贫攻坚，最牵挂的是困难群众。①精准扶贫是高校服务国家战略的政治任务。江西环境工程职业学院作为江西省唯一的林业高职院校，充分利用林业技术专业群人才、设备、技术优势，以实际行动助力脱贫攻坚，把实现高质量脱贫摘帽作为重要的政治任务，主动融入赣南脱贫攻坚战，全力以赴攻克最后贫困堡垒。

## 一、充分认识高职院校参与脱贫攻坚的重要意义

### （一）高职院校参与脱贫攻坚是自觉承担时代责任和历史使命的必然要求

　　党的十九大之后，党中央把打好脱贫攻坚战作为全面建成小康社会的三

---

　　① 老区拔穷根 发展有奔头（总书记来过我们家）——回访江西于都县梓山镇潭头村孙观发家 [EB/OL]. http：//www. wisdomchina. org. cn/xhtml1/report/2002/429 – 1. htm.

大攻坚战之一，力度之大、规模之广、影响之深前所未有。扶贫济困、乐善好施、患难相扶是中华民族的传统美德，坚决打赢脱贫攻坚战是全社会义不容辞的责任。高职教育作为我国教育的重要组成部分，肩负着为经济社会建设与发展培养人才的重大使命，理应自觉承担脱贫攻坚时代责任和历史使命。

### （二）高职院校参与脱贫攻坚是实现高校主动服务地方的必然要求

社会服务是高校肩负的重要使命之一。高职院校参与脱贫攻坚，就是发挥智力密集、人才荟萃、联系广泛等优势，主动对接地方经济发展，在决战脱贫攻坚的实践中，不断优化、不断调整专业设置，完善课程体系，进一步把准未来发展方向，找准未来发展定位，进而检验高职院校办学方向、办学水平，服务社会的能力，促进自身高质量发展的现实需要。

### （三）高职院校参与脱贫攻坚是培养德智体美劳全面发展的社会主义建设者和接班人的必然要求

党的十九大报告指出："青年兴则国家兴，青年强则国家强。"千里之行，始于足下，广大青年学生要通过脱贫攻坚等社会实践，接触社会、了解国情、服务大众，将学校所学投身于社会实践，不断增强社会责任感，不断完善自我，自觉成长成才；通过激励青年学生参与脱贫攻坚，从群众中来，到群众中去，把个人的命运同社会、同国家的命运联系起来，方能找准青年学生成长成才的正确之路。

## 二、林业高职院校参与脱贫攻坚的优势

### （一）林业产业扶贫优势明显

贫困地区产业薄弱贫困人口致贫的主要原因之一。厚植产业沃土，发展产业是实现助农增收的有效途径。林业院校特色在于林，优势也在林。结合林业行业特点，依托贫困村和贫困户的资源禀赋，通过技术输入、技能培训，发展特色经济林产业，能有效促进扶贫特色产业提档升级，变输血为造血，把贫困群众脱贫致富的产业支柱筑起来。

## （二）高职教育扶贫优势明显

打赢脱贫攻坚战，人才是关键。依托学校办学优势，搭建职业技能培训平台，是落实"扶贫先扶智"的有效措施。实践证明，通过职业教育技能培训，帮助贫困户考察富民产业，开阔了视野；学习现代农业技术、农产品生产、电商服务、农产品销售渠道等先进经验，拓宽了渠道。通过扶志扶智相结合，帮助贫困劳动力至少掌握一门致富技能，实现靠技能脱贫。

## （三）生态服务扶贫优势明显

党的十八大以来，习近平总书记反复强调"绿水青山就是金山银山"。林业是生态文明建设的主力军，是美丽中国构建的核心元素。准确理解"绿水青山"的核心，关键一点就是要理顺林业发展与生态文明的关系。发展林业是保护自然生态系统，构建生态安全格局的重要保障。发挥好林业经济效益，成为协同落实扶贫攻坚、乡村振兴战略的结合点、转换点。

# 三、江西环境工程职业学院助推脱贫攻坚的实践探索

赣州市于都县仙下乡龙溪村地处高山丛岭之中，是江西省"十三五"期间深度贫困村。2020年，该村共17个村小组565户2709人，地域面积13.82平方公里，平均海拔700米，是全县唯一一个整村坐落在高山上的行政村。该村共有158户752人，其中一般贫困户112户586人、低保贫困户38户155人、五保户8户11人，脱贫任务十分艰巨。

面对龙溪村脱贫攻坚难题，江西环境工程职业学院高度重视，坚定决心信心，成立了精准扶贫工作组，安排了帮扶干部，并派驻年轻骨干教师常驻龙溪村，尽锐出战，主动作为，扎实做好扶贫工作。

## （一）突出产业扶贫，增强"造血功能"

习近平总书记要求，要脱贫也要致富，产业扶贫至关重要①。近年来，

---

① 总书记和人民心贴心｜"总书记对俺们老区是真有感情！"［EB/OL］. https：//baijiahao. baidu. com/s? id=1735850167024182895&wfr=spider&for=pc.

学院积极搭建服务平台，为帮扶村产业发展提供技术服务和项目支持，在产业扶贫中发挥了独特作用。

（1）援建蓝莓产业基地。在学院林业专业技术团队的支持下，在龙溪村援建了蓝莓基地，先后投入近30万元并推动完善基地运营模式，规范合作组织运行，持续开展蓝莓技术指导帮扶，有效改善蓝莓种植、销售等，"学院＋企业＋合作社"的良性管理机制得到有效运行。目前，龙溪村蓝莓基地挂果良好，为村民带来经济受益，并吸引了中央电视台、江西网络广播电台、赣南日报等媒体的积极关注报道。

（2）实施"特色农业＋扶贫"模式。成立了生姜协会，注册了商标，进行规模化种植，开展产品深加工，拓宽销售渠道；开展了高山蔬菜试点种植，首批试点35亩，由承办商负责收购销售，每亩能带给贫困户约4400元的增收；发展肉牛养殖产业，新建300头小黄牛养殖基地；此外，还积极试点了蛋鸡养殖、茶叶种植、野生油茶林开发利用等多种产业扶贫项目，增强贫困户脱贫致富的内生动力。

（3）挖掘"电商＋扶贫"潜力。充分利用电子商务专业优势，为龙溪村打造农产品外销电商平台，推动农产品外销。同时，学院还在中秋等节庆发放教职工福利节点，直接在龙溪村采购生姜、米、土鸡鸭等，推动当地贫困户劳动积极性，提高贫困户家庭收入。

## （二）突出教育扶贫，打好"组合拳"

在脱贫攻坚中，学院充分发挥职业教育的优势，承担了特殊使命。

（1）用好政策帮扶。学院与仙下乡政府签订了教育扶贫协议，对学院精准扶贫对接贫困户子女就读我院，给予免收学费及住宿费的特殊政策。并且，长期以来，学院积极为在校贫困生争取相关的奖、贷、勤、补、减政策，给予建档立卡贫困学生国家一等助学金，让来校就读的贫困生充分享受教育扶贫好政策。

（2）做好设施援助。学院为龙溪小学捐赠了电脑、桌椅等价值20余万元的学习用品，建立了电脑学习室，援建了LED显示屏等教育设施。在各级部门和学院的努力下，龙溪小学标准化建设已经完成，基础教育功能基本完善，教育状况得到有效改善。

（3）抓好学生实践教育。充分利用"暑期三下乡"等社会实践教育机会，组织学院优秀学生到龙溪村开展志愿者服务活动，给当地群众送文化、送科技、送卫生知识，促进当地文化、科技、卫生发展。面向留守儿童和孤寡老人，开展爱心支教和关爱敬老等主题活动。

### （三）突出生态扶贫，让绿水青山成为脱贫靠山

学院立足保护好青山绿水，利用好生态优势，搞活林下经济，发展好生态旅游业，帮助龙溪村做大做强优势特色产业。

（1）大力开展林下经济等技术培训。习近平总书记强调："要加强老区贫困人口职业技能培训，授之以渔，使他们都能掌握一项就业本领。"学院坚持把技能培训作为精准脱贫的主要工作任务。针对当地村民新技术推广运用水平低等问题，学院组织专家教师赴龙溪开展专题技术培训，传授农村产业发展急需的油茶和蓝莓等农产品种植、毛竹林低改、生态旅游、电子商务等方面知识，以实用技术培训带动生态产业发展。

（2）积极探索发展生态旅游产业。龙溪村位于高海拔，交通受限，产业发展虽然较为滞后，但自然资源保存良好、生态旅游资源相对集中，是名副其实的原生态美丽乡村。为此，学院多次组织专业教师到龙溪村实地进行旅游规划，指导农民发展乡村旅游，筹建地方特色农家乐等，逐步探索出一条旅游扶贫之路。

（3）着力加强人居环境治理。省林业局党组十分重视学院挂点的扶贫村建设，就林业项目和资金特别是在油茶产业、生态护林员等方面，给予了政策倾斜。目前，龙溪村已落实生态护林员 3 名，力争达到 4 名。学院定期派出专业教师到龙溪村开展环保治理，提出环境治理建议和对策，并在当地文化广场绘制生态文化墙，提升当地生态文化氛围，得到了于都县和仙下乡各界好评。

## 四、结语

经过多年的持续帮扶，江西环境工作职业学院工作得到了上级单位、当地村民和社会各界的高度认可，村龙溪、仙下村在 2020 年如期完成脱贫攻坚任务。总结脱贫攻坚成效经验，凝练林业助推脱贫攻坚探索，是为乡村振兴发展开好头、起好步，做好高职院校融入乡村振兴的衔接工作。

（1）紧扣地方林业高职院校优势，提升行业服务能力。以服务江西生态文明示范区建设、赣南乡村振兴、赣州南康"江西中部家具产业基地"打造为重点，联合政、行、企打造家具设计与制造创新团队、林下经济创新团队、森林病虫害防治创新团队、林木种苗创新团队等学院特色科研创新团队，积极开展科学研究、技术培训、技术咨询和技术推广等社会服务，致力于农林产业发展，促进农业现代化高质量发展，助力乡村产业振兴。

（2）紧扣地方林业高职院校优势，凸显智力扶贫功能。围绕社会发展急需和民生领域紧缺专业加大招生比例，加大面向贫困地区、革命老区、南方林区招生力度，广泛开展面向农业农村的职业教育。不断完善继续教育综合体系建设案例，完善具有示范引领作用的高等学校继续教育基地建设模式，重点探索建立校企深度融合、校行双向互动，打造全国终身学习品牌。扎根赣南苏区，发挥高校优势，积极服务乡村振兴，积极承接社会培训，为林业产业发展提供人才，建设智力扶贫的红色样板。

（3）紧扣地方林业高职院校优势，厚植生态扶贫底色。主动融入国家生态文明建设、乡村振兴战略和赣南等原中央苏区振兴战略，积极深化技术扶贫，推进产业扶贫，不断拓宽社会服务的广度深度。充分发挥学院林业、生态、环保、旅游等方面人才优势，为农业绿色发展、生态环境保护，提供技术服务，打造乡村振兴育人基地、乡村振兴创新平台、乡村振兴示范点，助力乡村振兴战略。

## 参考文献

［1］唐任伍. 习近平精准扶贫思想阐释［DB/OL］. 人民论坛，2015（10）.

［2］杨伟智. "用绣花的功夫实施精准扶贫"：学习习近平关于精准扶贫精准脱贫的重要论述［J］. 党的文献，2017（6）：47 - 53.

［3］庞晓涛. 高校参与国家重点扶贫县帮扶工作的思考——以浙江大学定点帮扶云南省景东县为例［J］. 科教文汇（下旬刊），2015（4）：1 - 2.

［4］郭广军，邵英，邓彬彬. 加快推进职业教育精准扶贫脱贫对策研究［J］. 教育与职业，2017，5（10）：5 - 9.

［5］廖小平. 林业高校应协调好"涉林"学科与"非林"学科的关系——以中南林业科技大学为例［J］. 中国农业教育2017，5（1）：6 - 10.

# 第十二章

# "校企融合，产学研创扶一体化"校企合作服务社会模式探索与实践

## ——以"增城蜜菊产业化关键技术推广应用"校企合作项目为例*

张华通　谢腾飞　何旭君　赵　静　罗晶晶
巫宗华　谢国尉

（广东生态工程职业学院）

　　早在 2010 年 7 月，我国发布了《国家中长期教育改革和发展规划纲要（2010－2020）》，与此同时，教育部、农业部、国家林业局等也相继发布《关于推进高等农林教育综合改革的若干意见》等文件，要求和鼓励各学校完成高等农林类教育的创新、服务社会改革，并一起制订了一系列计划，例如"卓越农林人才教育培养计划"。目的是推进各涉农林类院校创新人才培养模式，提高自身在服务生态文明和农业现代化的能力与水平，并完善适应农业现代化需要的农林人才培养体系，为社会主义新农村建设贡献力量。

　　党的十八大强调，新城镇化建设，生态共生，城乡一体化建设摆在我们面前，并明确提出以加强农业基础地位为主的，中国特色农业现代化道路。改革开放以来，农村社会发生了质的变化，随着机械化的提高、农村劳动生产力得到解放，农民收入快速增长，生活水平不断提高。但是，我们也清醒地发现，我国农业基础依然非常薄弱；农村发展依然滞后，仍需要扶持；农民增收依然困难，仍需要加快；特别需要注入高经高效，高产的优势产业，

---

* 原文发表于《安徽农学通报》2021 年第 22 期。

龙头企业带动，政府引导，组建和发挥合作社社员积极性，以自然资源开发利用，林农一体化发展新模式，整合山区闲置和低产、低质、低效资源，利用市场机制，对加快推进农业结构调整，科学发展农林产业，拓展农民增收的空间有其十分重要的意义。

在这一背景下，广东生态工程职业学院与广州田园牧歌农林有限公司积极开展校企合作、产教融合，依托校企共建的生物技术综合实训基地，通过"增城蜜菊产业化关键技术推广应用"校企合作项目，不断开展教育教学改革，完善人才培养模式和人才培养方案。经过5年多实施、推广应用，不但提高当地农业资源的合理利用水平、促进当地农业内部结构的调整和优化，实现农民年年有收入，奔小康的奋斗目标，而且提高了学生创新创业职业技能、教师科研和社会实践综合教学、企业帮扶脱贫服务社会的能力。

## 一、校企合作，培养大学生创新创业能力，增强服务社会意识

广东生态工程职业学院于 2016 年开始与广州田园牧歌农林有限公司合作进行联合开发研究，经过五年的努力，完成了增城蜜菊优良单株选育、建立微茎尖培养结合热处理脱毒技术、脱毒苗组培工厂化育苗集成技术、生态种植技术、增城蜜菊加工生产开发利用等，取得了丰硕的成果，并形成了一整套增城蜜菊产业化生产示范开发利用体系。在项目的实施过程中，学校结合教学改革，把质量工程大学生创新创业项目"名贵中草药与园艺植物组培生产育苗及其营销"与该校企合作项目深度融合，并结合开设的教学课程《植物组织培养技术》紧密结合，现场参与企业生产及管理实践，在专业教师团队指导和帮助下，采用"项目式"的教学方法，成员合理分工，成功完成了增城蜜菊优良株系的无菌体系建立并在生产过程中根据实际情况制订了合理有效的计划，生产增城蜜菊优良组培种苗 100000 株，完成了生产和实训任务，同时参与公司网站销售，宣传推销产品，为公司解决了一定的技术难题并为公司创造了一定的经济效益，帮助公司实现科技扶贫，服务社会的目标。

## 二、校企融合，产学研创扶一体化，强化教师教学科研和社会实践能力，提升服务社会功能

教师是教学的灵魂，是实现教学成果的关键。而"校企融合，产学研创扶一体化"校企合作服务社会模式能够实现的根本就是教师有科研和企业生产实践的能力。在本项目结合学院质量工程"农业生物技术专业教学团队建设"项目，发挥团队各自的优势，将产、学、研、创、扶合为一体，结合教学改革，积极通过"任务驱动""项目式"等教学方法，充分利用勤工俭学、寒暑假工、顶岗实习学生，同学生一起参与项目的建设。一方面，达到了提高教师科研开发及实践指导能力，提高教师的教学水平和科研水平；另一方面，强化社会服务功能，努力将本项目的科研及教学水平和效果提高一个台阶，真正实现校企深度融合，提升服务社会功能。

## 三、强化实训基地建设，利用学院设备、技术及人才优势，创新学院人才培养模式和服务社会模式

深度融合"增城蜜菊产业化关键技术"科研成果，以学院为主导，继续深化与广州田园牧歌农林有限公司合作，开展"食用黄菊（增城蜜菊）引种栽培等"项目研究及产业化推广应用。充分利用学院生物技术综合实训基地设备、农业生物技术专业教师团队技术和人才优势，校企融合，提升校企合作新型关系，把生产、教学、科研、推广应用、创新有机地结合在一起，建立起"产、学、研、创"的创新型实验室运作模式，创新学院人才培养模式和服务社会模式。

经过5年的建设和发展、探索与实践，现已在专业人才培养模式、实践教学模式、实践教学体系、课程实训、教师实践指导能力、学生创新创业能力、人才培养质量、基地创新与特色等8个方面取得了显著的成果。

通过改革实践教学模式、实践教学体系，创新人才培养模式、提高人才培养质量。主要措施如下：

（1）任务驱动型：主要利用学校设备和技术优势，运用市场机制运行，结合"增城蜜菊产业化关键技术推广应用"项目，申报完成院级科研项目

"徽州亳菊微茎尖培养脱毒及组织培养工厂化育苗关键技术集成研究";学生在实训教师的指导下完成生产和实训任务。使学生的创新创业能力和人才培养质量得到了大幅度的提高,为企业培养创新型的"零距离"优秀人才。同时,还可以解决部分贫困学生的学费和生活费问题。

(2)技术推广型:通过"增城蜜菊产业化关键技术推广应用"项目,在公司建立校外实训基地,与公司技术开发人员一起,深入生产一线开展新产品、新技术、新工艺的开发和创新,同时把在学校实验室的研究成果向公司进行技术推广。技术服务主要通过课题组、科技创新小组等进行,二年级学生实行导师制,由专业教师带学生进行横向新技术、新产品开发等课题的研究,包括院级质量工程:大学生创业训练项目"名贵中草药与园艺植物组培生产育苗及其营销"、精品课程项目"林下经济植物组织培养"精品资源共享课程建设等,并把课题研究与学生的毕业设计结合起来,从而真正提高学生的创新能力。

(3)实训教学改革:改革现行实践教学模式,提高实践教学水平及实践教学综合管理水平。充分发挥生物技术教学团队的积极性和主动性,创新适应生产性实训的教学模式。针对不同形式的生产性实训,教学组织形式不尽相同,对教学方法、教学内容进行大胆改革,积极倡导项目式、过程式、任务驱动式的教学模式,以适应生产性实训的要求。

(4)以职业能力为目标,结合"增城蜜菊产业化关键技术推广应用"项目的运作,改革实践教学体系和教学内容,进行实践教学资源库建设,包括编写实践教学大纲、实习指导书、实训基地管理制度等,如《林下经济植物组织培养》精品资源共享课程课程标准及课程实训大纲、《植物组织培养技术》实训实习指导书、《生物技术综合实训基地规章制度汇编》。

通过学院人才培养模式和服务社会模式的创新与实施,提升了学生和教师服务生态文明、农业现代化和社会主义新农村建设的能力与水平,构建了适应农业现代化和社会主义新农村建设需要的农林人才培养体系。

## 四、教科研成果向产业化生产转化,科技创新与扶贫社会服务并重

农业生物技术专业教学科研团队积极与广州田园牧歌农林有限公司联合

进行"增城蜜菊产业化关键技术"攻关，以"产学研创扶一体化"校企合作服务社会模式，在新一轮扶贫开发中，联合广州市天河区石牌街，把科研成果向产业化生产转化，通过项目研究及产业化推广应用，并以此为依托，深入开展"田园综合体建设"和"增城群爱村康养镇"规划与建设，使教科研成果向产业化生产转化，校企合作和扶贫社会服务并重。

## （一）"增城蜜菊产业化关键技术推广应用"项目实施过程及取得的成果

项目研究内容实施过程年度进展及取得的阶段性成果如表 12 - 1 所示。

表 12 - 1　　　　　项目研究内容实施过程年度进展及取得的阶段性成果

| 时间 | 研究内容 | 阶段性成果 |
|---|---|---|
| 2014.6 ~ 2016.10 | 1. 探索药食两用皇菊高产高质的生态种植要求及在增城市郊的适应性<br>2. 研究促进花芽分化的园艺修剪关键技术，优化其园艺栽培模式<br>3. 皇菊 GAP 中药材种植示范，保障其有效药用成分不降低<br>4. 探索皇菊加工工艺技术，开发出适应市场需求的新产品 | 1. 引种江西省婺源县皇菊品种、依据 GAP 中药材种植指导，按 SOP 进行优选和种植，种植 30 亩<br>2. 选育出适合增城本地种植的优良品种"增城蜜菊"<br>3. 实用新型专利授权 10 个<br>4. 大田种植 100 亩，林下种植 100 亩 |
| 2016.11 ~ 2017.12 | 1. 优良单株选育及优良株系建立<br>2. 优良株系无性繁殖体系建立<br>3. 微茎尖培养脱毒技术研究<br>4. 脱毒苗繁殖体系建立和脱毒苗试管苗移栽试验<br>5. 脱毒苗嫩梢扦插技术研究 | 1. 选育出优良单株 10 株，进一步优选并建立优良株系 5 个<br>2. 优良株系 5 个进行促萌、外植体消毒、丛生芽诱导、无性繁殖体系建立<br>3. 建立了脱毒苗繁殖体系 5 个<br>4. 脱毒苗试管苗移栽并培育脱毒试管苗 50000 株<br>5. 脱毒扦插苗生产 190000 株<br>6. 脱毒苗林下有机生态种植 120 亩<br>7. 撰写并发表论文 1 篇 |
| 2018.1 ~ 2018.12 | 1. 脱毒苗组织培养工厂化育苗技术、生产工艺流程研究<br>2. 大田简易塑料大棚扦插育苗技术研究<br>3. 脱毒苗工厂化生产育苗技术研究<br>4. 脱毒苗林下有机生态种植研究<br>5. 脱毒苗大田绿色栽培技术研究<br>6. 鲜花烘干生产技术研发 | 1. 脱毒试管苗工厂化生产 50000 株<br>2. 大田扦插育苗生产 150000 株<br>3. 大田种植、林下有机栽培 100 亩<br>4. 撰写并发表论文 1 篇<br>5. 广东省名特优新农产品认证，获认证证书 |

续表

| 时间 | 研究内容 | 阶段性成果 |
|---|---|---|
| 2019.1 ~ 2019.12 | 1. 生产种苗大田扦插育苗<br>2. 规模化、特色化栽培种植示范推广<br>3. 产品综合生产开发利用研究 | 1. 脱毒苗大田扦插育苗 300000 株<br>2. 林下有机栽培 150 亩<br>3. 有机产品加工认证，获有机认证证书<br>4. 撰写并发表论文 1 篇<br>5. 实用新型专利授权 6 个 |
| 2019.6 ~ 2020.10 | 1. 全株利用研发<br>2. 干花干粉制备研究<br>3. 食品加工研发<br>4. 产业化生产示范开发利用体系建立并推广示范 | 1. 脱毒苗大田扦插育苗 200000 株<br>2. 大田绿色种植 100 亩<br>3. 制定企业标准 2 个<br>4. 发明专利授权 1 项、实质审查和二审技术发明专利 2 项<br>5. 广东省名牌产品认证，获认证证书<br>6. 绿色食品认证，获认证证书<br>7. 广东高新技术企业证书（2019.12）<br>8. 广东省重点农业龙头企业（2019.12） |

备注：成果形式包括论文、教材、著作、研究报告、专利、品种或材料等。

## （二）项目实施帮扶取得的成果

项目历经 5 年的种植示范推广，种植示范服务单位涉及技术推广站、合作社、个体种植户、园林绿化公司、休闲旅游公司等 5 个单位，提供种苗 238.5 万株，种植面积 1400 多亩，获得总收益 5250 万元，起到良好的扶贫效果。表 12 - 2 为 2016 ~ 2020 年 5 年间增城蜜菊种植示范扶贫服务的主要种植主体和获得的直接经济效益。

表 12 - 2　"增城蜜菊"种植示范扶贫服务的主要种植主体和获得的经济效益

| 序号 | 种植年份 | 种植单位 | 种苗数量（万株） | 种植地点 | 种植面积（亩） | 获得总收益（万元） |
|---|---|---|---|---|---|---|
| 1 | 2016 ~ 2020 | 广州田园牧歌农林有限公司 | 114 | 增城区荔城街桐油窝 | 570 | 2870 |
| 2 | 2020 | 增城区小楼镇邓山村经济联合体 | 10.5 | 小楼邓山村 | 70 | 126 |
| 3 | 2015 ~ 2019 | 增城区荔城街群爱村村民委员会 | 45 | 荔城街群爱村 | 300 | 1550 |

续表

| 序号 | 种植年份 | 种植单位 | 种苗数量（万株） | 种植地点 | 种植面积（亩） | 获得总收益（万元） |
|---|---|---|---|---|---|---|
| 4 | 2020 | 广州市福和康农业有限公司 | 7 | 广州市福和康农业有限公司种植基地 | 50 | 64 |
| 5 | 2015 | 增城市正果镇和平村民委员会 | 60 | 增城市正果镇和平村 | 400 | 600 |
| 6 | 2020 | 广东省渔业技术推广总站 | 2 | 广州市南沙区 | 10 | 40 |
| 合计 | | | 238.5 | | 1400 | 5250 |

# 五、总结分析

增城蜜菊品系易栽种、生长快、产量高。检测数据显示，富含 16 种人体必需氨基酸成分，富含养颜延生物质"硒"及多种矿质元素等；消炎良药绿原酸和总黄酮的含量是《中国药典》标准的 3 倍。该品种可饮可食，既可以当茶饮用，有保健治病功能，又可以做菜煲汤，为药食同源植物，成果推广转化可助推中医药产业和康养保健产业发展。盛花期每亩产量可达 150～200 斤干花，在林地与金银花间种、火龙果等其他高经短化作物套种，经济收入更大。此项目是实现农民增收致富的好途径与好产业，既是一个环保养生的产业，又能很好地实现当地农民"在家门口就能挣钱"的目标，能助推当地形成新的产业链。项目不仅有效利用了农村的闲置土地，还有效带动当地农民增收。

我国山地面积极为广阔，山区资源丰富。近年来，国家积极探索生态绿色资源的开发和利用。而增城蜜菊是经过引种栽培选育的优质品系，属生态、经济型多年生草本宿根花卉。可在山地、林缘、残次稀有林地、森林空旷地等广泛种植，可解决现有荒山、荒地的绿化，增加植被，减少水土流失等问题和贫困山区产业经济发展问题。发展森林康养业，实现"绿水青山就是金山银山"，实施符合为全面贯彻《国务院办公厅关于加快林下经济发展的意见》的技术政策。

增城蜜菊为我国的传统名花，也是世界四大切花之一。花色金黄，花朵硕大，盛开时甚为灿烂，成片种植十分具有观赏性。可将发展园艺产业与休闲旅游产业、种苗业与园林绿化相结合，进一步发挥项目技术成果优势。

增城蜜菊产业化比传统农业更具有经济效益，公司规模经营，由点到面，一步步推广，提高科技含量，提升综合效益，扩大影响力，打造"一村一品""一村一景""一镇一业"的模式，经济效益和社会效益明显。

成果获得过程把生产、教学、科研、推广应用、创新有机地结合在一起，创建校企合作人才培养模式及"产、学、研、创、扶"的创新型实验室运作模式等亮点和创新点在教学、实践教学、课程建设或生产等方面推广、菊花科普基地建设等应用前景广泛。

以"增城蜜菊产业化关键技术推广应用"校企合作项目为依托，利用学校设备、技术及人才优势，运用市场机制运行，开展校企合作，强化"校中厂""厂中校"实训基地建设，推进"任务驱动型、项目式"教学方法开展，提升学生的实践操作技能，培养零距离，服务生产一线的创新型人才，提高教师的教学水平和科研水平，强化社会服务功能。

在新一轮扶贫开发中，广东生态工程职业学院与广州田园牧歌农林有限公司积极开展校企合作、产教融合，依托校企共建的生物技术综合实训基地，通过"增城蜜菊产业化关键技术推广应用"校企合作项目，联合广州市天河区石牌街，把扶贫工作与美丽乡村建设相结合，将发展生态农业与旅游休闲度假相结合，利用增城区和平村、群爱村、邓山村闲置土地建设增城蜜菊种植基地，采取"公司＋农户""公司＋合作社"经营模式，打造"一村一品""一村一景""一镇一业"。既实现了农业扶贫"造血"，又作为生态观光旅游的组成部分，服务乡村振兴。项目在中医药产业和食品保健、林下经济发展和森林康养、园艺花卉和园林绿化产业、农业种植结合美丽乡村建设、教育领域与科普教育等方面，创新学校人才培养模式和服务社会模式，解决三农问题，发展三高农业及林下经济，对扶贫攻坚、乡村振兴具有明显的社会意义并发挥了积极作用。

## 参考文献

[1]《国家中长期教育改革和发展规划纲要（2010－2020）》，2010年7月.

〔2〕《教育部 农业部 国家林业局关于推进高等农林教育综合改革的若干意见》，教高〔2013〕9 号.

〔3〕何旭君，张华通，吴刚，等．"校企融合，产学研赛创一体化"教学模式研究与应用——以《林下经济植物组织培养技术》课程为例〔J〕．广东教育，2017：51 - 52.

〔4〕《关于推进农村一二三产业融合发展的指导意见》，国办发〔2015〕93 号.

〔5〕《中国生态文化发展纲要（2016 - 2020 年）》的通知，林规发〔2016〕44 号.

〔6〕《农业综合开发扶持农业优势特色产业促进农业产业化发展的指导意见》的通知，财发〔2015〕42 号.

〔7〕《国务院办公厅关于加快林下经济发展的意见》，国办发〔2012〕42 号.

|第十三章|

# 公共乡村振兴背景下林业类高校接力帮扶策略探究

李纬源

（云南林业职业技术学院）

习近平总书记指出："实施乡村振兴战略是一篇大文章，要统筹谋划，科学推进，推动乡村产业振兴、人才振兴、文化振兴、生态振兴、组织振兴。"①"五个振兴"的提出为接力实施乡村振兴战略指明了前进方向、提供了根本遵循。在"四个不摘"要求下，将持续接力开展乡村振兴帮扶工作。以具体帮扶佐扩村为研究对象，按照"五个振兴"的总体发展目标，对标、对表找出帮扶村自身发展存在的不足，并协助加以整改，从而实现开好局、起好步。立足当前挂包村乡村振兴现状，探讨实现"五个振兴"所面临的困境，寻求出优化策略，是整体推进西盟县乡村全面振兴，统筹推动经济、社会现代化发展的时代课题。

## 一、佐扩村乡村振兴开局现状

### （一）产业发展现状

佐扩村以传统橡胶为主要支撑产业，2020 年全村常用固定耕地面积 1468 亩，其中，水田 1024 亩，台地 444 亩；粮食产量 46.8 万公斤，农民人均有粮 371 公斤；林地面积 11888.74 亩；草原承包面积 12587 亩；橡胶面积

---

① 习近平：乡村振兴战略是篇大文章 [EB/OL]. http：//www.qstheory.cn/zhuanqu/bkjx/2019 - 06/13/c_1124617928. htm.

23906 亩，总产量 75 万公斤；甘蔗种植面积 229.5 亩；坚果种植面积 679.5 亩；砂仁种植面积 762 亩。根据不同季节，佐扩村部分群众还会进行零散的农特产品销售，如土蜂蜜、干笋、土鸡、自烤酒等，这部分主要依托挂包单位的工会义卖活动。

### （二）人才发展情况

佐扩村村干部及大学生回引人才中，本科学历 1 人，中职及高中学历 3 人，大专学历 3 人，其中在读继续教育大专 1 人，在读成人本科 1 人；村民小组干部中，中职及高中学历 3 人，初中学历 5 人，小学学历 1 人；党总支下设的 3 个党支部书记均为中职及高中学历。建档立卡户中，已毕业群众的学历情况为：本科及以上 1 人，大专 2 人，初中 143 人，高中 11 人，小学 150 人。建档立卡的在校生情况为：本科及以上 2 人，高职高专 6 人，高中 7 人，中职 8 人，初中 22 人，小学 51 人（见表 13 – 1）。

表 13 – 1　　　　　　　　佐扩村各类人群学历统计　　　　　　　单位：人

| 各类人群 | | 本科及以上 | 专科 | 中职及高中 | 初中 | 小学 |
|---|---|---|---|---|---|---|
| 村干部层面 | | 1 | 3 | 3 | 0 | 0 |
| 村民小组长及支部书记层面 | | 0 | 0 | 3 | 5 | 1 |
| 建档立卡户 | 已毕业 | 1 | 2 | 11 | 143 | 150 |
| | 在校生 | 2 | 6 | 15 | 22 | 51 |

资料来源：笔者对佐扩村的田野调查。

### （三）组织发展情况

全村设有 1 个党总支，下设 4 个党支部（含驻村工作队临时党支部），共有党员 50 名（见表 13 – 2），其中，男性 38 名、女性 12 名。每年乡党委给予村上发展党员数在 5 个左右。佐扩村保持沿用脱贫期间的脱贫工作委员会模式，5 个村民小组每组设有脱委会主任、生产委员、生活委员、宣传委员、治安委员 5 人，各位委员分片区带领各自负责的 10 ~ 20 户群众开展"自我管理、自我服务、自我教育"。

表 13 – 2　　　　　　　　　　党员人数统计　　　　　　　　单位：人

| 党组织 | 党员数 | 外出务工党员 | 小学及初中学历 |
|---|---|---|---|
| 党总支班子 | 5 | 0 | 0 |
| 驻村工作队临时党支部 | 3 | 0 | 0 |
| 南约组党支部 | 21 | 3 | 18 |
| 佐扩组党支部 | 19 | 5 | 14 |
| 王尢组党支部 | 7 | 4 | 5 |

资料来源：笔者对佐扩村的田野调查。

### （四）生态环境保护

结合爱国卫生"7 个专项行动"认真开展人居环境提升整治工作，每周五组织全村 5 个村民小组 4 个橡胶队认真开展群众性爱国卫生"清垃圾、扫厕所、众参与"专项行动。同时，以每月一次主题党日为抓手，组织党员义务帮助举家外出户、五保户、老党员、残疾户等特殊群体打扫家庭环境卫生，并帮助解决日常生活和生产过程中的实际困难问题，村委会每期坚持对各村民小组（橡胶队）专项行动例行检查。每季度开展一次巡河活动，由 5 名村干部带领群众进入自己负责片区清理河道垃圾。11 名生态护林员在森林防火期定点巡山开展防火政策宣传，对发现火情打早、打小，及时上报村委会。

### （五）文化宣传活动

按时、按量组织群众开展文体活动，及时向乡上报送活动简讯。以召开群众会、微信工作群为主要宣传平台，积极宣传上级部门对开展文化活动的工作指示。弘扬积极、正能量的文化，尊重传统佤族、拉祜族习俗文化，严防境外势力及非法思想在村内传播。以村民小组为文化宣传第一责任人，严禁村民小组微信群散发、传播非法及违规信息。各组开展文体活动均需向村委会报备，村委会做好前置审核。

## 二、当前佐扩村发展存在的不足

通过总结、梳理和分析以上现状，发现的不足有：

一是产业结构单一。佐扩村主要依靠传统橡胶产业为收入主要来源，甘蔗人均种植面积较少，人均增收有限，橡胶林地里所套种的砂仁结果率低，澳洲坚果地面积较少且集中在少部分群众手中。因为空余耕地少，很难再试种其他经济作物。生猪养殖规模零散、较小，带动群众致富率不高。蜂蜜、干笋等农特产品受季节性和市场需求制约，带来的收入还不够。

二是外出务工人数多，人才队伍储备还不优。建档立卡户中 2020 年外出务工 134 人，占 18～59 岁劳动力 343 人的比重为 39.06%，长期在家留守的更多的是老人和小孩，青壮年意愿回乡创业发展的人数较少。2020 年建档立卡户中已毕业学生中，大专及以上学历仅占 0.97%，村干部的学历提升进度缓慢，部分村干部学历停滞时间过长。

三是基层组织规范化建设力度不够。三个基层党支部，流动在外党员较多，全村现有长期在外党员 12 名，王亢党支部超过一半的党员都在外务工，导致开展"三会一课"、主题党日人数不够，文件政策学习传达效果不强。当前每年发展党员名额较少，很难做到 3 个党支部均衡补充，导致党支部之间人数差距大，开展党建活动效果参差不齐。脱贫考核后脱贫工作委员会管理和服务群众意识减弱，找不准工作定位，履职的主动性和积极性有待加强。

四是传播、践行生态文明观范围不广。生态文明发展理念更多地被单一认为开展人居环境提升工作，却忘记广泛传播生态文明的开发观和建设观，不少群众存在作物修剪枝条、喷洒农业粗放行为，缺乏科学的种养殖知识和观念。主动服务公共观不强，农村垃圾桶清运难。还存在不良的义利观和攀比心理，酗酒甚至醉酒驾车现象时有发生，内在的文明观激发不够，外在的文明行为持续性不强。

五是弘扬和挖掘本土文化不够，新旧文化交融不强。村干部主推文艺活动信息意识和能力不够，驻村工作队帮助挖掘当地特色文化方式单一，导致本土特色文化很难出村。宣传的媒介单一，常以工作汇报当作文化宣传，未能整合新媒体技术进行宣传，先进典型宣传氛围较窄，比学赶优氛围尚未形成。

## 三、林业类高校的帮扶优势

林业类高校帮扶既立足于教育帮扶实际，又着重突出林业特色，是生态文明的建设者和传播者，在巩固脱贫攻坚成果，接力开展乡村振兴帮扶中，能够发挥独有的优势，深入贯彻习总书记关于乡村振兴的重要战略思想，以高度的政治责任感、历史使命感和荣誉感，扎实推进教育和林业扶贫工作，进行了积极、有效的探索。概言之，林业类高校优势主要有三点。

一是丰富教育扶贫内涵。林业类高校既可以用好教育扶贫政策，合理为挂包县份当地农村户籍大学生减免学杂费。又可以利用专业优势，培养专业知识扎实、敢于投身林业基层工作实践的林业工作者。具备林业专业背景的驻村队员进村入户开展工作过程中，也是生态文明理念的宣传者和践行者，通过每一次科学规范的言传身教，为群众在生产、生活中植入生态文明理念，不断优化村风和民风。

二是科研孵化优势。对产业发展中发现的难题，可取样回实验室进行组培研究，查清问题的本源，有专家团队提供专业科学的指导，便于问题得到权威解决。林业类高校还可以将产业发展纳入科研项目之中，开展团队研究，把项目研究放到田间地头，解决当地产业所需的资金、技术、人才困境，便于项目孵化实施落地出成效。

三是社会服务的优势。为符合高职扩招条件的当地群众提供学历提升机会，为挂包地区的基层各类人才队伍素质提升做出贡献，还可以提供林业相关的职业资格证的考核和认证。为致富带头人提供外出参观学习的机会，开拓其发展思路和视野。也可请学校相关专业的专家分批到村进行林业作物施肥、枝条修剪、防治病虫害等专业培训，遵循学习认知规律，让广大群众循序渐进对科学种养殖方法有更好、更深刻的理解，逐步培养起群众自我管理、自我服务、自我负责的种养殖观。

# 四、优化措施

## （一）优化产业结构，推动产业振兴

佐扩村产业多以第一产业为主，具有规模和品牌的企业数量较少。企业大多集聚在县城附近，乡镇及村庄周围的大中型企业缺乏，因为上班往返路途较远，出行成本较高且工资水平不高，年轻劳动力人群还是倾向于外出务工，人力不足也间接阻碍了产业要素的流动和集聚。

### 1. 保障传统优势产业的提质增效

佐扩村应以实现传统优势产业的提质增效为本，兼顾探索第一、二、三产业融合的新产业发展思路，以新产业形态的开发为动能，加快产业结构的转型升级。要保证以橡胶为主的第一产业稳步增长，林业类高校可通过加大新型割胶技术培训，提升胶农的割胶、胶树养护、产品初加工等系列技术，以村民小组为单位，培养一批具有资质的割胶能手，从而掌握更科学、高效的橡胶管理能力，以便其向身边群众进行言传身教的培训。定期举行割胶能手竞赛，在各个村民小组形成比学赶优的良性竞争氛围。同时，要统筹推进具有规模的甘蔗、坚果、养殖等产业的发展，用好乡农业中心的技术指导力量，积极将符合条件的农田申请纳入国土整治项目，打通季节性农田用水困难问题，邀请具有专业背景的驻村队员、农业技术员、专家学者走进田间地头就科学防治虫灾进行指导，对合理施肥、施药进行言传身教，教会群众树立科学的种养殖意识，以期养成科学的种养殖习惯。

### 2. 加大消费扶贫力度，推广直播带货模式

林业高校应积极发挥定点挂包单位的人才和宣传优势，一是保持定点、定量消费的频次。继续用好节假日定点采购蜂蜜、米乔、茶叶、土鸡等农特产品，帮助刚建立的专业合作社增加销量和知名度，也稳步带动合作社社员的生产积极性，保持合作社社员的收入不减。二是帮助搭建网络电商平台。林业高校应帮助村"两委"注册合作社商标，明确合作社产品经营范围。具有经济管理知识的部门和学院，还应帮助研究制定出合作社企业化、市场化、规范化运营的管理制度及模式，帮助申请注册一个网店。生态、园林专业的学院应发挥产品生产工序指导、协助产品质量检验的优势，帮助合作社将检验认证后的合格产品放到网上销售，解决农特产品生产出来后不知道去哪里检测质量的老大难题，免去消费者产品质量的后顾之忧，确保客源的稳定性。三是推广直播带货模式。以西盟工匠为选拔对象，找出性格开朗大方，有志于在直播镜头前展示产品和自我的群众为"本村网红"。林业高校可帮助购买直播所需设备，梳理出加入直播品牌的程序和步骤，邀请资深网红对候选人进行直播培训，对农特产品及合作社进行定期视频宣传，扩大本村农特产品的知名度。在拥有一定的粉丝和点击量后，有序获取直播加挂商品链接的

资格和条件，开展网络上下订单，有效解决库存积压风险。同时积极与当地物流主管部门协调，争取乡村物流优惠政策，压减运输成本。

### 3. 积极探索林下经济，找出产业新增长点

西盟县林地多，森林覆盖率高，这既有优势又有劣势，优势在于造就了得天独厚的生态环境，劣势在于很难再大规模开发新的耕地。因此要大规模替换现有林地作物是不可行的，可以积极向周边的兄弟县，如澜沧县、孟连县取经，探索形式多样的林下经济作物。林下三七、魔芋、石斛、土鸡养殖等就是很好的学习样本，可以在条件适合的地方先试养、试种一部分，等时机成熟后再整村推广，以便减少试错成本。林业高校可以发挥自身的技术、科研优势进行指导，把好产业入口关、技术关、产品关，在乡村振兴时期，更好地把握项目政策的精准性，精准选派技术强的驻村队员，协助选好致富带头人，找好试验田，换"大水漫灌"帮扶为"精准滴灌"式指导，让更专业的人参与更专业的事业。笔者这几年驻村发现，获取项目后，不仅要把群众领进门，还要定期监督、鼓励群众持续开展项目管护。新产业的实施之路，更是挂包单位、驻村队员和群众的共同学习、共同促进、共同成长之路。

### 4. 打造"一村一品"，激发乡村旅游活力

西盟生态环境优越，拥有丰富浓厚的佤族文化，近些年得益于周边机场、高速公路的开通，越来越多的人愿意来走一走、看一看。挖掘各村的特色，以此开展品牌化、差异化、个性化的乡村旅游是大势所趋。如勐卡镇马散村就因"石头房""野果节""民宿"出名，自驾游的游客量是可观的。我校挂包王雅村以后，也积极开展园林规划探索，建设花园中的乡村。以王雅村委会为中心花园，开展三角梅大花园战略，现已经布置花色、形状各异的三角梅近50余种，路沿线布置以相应的园林景观，整村的环境层次得到质的提升，间接也带动群众人居环境的提升。再如，我校驻村队员所在的佐扩村，依托挂包部门县科协的政策资金，在村委会打造出一个科普菜园，既实现了村委会、驻村队员蔬菜的自给自足，又向周边群众宣传了科学种菜的思想。林业高校通过自身人才优势，可积极为驻村队员所在村出谋划策，为乡村旅游的布局献出良策。在乡村旅游布局中，林业高校更多是扮演智囊和宣传推介的作用，实施更多的是依靠当地政府和村"两委"。开展好乡村旅游是潜力巨大的，因为它可以带动消费，整合第一、二、三产业要素，延长产业链

条和附加值，实现生产要素的高效利用。

## （二）优化组织效能，加快组织振兴

组织振兴是党在乡村振兴时期领导好乡村工作的主要抓手，为乡村振兴的顺利开展提供了坚强的人力、物力支持，要激发"三农"工作潜在的内生动力，首先要优化基层党组织这个"领头雁"的带头作用。脱贫攻坚几年以来，西盟县的党建工作取得了许多宝贵成绩，也获取了不少宝贵的经验，2019 年获得了全国脱贫攻坚组织创新奖。然而我们也要看到，许多基层党组织工作效能依然偏低、凝聚力和战斗力不强，不少基层党组织在脱贫攻坚结束后，存在思想懈怠、软弱涣散等情况，这离乡村振兴背景下党组织的示范引领作用还有不小差距。林业类高校应以党组织共建为载体，助力挂包乡村基层党组织提升效能，同时更好地发挥高校社会服务职能。

一是提升党总支结对共建水平，创新联合开展工作方式。参与结对共建党总支要召开党员大会定期研究结对共建学习计划，根据各时期的党建工作重点，选取学习要点，通过总结概括，将复杂知识通俗易懂地传达给农村基层党支部，保证学习的互动性、连续性和系统性。考虑到双方工作的时间、地点差异，结合今后一段时期内疫情的影响，联合活动的开展可以采取线上、线下结合的方式灵活进行。做到每月学院党总支集中研究共建基层党组织困难事项一次，每季度至少集中开展线上学习交流一次，每半年至少现场联合开展活动一次。双方党组织负责人要带头讲党课，互相支出对方党组织的亮点和不足，以实现共同提高。学院党总支派驻村党总支的驻村队员要做好日常的联络员，准确汇集双方的诉求，进行及时、有效的沟通。

二是做到党建、乡村振兴双推进。结对党总支不仅要帮助解决党建的难题，发挥双方党组织的先锋模范带头作用，也要兼顾解决结对党总支在乡村振兴过程中遇到的困难，在解决困难中促进组织的凝聚力和战斗力。学院党总支对村党总支提供必要的人力、技术、资金支持，把解决对方困难作为践行党史学习教育的生动实践，继续发挥好在脱贫攻坚期的宝贵经验，立足乡村振兴工作实际，优化党建、乡村振兴的各项支持措施。

### （三）优化人才队伍，助力人才振兴

高校始终以"立德树人"为根本教育任务，脱贫攻坚 5 年多以来，我校为西盟籍学生减免学杂费 200 余万元，较好地帮助学生所在家庭减轻了生产、生活负担，切实落实好教育扶贫任务。也精心选派出各级各类驻村队员 20 余名，极大地促进了校地交流，拉近了干群关系，为产学研合作提供了好平台。我校林业行业的属性，又为西盟培养出了一批批优秀的林业工作者。然而，我们也要看到经济飞速发展的今天，只有不断优化人才队伍综合素质，才能更好地帮助学生就业，更好地为西盟发展提供高质量的毕业生。

一是保持减免学费及扩招政策稳定。乡村振兴期间保持对西盟籍学生的学费减免政策稳定，实现西盟籍毕业生乡村振兴期间进入我校人数保持较高的水平，稳步有序扩大宣传受众面，加大我校在西盟籍适龄学生群体中的知晓率，筑牢我校的接续扶贫的口碑，继续保质保量为西盟县储备基层林业人才。持续用好、用活高职扩招政策，为有志于提升学历的退伍军人、新型农民、往届毕业生等社会群体提供更多机会。

二是全过程关注西盟籍学生成长、成才。对西盟籍表现优秀的学生，积极推荐参加学习学生会干部竞选，优先推荐入党。制定西盟籍学生信息成长档案，定期与其辅导员、任课教师、家长、同学了解其思想和行为动态，及时给予引导和帮助。帮助协调西盟籍应届毕业生返回西盟乡镇部门参与乡村振兴工作顶岗实习，让学生能够对服务乡村振兴背景下县、乡、村发展有更深入的认识，从而调整自身就业定位，激发回乡就业的信心。同时，积极鼓励西盟籍学生参加专升本，树立其继续深造的理想，逐年提升西盟籍学生的整体素质。

三是提供实用性强的培训。要实现产业的提质增效，需要技术作为支撑。如林下土鸡养殖、林下经济发展等新兴产业对技术指导的需求更高，持续增加的各级、各类培训需求是亟待解决的。通过精心选派专业性强的驻村队员做好日常技术指导，安排学校各学科专家定期下来对群众进行指导、考核，对少部分致富带头人进行职业资格认证。同时也需定期提供一定数量的培训机会，带领村干部、致富带头人等有强烈致富愿望的新型农民到优秀企业进行学习参观，增强群众致富信心之余，富足群众的生产技能库，培养一批专

业技术强、乐于奉献、敢于担当的技能型农民，让其带动更多群众的发展。

## （四）做强生态文明的传播者和践行者，助推生态振兴

林业类高校是传播生态文明观的先锋，凡事应带头践行生态文明理念。脱贫攻坚几年以来受惠于国家政策，西盟县的教育、卫生、医疗、人居环境有了质的提升，乡风、村风、民风有了极大改善。在乡村振兴新起点，林业类高校接力做好生态文明建设的传播者、践行者，持续推进群众生态文明思想认识的提升，持续带领群众开展好人居环境整治，引导群众加强乡村生态系统的修复，着力指引群众做好宝贵生态资源的利用效率，统筹做好乡村自然资源、生态系统、乡村人居环境整治推进工作。

一是以驻村工作队为主体，持续传播生态文明理念。驻村工作队要持续推进村庄园林规划设计，发挥好林业类高校的人才和专业优势，努力推动群众家种"一棵果树""一株花""一丘田"项目落地，用身边环境的美化来激发群众树立讲文明、树先锋的责任感和荣誉感，实现林业作物的经济价值和美化价值。其次，教会群众合理有效地利用自然资源。结合群众现有土地、产业资源，帮助群众选址、选料、选方法，杜绝自然资源的无端浪费，避免群众对经济作物的粗放修剪，教会群众科学管护现有产业。

二是继续开展知识"三下乡"活动。以林业高校里面的专业社团为主，组建寒暑假志愿服务团队，进入群众家中进行学校教育政策宣传，摸底群众对产业发展的需要，为村里在校初高中生上好一次讲文明的"主题团课"，对村干部进行开好一堂"计算机办公课"，开展一次集中巡河活动，清理河道沿线的白色垃圾。与驻村队员、村干部一起为群众开展好一次生态文明主题晚会，用歌曲、舞蹈宣传生态文明的愿景和应有之义。

## （五）挖掘特色文化，推进乡村文化振兴

"乡村文化振兴"将为乡村全面振兴提供精神动力、智力支持，乡村文化振兴是对我国传统优秀乡土文化的继承与创新，是对乡村文化价值的高度肯定。林业类高校要协助发现和挖掘西盟当地特色文化，并加以提炼，用好官方和自媒体宣传优势，不断创新和充实"不以事艰而不为，不以任重而畏缩"的西盟精神。

一是守住乡土文化本色。西盟县有特色的佤族文化，这些文化涵盖饮食、住房特色、歌舞、风俗习惯等方方面面。林业高校驻村队员要善于发现佤族、拉祜族文化特色，利用入户时间常看、常记录，抓住佤族文化细枝末节，利用园林规划、竹制品加工等技术，在保留佤族特色的同时，指导群众进行一定的加工、包装，实现佤族手工艺品、服装、食品等在保留佤族特色之余又不失现代化，能够更加契合当前市场需求。

二是帮助搭建更好的文化基础设施。林业高校驻村工作队要用好、用活驻村工作经费，主动将补强文化基础设施纳入项目申报，实现每个村民小组都有会议显示屏，都有一台舞蹈扩音设备，有一支热爱舞蹈的文艺队，有一台远程电视直播设备，有一支作风优良的篮球队，以兴趣爱好为导向，成立遵纪守法的各类协会和团体，便于优秀文化的广泛传播和规范化推进。

三是帮助提炼和宣传。要利用好宣传手段，让先进的人和事能够经常登上各级、各类新闻平台，帮助收集、修改、提炼当地特色文化材料，并及时向学校和当地宣传部上报审核。帮助村委会申请注册微信公众号，开通农民合作社抖音短视频账号，以村干部日常宣传为主，驻村队员做好发布信息的审核，打造村级信息发布平台，让群众感受到做先进的荣誉感，发现身边榜样的力量，推动村级比学赶优文化氛围的形成。找到红色、先进文化因子，融入当地党史学习教育范畴，做到党建、文化双推进。通过整合文化资源，积极协助筹备村史馆，对先进的人和事迹进行展览，做到视频、图片、文字并茂，形象生动描绘脱贫攻坚的光辉历程和本村固有的文化特色，让大家来参观后看得见、记得住、传得开"乡愁"。

# 五、结语

林业类高校自脱贫攻坚以来一直是主要的帮扶主体，是生态文明的传播者和建设者，在乡村振兴的新形势和新要求下，更要乘势而为，持续接力发挥好自身优势，引导群众树立致富的信心，富足其生产和生活技能，切实做到授之以渔，蹄疾步稳地朝着"产业兴旺、生态宜居、乡风文明、治理有效、生活富裕"的目标前进。作为一名驻村老队员，我们见证了脱贫攻坚的历史伟业，也坚信在各级挂包部门的通力合作下，西盟县一定能够续写辉煌，在乡村振兴新起点下，开启"阿佤人民再唱新歌"的幸福新篇章。

## 参考文献

［1］任晓龙．乡村人才振兴面临的问题及解决措施［J］．中国集体经济，2021（2）：129－130．

［2］原贺贺．消费扶贫的实践进展与机制创新——以广东清远市为例［J］．农村经济，2020（12）：69－76．

［3］于忠珍．组织振兴引领乡村治理转型的实践路径探析——基于社会主要矛盾转化的视角［J］．中共济南市委党校学报，2019（5）：77－81．

［4］完世伟．创新驱动乡村产业振兴的机理与路径研究［J］．中州学刊，2019（9）：26－32．

［5］孙喜红，贾乐耀，陆卫明．乡村振兴的文化发展困境及路径选择［J］．山东大学学报（哲学社会科学版），2019（5）：135－144．

［6］孟铁鑫．高校服务乡村振兴战略的路径和对策研究［J］．科技和产业，2019，19（7）：123－126．

# 第十四章

# 从"蜂子"老师到"甜蜜事业"引路人

李民和

（黔东南民族职业技术学院）

## 一、不忘初心，感恩奋进，服务社会

笔者来自贫穷落后的边远山区台江县排羊乡南刀村的一个贫困家庭，守着过上美好生活的初心，一直努力求学，希望有一天考上大学，成就自己，振兴家庭，报效祖国。天有不测风云，1985 年正读初中时家乡发生火灾，因贫被迫辍学一年，后来也是党的扶贫政策才让作者得以重返学校，继续读书成长为一名教授。参加工作以来，怀着一颗感恩之心和服务社会的使命，兢兢业业，教书育人。作者心系农村，一直对农民农村农业有深厚的情怀，一直还是想找个机会把自己的专业技术更好地服务广大的农民朋友，为国家的脱贫攻坚作出自己应有的贡献。

早在 2002 年的时候，笔者就主动参与黔东南州委组织部组织的党建扶贫工作队，到黔东南苗族侗族自治州锦屏县彦洞乡开展党建扶贫工作，挂职乡长助理，为期一年。为当地农业产业发展作出了自己应有的努力，当年所在的工作队被评为优秀扶贫工作队。

2008 年入选黔东南州人民政府扶贫产业专家之后，经常深入基层进行调研，为黔东南州的农业产业发展和规划献计献策，并多次为农民开展技术指导和培训工作。

2015 年 12 月开始，贵州在全省范围内开展"万名农业专家服务'三农'行动"，笔者就一直关注此项行动的实施进展情况，从同行中了解参与科技特派工作的困难和收获。同时深入农村进行调研，探索农民脱贫致富新渠道。

调研中发现黔东南州山清水秀，蜜源植物丰富，具有蜜蜂养殖得天独厚的自然条件，是变"资源优势"为"经济优势"，是变"绿色宝库"为"绿色银行"，是变"绿水青山"为"金山银山"的好项目，也农民脱贫致富短平快的好门路。

## 二、试验研究，锻炼本领，提高能力

于是笔者从 2016 年开始，回忆儿时在农村家里传统养蜂的经历，重拾就读大学时参与《养蜂学》选修课的记忆，网上查询蜜蜂现代活框养殖技术，购置林下养蜂技术书籍进行研究，主动向专家请教，并参观一些老专家的养蜂场，慢慢摸索积累现代活框养蜂技术和蜂群管理经验；同时进行蜂蜜市场前景调研，发现真正的好蜂蜜市场供不应求，而且价格比较稳定。最后决定本人于 2017 年春天亲自选购置 5 群中华蜜蜂在居住小区内进行中华蜜蜂养殖试验研究，春秋两季又在到黔东南苗族侗族自治州凯里经济开发区山上进行诱蜂试验。也许是天公作美，试验取得了圆满成功，养蜂初见成效，收成 50 斤优质蜂蜜，这就是笔者蜜蜂养殖收获的"第一桶金"。同时笔者对蜜蜂养殖技术和管理方法也积累了一定经验，进一步增强了作者带领群众养殖蜜蜂脱贫致富的信心。最后决定在学校先创立"林下养蜂兴趣小组"，组建林下"蜂狂"团队，引导学生成立"黔东南文宏蜜蜂养殖有限公司"，通过蜜蜂养殖自主创业。本人成为了真正意义上传、帮、带、教的"蜂子"老师，走上了培育农村产业，助力脱贫攻坚的产业扶贫求索之路。

## 三、亲自示范，引导农民，培育产业

2017 年底，笔者毅然决定申报 2018～2019 年贵州省三区人才科技特派员，2018 年 1 月获得贵州省科技厅批准为 2018～2019 年贵州省三区人才科技特派员，服务黔东南苗族侗族自治州凯里市下司镇。科技特派员通知下发后，笔者积极主动与受援单位相关部门和人员进行沟通交流，了解到全镇林下养蜂产业一片空白。通过广泛深入农村调研后发现瓮港村和新华村森林覆盖率达到了 50% 以上，而且蜜源植物丰富，是养蜂的好地方。然后笔者决定发动群众来发展养蜂产业，但是贫困户顾虑重重，担心失败。调研中发现贫困户之所以贫困，就是因为他们基础薄弱，经不起失败的折腾，要想带领农民发展产业，必须确保万无一失，否则农户就失去信心，再不敢涉足产业了。打铁必须自身硬，要想农户相信，而且自愿发展林下养蜂产业来发家致富，就必须自己做给农民看，农民看到了实实在在的效益后，才相信你，才主动跟你学习技术，发展林下养蜂产业。2018 年 3 月 8 日作者和几个朋友自筹资金2.0 万元购置 20 群中华蜜蜂，在瓮港村林场蓝莓园建立林下养蜂示范和培训基地，自己亲自养蜂亲自管理，锤炼带领农户脱贫致富的本领，同时作为示范和培训基地，带动农户养蜂，经过一个蓝莓花期即 20 多天过后就收割到了近 200 斤蜂蜜，收入 2 万余元。而且邀请农民到蜂场现场摇蜜体验，农民眼见为实，对林下养蜂心中有了底。

有自己成功的经验以及蜜蜂养殖培训基地的示范带动，增强了自己和农户的信心，消除农户的后顾之忧，然后作者就因势利导，主动向派出单位和校企合作单位申请扶贫资金 4.125 万元，于 2018 年 7 月 13 日在服务单位黔东南苗族侗族自治州凯里市下司镇瓮港村和新华村开展"党建 + 蜜蜂养殖精准扶贫示范项目"，做好思想动员工作，让农民自愿报名参加，每位贫困户免费发放 5 群蜂，并自筹资金 1280 元购置养蜂工具和设备，就这样笔者和 10位贫困户一起发展林下养蜂产业，探索脱贫致富新路径。之后就经常走村入户手把手地给农民进行技术指导，当年农户的蜂群发展良好，有的甚至发展到 10 多群，蜂蜜产量平均达到 5 千克/群，当年 10 位贫困户因养蜂年均收入增加了 6000 余元。

# 四、项目带动，培养团队，发展产业

2019 年，由于有 2018 年 10 位农户成功的典型，有些如汪树清、潘礼海等农民因养蜂被镇里评上"脱贫致富之星"，其他农户因看到了养蜂产业的前景，主动参与到发展养蜂产业发家致富的行列中来。于是笔者的工作重点就是发挥科技特派员的技术优势，做好林下养蜂技术指导，带好林下养蜂团队。自 2019 年以来，以在凯里市下司镇开展的"党建 + 蜜蜂养殖精准扶贫示范项目"为抓手，借助项目资金支持，本着"选准一个项目，熟练一项技术，培养一批人才，形成一个产业，致富一方农民"的指导原则，通过个人培训、集中培训，电话服务，建立微信群统一指导等方式，因材施教，无数次地上门为蜜蜂养殖户服务，用心用情与农民交朋友，与蜜蜂养殖户打成一片，传帮带教，一把手一把手地传授中华蜜蜂养殖技术，3 年来，作者培训养蜂人员 1000 余人次，范围覆盖黔东南苗族侗族自治州 16 个县。领办协办蜜蜂养殖专业合作社 5 个，蜜蜂养殖企业 4 个，林下养蜂育种培训基地 1 个，蜜蜂养殖示范点 13 个。如今这些专业合作社和企业运营良好，企业养蜂人员技术基本成熟，蜂群管理步入正常轨道，而且出现了团队成员当二传手传授蜜蜂养殖技术，辐射带动身边农户近千人一起发展林下养蜂产业，年均产值达 600 余万元。因扶贫工作业绩突出，黔东南州新闻联播采访报道笔者带领贫困户发展林下养蜂产业的丰富经验和典型事迹。

## 五、科学研究，智力支持，服务产业

一个产业能否可持续发展，除了生产出质量可靠，品质优良的产品之外，产品的市场销路是一个关键因素。产品要以货币的方式体现出来，让农民得到实实在在的收益，这个产业发展才有内生动力。所以为解决农民的后顾之忧，帮助农户宣传销售蜂蜜产品，笔者充分发挥社会资源，协调各方面技术资源和网站建设资金 1.5 万元，为凯里市下司镇瓮港村和新华村、台江县排羊乡南林村、锦屏县河口乡加池村、剑河县双南加镇塘边村、榕江县兴华乡高排村 6 个村建立村级网站，通过网络信息传递和广告宣传作用，助推黔货出山，为农村的招商引资和产业发展起到重要的推动作用。

笔者还利用朋友圈、QQ 群、微信群、抖音和快手大力宣传黔东南州原生态的蜜蜂产品。通过牵线搭桥，引进大型蜂蜜企业与农民签订蜜蜂收购合同，解决了农民的后顾之忧。自 2018 年以来，笔者每年农民推销的蜂蜜 10 余吨，年均销售收入 200 余万元，进一步增强农民办好林下养蜂产业的信心，也给黔东南州林下养蜂产业的发展注入了强劲的动力。

与此同时，积极参与黔东南苗族侗族自治州政治协商会议深入基层调研，为黔东南苗族侗族自治州人民政府拟定林下养蜂产业人才养培养方案，同时开展"黔东南州中华蜜蜂定地养殖规模与效益分析研究""不同蜜源丰富度与中蜂定地养殖规模试验""黔东南优良地方蜂种选育与养殖技术标准示范"等科研项目，为黔东南州林下养蜂产业存在问题把脉问诊，并为黔东南苗族侗族自治州林下经济发展战略提出黔东南民族职业技术学院方案。

脱贫摘帽不是终点，而是新生活、新奋斗的起点，在脱贫攻坚战中，笔者仅仅做一点力所能及的事情，产业发展、乡村振兴永远还在路上……

## 参考文献

湖南省中国特色社会主义理论体系研究中心. 以产业扶贫增强贫困地区造血功能[N]. 经济日报，2019 - 06 - 19.

# 第十五章

# 林业职业教育助力林长制改革
# 与生态扶贫建设的研究

张　鑫　陈珠艳　许　娟　傅欣蕾

（安徽林业职业技术学院）

习近平提出的绿水青山就是金山银山的理念逐渐为老百姓熟知并认同，坚持以科教兴林、人才强林的目标行进，为林业用人单位提供各级各类人才，提高林业职工和林农的技术水平，是当前林业类高职院校的主要任务[1]，安徽省在全国率先实施了林长制改革和林长制改革示范区建设，同时正在完成的生态扶贫和乡村振兴的艰巨任务，急需打造一支高标准、高素质的人才队伍。培养职业技能型人才、掌握"一技之长"是林业职业技术学院学生就业与发展的根本保证[2]。通过林长制改革、建设好美丽乡村。在产教融合、校企合作方面形成一批制度性成果，林业院校在专业建设、人才培养、教学改革、招生就业等方面更加契合区域经济高质量发展需要，培养了大批高素质技术技能人才，形成一批可复制、可推广的成功经验和模式，引领着职业教育创新发展，为林长制改革和生态扶贫提供人才支撑和智力支持。

## 一、林业高职教育实现林长制改革与脱贫攻坚的有效途径

### （一）建立林业高职教育人才培养的新模式

对准"林长制改革建设与脱贫攻坚"的人才需求，着力调整专业结构。专业建设的增强为合理配置教育资源、稳步提高人才培养质量奠定了基础，针对"林长制建设脱贫攻坚"需求来调整现有专业布局和结构，通过专业结

构调整，带动相关专业群建设，提高培养高职教育人才水平。参照"林长制改革区建设脱贫攻坚"人才质量标准，着力推进课程建设的改革。课程建设既是专业建设的基础，也是将人才培养质量提高的关键。精品课程则标志着高素质人才培养目标，在专业建设过程中要对准生态建设对人才质量的要求，打造多个国家级精品课程、省部级精品课程，以形成有特色的精品课程体系[3]。

### （二）构建更加开放的现代职业教育机制

生态扶贫是巩固脱贫攻坚成果的有效途径[4]，林长制改革示范区的建设也为林业类高等职业教育的人才培养指出了新的目标和方向。林长制改革示范区的建设完整并充分地展现了国家对生态建设的高度重视和对全球生态问题高度负责的精神[5]；同时在林长制改革示范区建设的宏伟事业中，林业职业教育必须以绿水青山就是金山银山的理念为指导，进一步转变办学思路，探索出适合职业院校发展的产学研相结合的道路，努力打造一支能够适应形势要求的师资队伍，短时间内为国家培养出林长制改革示范区建设所需的实用型、技能型应用人才。高职教育要实现向生态文明教育的根本转型，就要从人才培养、服务社会的意识以及科研方面出发，就人才培养而言，高职教育要始终坚持以培养出具有可持续发展观念、扎实理论知识和熟练技能的高素质应用型人才为宗旨，在教育教学制度革新、专业课程设置和建设、教师师资力量的引进和培养、实训实践基地建设、与相关企业联合培养等方面逐渐引入并渗透生态文明。

### （三）健全充满活力的林业高职教育体制

在林长制改革和生态扶贫建设中，结合高职教育办学实际和自身的发展规律，建设特色鲜明、充满生机活力的、现代生态文明发展的高职教育体制。以科学发展观为指导，探索适合国家林业发展新机制的充满生机和活力的林业高等职业教育发展之路，就必须抓住林长制改革的脉搏，不断满足林业建设对高等技术应用型人才的急切需要，进而促进高等职业教育和谐、健康、可持续发展。要以林业技术改革推动高职人才教育发展，以革新来提高教育的质量，增强教育活力，进一步降低制约林业类高职教育发展和创新的障碍直至消除，全面形成与当今社会发展需求相适应的充满生命力、具有活力、有利于稳健科学发展的林业高职教育人才培养体系。深化林业类院校高职教育领域的综合改革，逐步顺应林长制改革对人才培养的迫切需求，致力于解决林业技术中出现的重点难点问题和当前体制改革中的凸显出的矛盾和问题，以林业人才培养体制改革为核心，系统化地推进院校行政管理体制、教学办学体制和后勤保障机制的革新，力争取得在林业高职教育发展中的新突破。林业职业教育改革路线如图 15 - 1 所示。

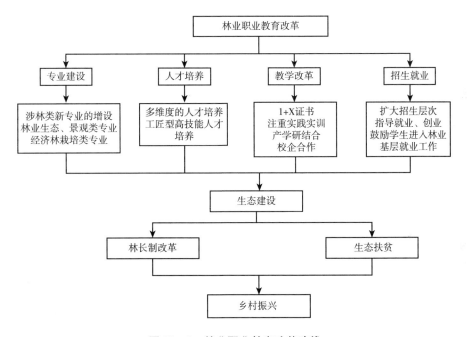

**图 15 - 1　林业职业教育改革路线**

## 二、林业教育质量提升实现生态扶贫的效果分析

### （一）林业卓越技能型人才培养解决生态扶贫的技术难题

采用卓越技能人才的培育方式，把大学生创新创业与专业技能有机结合，依托大学生创客空间优势，致力打造林业产品创新销售新模式。共同推进产学研深入融合，以校企合作的安徽省石斛仿林下栽培人工驯化技术为实例，

使得霍山石斛大规模培养成为可能，大大降低了成本。打破了我国市场上霍山石斛驯化的空白局面，为农民打通传统霍山石斛的销路，利用技术优势，授权专利使用，联合开发衍生产品，使林业技术人才在林长制改革实践中锻炼自我，有力推动了安徽霍山地区的林业技术扶贫。

## （二）院校社会服务能力的提升成为生态扶贫的新途径

坚持"以服务师生为宗旨、以就业形势为导向"的办学指导思想，专业主动适应区域产业发展需要，将校内的实训基地建设成为省内的林业行业技能鉴定中心。面向社会承担初、中、高级工种职业技能培训、考核以及林业相关类别的职业资格认证，充分发挥基地的辐射作用，与周边地区、企业、学校形成资源共享。与林业行业协会或业内领军企业合作，加快林业专业实训环境建设，继续开发具有高水准的行业资格认证证书，为社会提供林业行业的职业技能鉴定，同时利用学院校企合作实验实训中心为平台将专业建成农村劳动力转移、生态扶贫点的技能培训基地。

## （三）深化林业职业教育改革实现乡村振兴的人才储备

源源不断的人才输送是脱贫攻坚，逐步实现乡村振兴的重要环节[4]。造就既有理论知识又有实践能力和创新精神的第一线的林业行业高级应用型人才，在林业职业教育改革中，分析怎样造就既有理论知识又有实践能力和创新精神的生态文明建设第一线的高级应用型人才，分析各高职院校在当前发展的过程中的优势和不足，通过建设区域性产学研融合的信息服务平台，促进人才需求的精准对接，组织各类产教对接活动，对接人才培养、实习实训、创业就业等方面发布林业行业相关产业的专业布局，建立产业、林业行业与高职院校的协同发展机制。提高高职院校师生对林业职业教育改革的认识水平和理解程度。培养面向社会生产、管理、建设、社会服务第一线需要的实践能力强，具有良好职业道德修养的高端技能型人才，为实现乡村振兴做好人才储备。林业行业技能人员累积如图 15-2 所示。

**图 15-2　林业行业技能人员累积**

# 三、研究与思考

2017 年安徽省开始探索实施林长制的改革，建立了以党政领导责任制为核心的省市县乡村五级林长体系，设立了约 5.2 万名林长，重点围绕着如何护绿、增绿、用绿、管绿、活绿从而建立长效机制[6]，打破林业发展的牢笼，设置严密的保护网，实现"不砍树，能致富"，进一步地推动国家生态文明建设。如何加快推进"脱贫攻坚、乡村振兴"的步伐，已经成为我们当前面临的一项重要、艰巨而紧迫的任务[7]。林业高职院校肩负着专业林业人才培养、林业科学研究和社会服务的神圣职责，我们应该充分发挥学科优势，整合相关资源，勇于承担新时期我国生态文明建设进程中的使命和担当。

生态文明建设催生了林业高职教育的新使命，作为 21 世纪新文明形态的生态文明，它是一种人和自然、人和人、人和社会和谐共生的形态[8]。它以人和自然的协调发展作为行为准则，建立起良好的生态机制，从而达到实现经济、社会、自然环境的可持续发展的目的。要走生态文明参照下的绿色道路，实现中华民族的绿色崛起。林业高职教育就要走从技术到绿色技术转变的路线，以培养和塑造公民个人的绿色、维护生态平衡的社会责任为使命，实现林业高职教育的绿色变革和可持续性的发展。林业高职院校就要在专业建设及教学改革、人才培养、产学研相结合、校企合作、招生就业等方面更加契合区域经济高质量发展的需求，以培养大批高素质技术技能人才为出发点，逐步形成一批可操作易推广的成功经验和培养模式，引领林业高等职业教育的创新发展，为国家林业生态建设提供人才支撑和智力支持。

## 参考文献

［1］安勇，李晓灿. 高等农林院校全面提供人才培养能力的实践探索［J］. 中国林业教育，2018（3）.

［2］闫东峰. 林业特色专业人才培养的改革与实践［J］. 职业技术教育，2018（1）：18.

［3］谭伟. 以职业能力为导向的风景园林专业应用向人才培养模式改革［J］. 中国林业教育，2018（1）.

［4］刘凤鸣. 实施生态扶贫，助力乡村振兴［J］. 内蒙古林业，2021（5）.

［5］宁攸凉，韩锋，赵荣. 整体性治理视角下林长制改革研究［J］. 林业经济，2019（9）.

［6］陈华彬. 安徽省林长制改革的实践探索及路径选择［J］. 中南林业科技大学学报，2020（6）.

［7］秦国伟，董伟，田明华. 林长制改革的内涵机制 逻辑意蕴与生态扶贫——以安徽为例［J］. 生态经济，2020（12）.

［8］何平. 改革林长制促动林长治［N］. 新华每日电讯，2019，6（5）：7.

# 第四篇

## 生态扶贫与乡村振兴

# 第十六章

# 云南生态扶贫的生成实践及路径优化研究

张　玉　郑　祥　霍冬芳

（云南林业职业技术学院）

## 一、引言

　　贫困地区与国家重点生态功能区在空间上高度吻合，贫困问题与生态问题密切相关，通过生态扶贫把减贫和生态环境保护结合起来，是具有中国特色的减贫方式。作为大扶贫格局的重要力量，生态扶贫一直贯穿于我国的扶贫事业始终，尤其是在生态脆弱的发展困难地区，生态扶贫在助推生态保护和脱贫实现双赢的目标中发挥了至关重要的作用。就云南省而言，重点生态功能区涉及46个，国家级贫困县88个，重点生态功能区所在县中国家级贫困县的比例高达91%，位列全国第四。云南省94%的面积为山区，68%的面积为林地，七成以上的农民居住在山区。2017年贫困户动态识别管理后，云南共有4个集中连片特困地区，88个贫困县，建档立卡贫困户447万，是全国贫困人口最多、贫困面最广、贫困程度最深的省份。作为全国脱贫攻坚主战场，云南省的生态环境保护任务和脱贫攻坚任务高度重合，生态环境保护和脱贫攻坚是同一个战场上的"两场攻坚战"。某种程度上来说，生态扶贫是云南最为行之有效的一种扶贫方式。从实践来看，云南省生态扶贫已形成了多元化的路径及模式，重点围绕生态工程建设、生态补偿、生态特色产业发展、生态公益岗位设置、生态易地扶贫搬迁等5个方面开展生态扶贫工作，主要目标任务已基本完成。进入乡村振兴时代，如何将脱贫攻坚阶段积累的生态扶贫经验运用到乡村振兴阶段，开启云南乡村生态振兴之路，是基于云南特色和实际亟待解决的现实问题。

# 二、云南生态扶贫实践

云南的生态扶贫实践，路径多元、模式多样，本文分别从生态工程建设、生态特色产业发展、实施生态补偿、开展易地生态搬迁、设置生态公益岗位五个方面总结云南生态扶贫的实现机制。

## （一）生态工程建设

一是退耕还林还草工程。云南省优先支持贫困地区实施退耕还林还草工程。怒江州累计完成新一轮退耕还林还草工程建设 51.28 万亩，涉及怒江州贫困人口 2.63 万户 8.95 万人，国家共下达补助资金 6.02 亿元，退耕农户人均获得收入 2451 元。文山州 2018 年退耕还林 40.48 万亩，完成造林 32.14 万亩，全州 25 度以上陡坡耕地全部列入退耕还林还草，森林覆盖率达 42.96%，森林蓄积量 6200 万立方米。

二是生态修复工程。在生态扶贫中加强天然林、防护林建设，红河州 2018 年度完成人工造林 2.88 万亩，退化林修复 4.41 万亩。加大水土流失治理，临沧市 2018 年新建 10 项工程，总投资达 7191 万元，完成治理水土流失面积 109.61 平方公里。大理加强洱海源头和国家重要湿地保护与修复，争取云南大理洱海源头国家重要湿地，鹤庆县、大理市、剑川剑湖湿地省级自然保护区 5 个湿地保护与恢复项目，总投资 3910 万元。

## （二）发展生态特色产业

要将生态资源转化为经济效益，就要全面发展生态特色产业，进一步提高生态产品的经济效益，助力生态脆弱地区脱贫致富。云南是山区省份，全省林地面积 4.23 亿亩，占全省土地面积的 73.5%，森林面积 3.59 亿亩，位居全国第二，森林覆盖率达 62.4%。依托林草资源优势，聚焦"林"字这个核心，打造并构建了"林+游""林+果""林+药""林+菌""林+禽""林+蚕"等"林+N"绿色生态产业扶贫模式，培育出怒江草果、临沧坚果、鲁甸花椒、昭通苹果等一系列有助于当地农户增收致富的特色种植业。西双版纳州投入 3.23 亿元，提升改造了野象谷、傣族园、原始森林公园等景区，重点打造易武、贺开、南糯山、大渡岗等茶山为代表的茶山型乡村旅游产品，以打洛、磨憨、关累为代表的边境型乡村旅游产品，以傣族园、勐景来为代表的景区伴生型乡村旅游产品，扶持一批生态旅游示范村，形成形式多样、种类丰富的产品供给体系。

与此同时，大力发展以农民专业合作社为核心的新型经营主体，鼓励、引导林业龙头企业、林农专业合作社吸纳贫困人口参与生态建设和产业发展。目前，全省成立林农合作社 3730 家，带动贫困户 4.55 万户 13.64 万人，其中深度贫困县贫困户 2.63 万户 7.87 万人；贫困户参与合作社经营收入达25.14 亿元，其中深度贫困县收入达 7.66 亿元①。怒江州完成组建生态合作社 119 个，到位资金 1774 万元，共吸纳建档立卡贫困户 3555 户，兰坪县采取"公司＋合作社＋农户"模式在澜沧江沿岸打造 0.98 万亩花椒基地，泸水市采取"合作社＋扶贫车间"模式，组建生态扶贫专业合作社，吸纳贫困户社员建立了竹编工艺制作扶贫车间。

## （三）实施生态补偿政策

自 2009 年以来，云南省制定出台了生态功能区的转移支付相关制度，中央及省财政层面对生态功能区的转移支付力度也在逐年加强。目前，云南省共有 46 个县（市）区纳入了国家重点生态功能区的覆盖范围之内。中央财政累计下达云南省生态功能区转移支付资金 223.88 亿元，年均增幅达30.4%，如图 16-1 所示。省级累计安排生态功能区转移支付资金 240.2 亿元，年均增幅达 21.2%。截至 2019 年，云南省财政平均下达每个县生态功能区转移支付补助 1.86 亿元，其中，2016～2019 年分别平均下达每个县3475 万元、3993 万元、4964 万元、6191 万元，年均增幅为 21.2%。

经过多年的探索，云南省主要从以下五方面建立健全了生态补偿机制。一是精准衡量生态价值。将 129 个县（市）区全部纳入省级生态功能区，纳入转移支付补助范围。根据当地森林覆盖率、河流、水体、耕地面积、草地面积、林地面积等情况精准确定当地的生态功能价值，通过区分不同地区的生态重要性，按照不同的生态价值补偿进行分配。二是通过奖励措施引导地

---

① 资料来源于云南省发改委关于全省生态扶贫工作推进情况的报告。

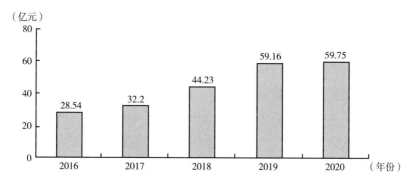

**图 16 - 1　中央财政对生态功能区的转移支付资金**

资料来源：《云南省发改委关于全省生态扶贫工作推进情况的报告》。

方加大生态投入，根据各地环保方面财力投入和财政困难程度安排奖补资金，提高各地对环保投入的积极性。三是针对生态价值较高的主体功能区，特别是对生态价值较高的自然保护区、高原湖泊和水源保护地加大政策补助力度。四是对选取各方面条件符合的建档立卡贫困户作为护林员的地区增加生态护林员补助力度，将生态环境保护和脱贫攻坚有机结合起来。五是建立健全生态环境质量的考核办法和奖惩机制。根据生态环境质量考核评价结果实施相应的资金奖惩，激励各地不断加强生态环境保护，持续改善生态环境。

### （四）开展生态易地扶贫搬迁

生态易地扶贫搬迁是专门针对生态极度脆弱地区的贫困群众脱贫的有效举措，也是生态极度脆弱地区生态修复的重要举措。实施生态易地扶贫搬迁，既有利于改变贫困群众的生产环境，也有利于修复生态环境，可以实现生态环境保护和脱贫摘帽的双重目标。据统计，开展脱贫攻坚工作以来，云南省居住在生态环境极度脆弱地区的 99.6117 万建档立卡贫困人口从"一方水土养不起一方人"的六类地区迁出，生态易地扶贫搬迁成为了云南省促进减贫、增加地方生态投资、推进新型城镇化建设、推动贫困户转为市民以及生态环境修复治理的有效措施和最佳途径。

### （五）设置生态公益岗位

公益岗位扶贫主要是指在贫困地区特别是贫困村庄，设置一批公益岗位，运用村（社区）购买服务的理念和方式予以现金补贴，一方面实现贫困人口的就业和增收，另一方面增加当地村庄的公共服务供给。生态护林员政策是贯彻落实《中共中央国务院关于打赢脱贫攻坚战的决定》关于"创新生态资金使用方式，利用生态补偿和生态保护工程资金使当地有劳动能力的部分贫困人口转为护林员等生态保护人员"的生态扶贫措施。

2016 年实施生态护林员政策以来，中央和省级共安排云南省生态护林员任务指标 17.04 万名，中央和省级安排的任务指标均排列全国第一。每人每年平均增加 9000 多元收入，共带动 17.04 万个贫困家庭、70 万贫困人口稳定增收①。截至 2020 年 5 月，全省累计投入补助资金 39.35 亿元（其中：中央财政 23.825 亿元、省级财政 15.525 亿元），累计聘用了 50.41 万人次的建档立卡贫困人口为生态护林员，有效促进了建档立卡贫困家庭精准脱贫，实现了助力脱贫攻坚和加强生态保护的双重成效。

## 三、云南生态扶贫取得的成效

通过近几年的生态扶贫实践，云南省投入贫困地区的林业项目资金累计 221.8 亿元，生态扶贫的主要目标任务已基本完成且取得了明显的成效。

### （一）显著增加了农民收入

通过实施一系列生态扶贫政策措施，直接或间接地增加了农民的转移性、工资性、经营性收入及劳务收入。一是农民通过退耕还林还草等生态补偿政策增加转移性收入。截至 2019 年底，云南省已经重点安排了在贫困地区退耕还林 155.6 万亩，涉及 24.8 万户 99.3 万人的建档拉卡贫困人口。补助期内，贫困人口累计可获得现金补助 18.7 亿元，户均 7540 元，人均 1883 元②。二是通过参与生态扶贫公益性岗位获得稳定的工资性收入，2016～2019 年云南省财政累计安排生态护林员补助 21.2 亿元，被选聘为生态护林员的建档立卡贫困人员每年平均管护收入 9000 多元，带动 17 万户家庭、70 万建档立卡贫

---

①　绿色，已成为云南人民脱贫致富的最美"底色"［N］. 中国产经新闻，2020 - 03 - 27.

②　杨劼，雷欢. 云南：脱贫攻坚林业大有作为［N］. 中国绿色时报，2019 - 09 - 26.

困人口实现收入稳定增长并脱贫。三是通过参与生态工程建设获得劳务收入。比如，积极参与生态脆弱地区的天然林保护、生态修复、石漠化综合治理、退耕还林还草等国家和省级的重点生态工程，这些工程80%的投资都已转化为贫困人口的劳务收入。以退耕还林还草为例，2014年，云南省实施了新一轮的退耕还林还草，已累计争取国家推进还林还草任务1180万亩，88个贫困县共有1098.75万亩，占到国家任务的93.11%。四是通过发展生态特色产业还可以增加经营性收入，云南省木本油料的种植面积已达5150万亩，全省人均1亩以上。88个贫困县林草产业带动194.6万贫困群众稳定增收，人均增收1720元。在文山州的丘北县，选择红花油茶、冬樱花等乡土树种，开展面山绿化和修复，将普者黑湿地打造成"网红景区"，1500余名村民参与生态旅游服务，年人均收入达4.8万元。周边村镇发展林下经济，种植葡萄、蓝莓、杨梅，户均年收入5万余元。昭通鲁甸县龙头山镇光明村花椒种植面积1.3万亩，覆盖2121户8160人，户均增收1.1万元。

## （二）有效改善了生态环境

云南省地处西南边陲，是国家的西南生态屏障，习近平总书记2015年及2020年两次考察云南时均强调，云南省要做生态文明建设排头兵，为国家建好西南生态屏障。自开展脱贫攻坚以来，通过生态扶贫的一系列措施，云南省贫困县区的生态文明建设取得了明显的成效。

总的来看，2013～2019年云南省生态环境质量状况评价各年均为优，且生态环境状况指数EI值也逐年呈总体上升趋势，由2013年的78.11上升到2015年的79.15，2017年则上升到了81.60，之后两年持续稳定，如图16-2所示。通过实施一系列的生态建设工程，全省88个贫困县的森林覆盖率达63.19%，比云南省森林覆盖率62.4%高出0.79个百分点[①]。总体上来看，贫困地区的生态修复成效明显，生态环境总体持续改善，为生态特色产业的发展打下了坚实基础。

---

① 云南省强化生态环境质量监测评价与考核工作机制 十三五期间生态功能区转移支付资金绩效显著 [EB/OL]. https://www.thepaper.cn/newsDetail_forward_7285606.

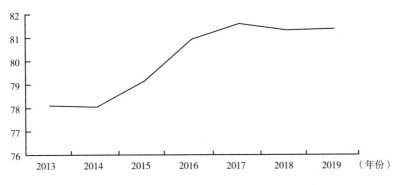

**图 16 – 2　云南省生态环境质量指数 EI 值年际变化**

资料来源：云南省生态环境监测中心统计数据。

## （三）激发了贫困户脱贫的内生动力

帮助贫困群众增收致富的生态扶贫措施有两种：一是设置生态护林员等公益性岗位，二是生态产业扶贫。生态扶贫政策不是简单的兜底保障，要贫困户通过自己的辛勤劳动来获得报酬，既避免了贫困群众形成依赖思想，也避免了边缘户的心理不平衡现象，同时提升了贫困群众参与生态扶贫的积极主动性，激发了他们的内生动力，变"要我脱贫"为"我要脱贫"。例如，最美护林员李玉花自 2016 年起，每天按时完成巡山任务，认真登记巡山情况。走访宣传 100 多次，张贴警示标语、标牌等 300 多张，为农户野生动物肇事受灾情况走访、照相、登记 80 多次。种植了草果、黄精、重楼、茶叶、葛根，养了 10 多箱蜜蜂。加上每月 800 元的护林员补助以及各项惠民补贴，家庭人均年收入从 2000 元增加到 8000 余元。生态扶贫实现了当地解决就业，一方面增加了农牧民的收入，另一方面也避免了因年轻人群常年外出务工带来的一系列留守问题和农村空心化问题。

## （四）促进贫困人口树立生态价值观

在贫困地区，贫困群众教育水平不高、文化程度有限，部分群众缺乏生态文明观念，不注重生态环境的保护工作，尤其在少数民族地区，"靠山吃山""靠水吃水"的少数民族自然生态观还普遍存在。生态扶贫在一定程度上从源头处培养了贫困群众"人与自然和谐共生"的发展观念，将"绿水青山就是金山银山"的理念传播到了贫困群众之中，树立起了生态环境保护的观念，贫困地区的生态环境逐渐改善，贫困群众的生态环保意识明显增强。人与自然融为一体的和谐发展观，有效地促进了生态价值观的树立，为后期贫困地区生态产品价值实现、将"绿水青山"转化为"金山银山"打下了坚实的思想基础。

# 四、乡村振兴时代云南生态扶贫的路径优化

当前，云南省生态扶贫主要目标任务基本完成并取得了显著成效。然而，云南生态扶贫还存在着资金投入单一、林业产业化程度不高、生态产品附加值不高、生态移民可持续生计发展不强、部分农民主体性意识不强等现实困境。要巩固拓展云南生态扶贫的成效，推进云南生态振兴，还需要从转变政府角色，推动多元扶贫主体参与；延长产业价值链，促进生态产品价值实现；强化农民的主体意识，提升群众内生动力；加大易地扶贫搬迁后续帮扶力度，提高移民可持续生计发展等方面予以优化，建立云南生态振兴的长效机制。

## （一）转变政府角色，推动多元扶贫主体参与

目前，云南省多元化的社会投融资机制还未健全，生态扶贫资金投入主要依靠上级政府财政专项转移支付，社会资本和民间资本参与度低，部分州（市）财政紧张，资金缺口比较大。比如文山州的特色林产业，基本依靠有限的省级项目资金，投融资渠道狭窄，严重阻碍了发展速度。与此同时，还存在资金整合力度不够，存在资金到位率低，已到位的资金使用率低等问题。2018 年怒江州的 9 项生态扶贫重点工作计划总投资 70617 万元，年底到位资金 15560.67 万元，仅占年度计划的 22.03%。在未来的生态振兴过程中，应该转变政府角色，从主导到引导，积极引导企业、社会组织及生态脆弱地区的群众共同参与，形成生态振兴的共同体，是实现生态振兴可持续的有效举措。

## （二）延长产业价值链，促进生态产品价值实现

党的十九届五中全会提出"推动绿色发展，建立生态产品价值实现机

制"的重要论断，为生态振兴指明了方向。要通过提升生态产品附加值，增加已脱贫群众收入，可以从以下几个方面着手。一是建立全产业链模式，进一步延长产业价值链，增加就业机会和收入。通过完整的产业链模式，将产业链的上下游都留在贫困地区，帮助当地产业发展。二是进一步提升生态产品附加值。通过引入科技含量高的生态品种，提升农产品的产量、质量，提升农林产品的附加值，增加已脱贫群众的收入。三是发挥好生态种植产业的"造血功能"，根据云南打造世界一流"绿色食品牌"战略部署安排，加大生态振兴地区的特色优势产品打造力度，争取实现"一村一品"，创新特色生态产品的宣传方式，充分利用互联网技术，结合"直播带货"等方式，宣传"原生态""绿色"等卖点，打造知名生态产品品牌，实现生态产品的第一、二、三产融合发展，延长产业价值链，促进生态产业健康发展，实现生态脆弱地区的老百姓能够持续稳定增收致富。

### （三）强化农民的主体意识，提升群众内生动力

在生态脱贫过程中，部分贫困群众对生态扶贫重要性认识不够、主动性不强、积极性不高、内生动力不足的现象还一定程度上存在。要推进生态振兴，就要彻底解决思想认识问题，提升群众内生动力。一方面，提升农户的环保意识和素养。进一步加大宣传力度，通过自媒体、宣传海报、张贴栏、村组会议等方式进一步提升群众的生态环保意识，让他们逐步树立起"绿水青山就是金山银山"的理念，改变他们的观念与意识。另一方面，积极引导群众采取绿色生活方式。要通过技术引导、宣传教育等模式，帮助当地的农民群众采取绿色的生活方式。在生产上，要加大技术引入，实现绿色农业产业转型升级，大力发展农村生态产业新模式。在就业上，继续实施生态护林员制度，加强生态公益性岗位管理，增强参与生态建设的积极主动性。在生活上，进一步实施美丽乡村计划，实施道路美化、绿化、亮化工程，提高农民的满意度和幸福感。

### （四）加大易地扶贫搬迁后续帮扶力度，提高移民可持续生计发展

生态易地扶贫搬迁是云南省生态扶贫的主要举措，云南省 99.6117 万建档立卡贫困人口从生态脆弱区迁出，实现了易地扶贫搬迁的关键第一步"搬

得出"。后续要制定针对搬迁群体的后续帮扶措施，实现"稳得住、能致富"。一是强化民生保障，建好各类医院、学校、公交车站、休闲场所等公共服务设施，实现城市社区功能。二是多措并举解决可持续生计问题。要加强培训，通过技能培训帮助搬迁群众有一技之长，实现就近就业；要加大扶贫车间建设力度，通过建设技术要求不高的编织、缝纫等扶贫车间，帮助搬迁群众大规模就业；要加大外出务工输出力度，提供送岗上门服务，组织专场招聘会，帮助有能力的搬迁群众到沿海发达地区务工；要加大创业帮扶，对有能力有技术的致富带头人，给予一定的政策支持，鼓励带动更多群众增收致富。

## 参考文献

［1］胡振通，王亚华．中国生态扶贫的理论创新和实现［J］．清华大学学报（哲学社会科学版），2021（1）：168－180．

［2］左停．积极拓展公益岗位扶贫政策的思考［J］．中国国情国力，2017（11）：18－20．

［3］郭苏豫．生态扶贫与生态振兴有机衔接的实践基础及现实［J］．生态经济，2021（3）：217－222．

［4］蒋永穆，王丽萍．西藏生态扶贫的生成逻辑、实践成效及路径优化［J］．西藏大学学报（社会科学版），2020（4）：156－162．

［5］万君，张琦．十八大以来绿色减贫的成就以及对乡村振兴的启示［J］．石河子大学学报（哲学社会科学版），2021（4）：20－30．

［6］雷明，姚昕言，袁旋宇．地方生态扶贫内在循环机制的优化——基于贵州省扶贫实践的研究［J］．南京农业大学学报（社会科学版），2020（7）：152－161．

［7］王超，蒋彬．乡村振兴战略背景下农村精准扶贫创新生态系统研究［J］．四川师范大学学报（社会科学版），2018（3）：5－15．

［8］黄金梓，李燕凌．"后扶贫时代"生态型贫困治理的"内卷化"风险及其防范对策［J］．河海大学学报（哲学社会科学版），2020，22（6）：90－98．

［9］胡振通，王亚华．公益岗位互助扶贫模式助力脱贫攻坚战：基于山东乐陵的实地调研［J］．农业经济问题，2019（10）．

［10］助推生态文明排头兵建设，省财政下达各地转移支付76.86亿元［N］．云南日报，2019－12－10．

［11］四方面扶贫发力，云南贫困地区农民人均可支配收入过万元［N］. 云南日报，2020 - 03 - 27.

［12］我省已下达各地转移支付76. 86亿元［N］. 云南日报，2019 - 12 - 10.

［13］绿水青山"逼"出高质量发展［N］. 科技日报，2020 - 04 - 09.

［14］我省加大林业生态扶贫力度［N］. 云南日报，2019 - 05 - 06.

| 第十七章 |

# 践行"两山"发展理念的脱贫攻坚个案研究
## ——以金秀瑶族自治县罗香乡龙坪村为例

劳丽萍　蒋君红　朱新春

（广西生态工程职业技术学院）

## 一、"两山"发展理念的内涵

"绿水青山就是金山银山"是习近平在2005年8月24日浙江考察时提出的发展理念。体现了追求人与自然的和谐，经济与社会的和谐，突出强调生态文明的重要性。通俗地讲，就是既要绿水青山，又要金山银山。在追求经济增长的同时，注重生态环境保护和生态文明建设；宁要绿水青山也不要金山银山，不能以牺牲环境、破坏环境来换取经济的发展。绿水青山可以带来金山银山，绿水青山可以创造经济效益，可以将生态优势转变为经济发展优势。"良好的生态环境不仅是间接的生产要素，提供潜在的经济发展基础，更是直接的生产要素，直接推进经济的发展。"[1] 生态可以经济化，经济可以生态化。

"两山论"鲜活地回答了什么是绿色发展，坚持什么样的绿色发展，怎样绿色发展的中国特色社会主义政治经济学。

## 二、龙坪村践行"两山"发展理念的脱贫行动

在脱贫攻坚的这场没有硝烟的战斗中，"两山"理论为这场战斗指明了

---

[1]　刘海霞，胡晓燕."两山论"的理论内涵及当代价值［J］. 中南林业科技大学学报（社会科学版），2019，13（3）：6-10+16.

新的战略视角，并为贫困地区脱贫致富提出了解决思路，破解了贫困地区该怎么发展，如何发展的难题。

## （一）"两山"发展理念与脱贫攻坚

### 1. 提供了保护生态环境的同时发展经济的可行性

龙坪村位于金秀瑶族自治县罗香乡南部，距罗香乡政府所在地8.6公里，距离县城62公里，辖10个自然屯24个村民小组。龙坪村地处偏远，生态环境既有较为原始的地方，山清水秀，也有"一方水土养不活一方人"的较为恶劣的生存环境。如果生态资源不能充分挖掘和发挥利用，当地百姓就只能守着"绿水青山"却不能拥有"金山银山"。"两山"发展理念破解了在不破坏环境的基础上发展经济的难题，为既保护生态环境又脱贫致富提供了可行性方法。

### 2. 提出了生态价值转化为经济价值的转化通道

通过利用市场的多元化带动、增强贫困地区的发展动力，进而达到脱贫致富的目的。龙坪村借助自身优势大力发展特色产业，并形成"3+1"产业模式，开辟了兼顾生态环境保护与经济持续健康发展的龙坪村发展模式。

## （二）龙坪村践行"两山"发展理念的脱贫行动

### 1. 易地搬迁的脱贫行动

脱贫离不开产业发展，生态环境不宜实现产业发展或者通过产业发展对脆弱的生态环境造成破坏的地方，通过实施易地扶贫搬迁策略，改善人居生活环境，可以有效解决既要绿水青山又要金山银山的矛盾。截至2018年，龙坪村易地搬迁39户140人，其中分散安置27户95人，集中安置古潭七队8户37人（含同步搬迁3户17人），桐木"幸福里"集中安置4户8人，危房改造19户。龙坪村古潭七队是全县开工最晚，入住最早，建造成本最低，房屋质量最好，群众获得感最高的的整屯搬迁点。也多次得到了来自自治区、市、县各级领导的高度评价。也为罗香乡的分散安置提供了宝贵的借鉴经验，扭转了全乡易地搬迁的被动局面。通过异地扶贫搬迁，因地制宜确定安置地点和安置方式，不仅改善了农户的生存环境，而且有效保护了脆弱的生态环境，促进经济社会的可持续发展。

### 2. 特色产业的挖掘发展

在贫困地区进行绿色发展，增加贫困地区经济收入是践行"两山"发展理念的一种重要形式。龙坪村依托当地资源优势，发展特色产业，打造"3+1"产业发展模式。

龙坪村的"3+1"产业为杉、柑橘、鸡和鱼。龙坪村积极推广特色农业产业，根据龙坪村实际打造"瑶泉生态鱼"特色品牌。积极带领群众通过"走出去、带回来"的方式，积极探索养鱼业，现已建成了"罗香瑶泉"生态鱼示范基地，现水面面积已达98余亩，平均亩产值4万元，是罗香乡整村推进产业结构调整的第一村，先后得到了来参观的各级领导的充分肯定。成立金秀瑶族自治县罗香乡合鑫农业专业合作社，2016年以来，11次组织群众到外地学习先进的种养技术，促进全村产业做大做强。全村新兴产业有瑶泉生态鱼116亩、新种油茶1000亩、中草药（草珊瑚、吴茱萸、甜茶等）600亩，种植柑橘300亩，龙坪村有种植杉树的传统，全村种植杉树有795户22325亩，其中贫困户178户5518.55亩。种植柑橘70户300亩，其中贫困户22户135亩。全村养鸡有109户，3350只，其中贫困户13户640只。2019年新种油茶500亩、中草药600亩。全村建档立卡贫困户为178户，其中有"3+1"特色产业覆盖177户，产业覆盖全村99.44%。全村"3+1"产业初见成效，年总收入360万元。

龙坪村切合当地生态资源优势，探索和打造了符合当地生态环境条件的、具有较高经济回报的产业和产品，特色产业成为农户脱贫致富的重要经济来源，也为生态环境保护留下了空间。

### 3. 电商扶贫的实践探索

电商扶贫不仅能提供远在深山的农产品更多市场展示和外销的机会，而且能减低对环境的负面影响。龙坪村结合当地实际情况，探索电商扶贫的道路。引导大学生陈秋返乡创业成立金秀县溢然农产品贸易公司从事农产品加工和电子商务销售，通过"公司+合作社+基地+贫困户+电商"的商业发展模式，力争解决产、供、销问题，为当地商业发展服务。同时，带动更多农户（尤其是贫困户）克服等、靠、懒、散的小农意识，主动加入到市场经济中来，强化自身发展的内生动力。

# 三、龙坪村践行"两山"发展理念的启示

龙坪村在践行"两山"发展理念中,脱贫攻坚不断取得新的突破,取得了一些成就。2016年12月龙坪村获得"自治区级生态村"光荣称号。2018年12月,龙坪村获得"金秀瑶族自治县2018年度脱贫攻坚工作先进集体"光荣称号。2019年5月,龙坪村获得2018年广西壮族自治区"全区脱贫攻坚先进集体"光荣称号。为龙坪村乡村振兴奠定了良好的基础。探究龙坪村龙坪村践行"两山"发展理念的实践中有以下启示:

## (一)理念武装头脑,增强生态文明意识

"两山"发展理念对经济效益、社会效益与生态效益进行有效统一,是一种新型减贫理念。在脱贫路径中,强调扶贫产业的发展不能急功近利,对待生态环境要注重保护和适度开发,保护资源,尊重自然,顺应自然,符合自然发展的规律。龙坪村脱贫攻坚工作队坚持学习贯彻"两山"发展理念,以"两山"发展理念武装头脑,把理念贯穿于脱贫的各项工作中,既注重保护好龙坪村原有生态环境,又注重在绿水青山中寻觅"宝藏",探索出一条适合龙坪村脱贫致富的生态路子。

## (二)强化党建引领,确保理念落地生根

龙坪村始终把村基层组织建设作为建设扶贫的首要任务和第一责任,一方面不断加强基层组织建设,确保基层党组织有地方、有设备、有经费开展工作,充分发挥党组织的战斗堡垒作用和党员的先锋模范作用。后盾单位广西生态工程职业技术学院积极联系村委会,完善办公室设施,投入5万元资金购置办公设备,用于改善龙坪村"两委"的办公条件,巩固党组织活动阵地,为凝聚党员、服务群众、助推脱贫攻坚提供有力保障,并取得优异的成绩。

另一方面大力实施教育扶持。"扶贫先扶志,治穷先治愚",依托党建阵地强化宣传"两山"发展理念,让绿色发展,既有绿水青山也有金山银山的两者兼得的思想深入人心。既要绿水青山也要金山银山,宁要绿水青山不要

金山银山。落实"两山"发展理念不是被动式、口头式、运动式，而应该是践行笃行。

### （三）完善基础设施，打通脱贫致富之路

在绿水青山中谋划金山银山，一方面注重绿水青山的保护，另一方面创造金山银山，就必须要在绿水青山中发展产业，打造特色产品，并让深处深山的产品顺畅走出大山，基础设施建设发挥着重要的作用。在自治县及乡领导等相关部门的大力帮扶下，龙坪村先后投入 51 万元共 167 盏路灯用于路灯亮化工程，实施建设 8 个自然屯的太阳能路灯亮化工程，极大地提升了群众的生活品质。

在道路建设方面，共投入 1133 万元实施了 1 条乡道 1 条村道 7 条屯道硬化提升工程，总里程达 22.95 公里；共投入 180 万元实施了 8 座便民桥梁；共投入 75 万元实施 17 条巷道硬化，共计 4.37 公里；共投入 101 万元实施平丹屯、罗叶屯、新和屯和古潭屯进行了人饮工程再提升工程。彻底解决了龙坪村基础设施落后的面貌，为龙坪全体村民创造金山银山，铺设了一条脱贫致富之路。

### （四）挖掘特色产业，持续创造金山银山

绿水青山要转化为金山银山，产业先行。贫困地区要充分挖掘和打造特色产业与特色产品，增强农户自我造血能力。把握乡村特色产业，关键在特色，反映乡村特色产业本有的特色，人无我有，人有我优。特色产业根植乡村资源与环境，并有别于其他产业。龙坪村根据自身自然资源优势，积极挖掘与打造自我特色产业，已成功注册"罗香瑶泉"生态鱼商标，并建成了"罗香瑶泉"生态鱼示范基地。打造特色的同时注重规模效应，适当扩大养殖规模。"罗香瑶泉"生态鱼特色产业的开发符合龙坪村自然资源条件，龙坪村实现了既可以坐拥绿水青山又可以拥抱金山银山的绿色发展。

### （五）发展产业组合，系统开展绿色增长

践行"两山"发展理念的关键在绿色增长，从系统上看，包括建立健全绿色低碳循环发展的经济体系，这套体系需要有一整套产业体系和结构，生

产、加工、销售一条龙。打好产业"组合拳",念好产业"组合经",找到村民持续增收、系统创收的好路子。

龙坪村这方面正在打造绿色发展产业组合拳,不仅包括农副产品的生产:"罗香瑶泉"生态鱼、橘子、中草药、油茶等,还包括农副产品的深加工,罗香乡龙坪村集体特色农副产品深加工基地也在积极建设中,这个项目建成投产后预计可带动上百个群众就业,并将会有力地持续增强村集体经济,实现农村经济的繁荣发展。同时拓宽农产品销售渠道,线上线下相结合,畅通农产品销售道路,实现产业的系统创收、绿色增长。

# 结语

"两山"发展理论对脱贫攻坚具有重要指导意义,明确了绿色发展的方向,实现了生态与经济的协同发展。龙坪村在践行"两山"发展理念的脱贫工作中,走上了脱贫致富的道路,如今,龙坪村已不再是当年的深度贫困村,该村群众的生产生活面貌发生了翻天覆地的变化。在以习近平同志为核心的党中央正确领导下,在各级党委政府、后盾单位、第一书记、驻村工作队和村两委班子的积极努力下,村内的各项基础设施建设基本完善,村内各项产业发展有了基础,村民正全面奔向小康。

## 参考文献

[1] 刘海霞,胡晓燕."两山论"的理论内涵及当代价值 [J]. 中南林业科技大学学报(社会科学版),2019,13(3):6-10+16.

[2] 张琦,冯丹萌. 脱贫攻坚下"两山"理论的实践探索 [N]. 中国环境报,2020.

[3] 黄承梁. 从三地视察系统把握习近平生态文明思想的战略考量 [J]. 理论导报,2020(5):17-19.

# 第十八章

# 挖掘古树文化　建设绿美乡村

## ——基于古树名木生态文化价值挖掘的绿美乡村建设研究

王东秀　敖碧红　车　瑞　李　玲

（广东生态工程职业学院）

## 一、引言

取得脱贫攻坚全面胜利后，推进乡村振兴成为新的战略重点。实施乡村振兴战略对促进"美丽中国"建设具有十分重要意义，也是践行习近平生态文明思想的具体行动。古树名木是自然生态资源中的瑰宝，是自然进化和社会发展保留下来的自然生物固定资产，承载着生物物种演化和历史文化传承的诸多意义。乡村是生态资源的聚集地，生态资源的多样化一直以来都是乡村发展最大的优势，乡村振兴应当充分展现"绿水青山就是金山银山"的重要指导思想，内化到绿美乡村建设的具体行动中。古树和古树群与乡村历史、文化发展密切相关，是"绿美乡村"的展示者，也是"绿美乡村"的见证者，见证了千百年来人与自然和谐共生的沧海桑田变化，赋予了古树名木蕴含深厚的生态文化价值。"绿美乡村"需要充分挖掘本地古树名木生态文明价值，乡村经济振兴更需要充分挖掘本地古树名木生态文明价值，利用好古树名木生态文化价值促进绿美乡村建设，同时利用乡村特有的资源禀赋和历史文化价值，发展乡村文化休闲旅游产业，多渠道投资，引入外部资本，引入先进管理模式推动乡村发展新业态。建设绿美乡村和实施乡村振兴战略，应该平衡生物资源和社会资源，在商品流、服务流和生物流之间建立健康的关系，在乡村经济文化建设的进程中，重构乡村社会运作体系与山水林田湖草生态系统的平衡，实现乡村经济富裕和生态保护的和谐共存。

# 二、广东古树名木现状分析

我们从表18-1中可以发现，古树通常根据树龄进行划分，也把有着重要历史、文化和科研价值的树木，或者品种珍稀或具有纪念意义的树木统称为"名木"。名木的界定不受树木年龄的限制，均按国家一级古树标准进行保护。古树名木往往具有着较为丰富的政治、历史和人文资源，它们是自然社会发展历程的见证者，同时也是生物繁衍更替以及历史文化传承的重要载体。从经济角度来看，古树名木是我国自然生态和旅游的重要资源，对社会经济的发展具有重要的文化和经济价值。从植物生态角度而言，古树名木为珍贵树木、珍稀和濒危植物，在维护生物多样性、生态平衡和环境保护中有着举足轻重的作用。

表 18-1 古树名木分级 单位：年

| 古树名木分级 | 树龄 |
| --- | --- |
| 一级 | 500 以上 |
| 二级 | 300~499 |
| 三级 | 100~299 |

资料来源：2001 年制定的《全国古树名木普查建档技术规定》。

2016 年，由广东省绿化委员会办公室与广东省林业调查规划院启动了新一轮古树名木资源普查建档工作。

据调查数据统计，广东省古树名木总株数为 80398 株。其中，一级、二级、三级古树分别有 754 株、4810 株、74760 株，各占总株数的 0.94%、5.98%、92.99%，名木 74 株，占总株数 0.09%（见表 18-2）。全省共有古树群 826 个，数量排名前五的分别是：榕树、荔枝樟、龙眼、枫香，分别有 19091 株、13785 株、5821 株、3421 株、2438 株。从古树的生长状况看：正常株 73171 株，衰弱株为 6580 株，濒危的为 647 株，分别占总数的 91.0%、8.2%、0.8%。

表 18 - 2 广东省古树名木数量分析

| 古树名木 | 数量（株） | 占比（%） |
|---|---|---|
| 古树一级 | 754 | 0.94 |
| 古树二级 | 4810 | 5.98 |
| 古树三级 | 74760 | 92.99 |
| 名木 | 74 | 0.09 |
| 合计 | 80398 | 100 |

资料来源：广东省新一轮古树名木资源普查成果报告。

广东省有 10000 多个行政村，都有古树分布，其中，珠三角地区古树数量最多，36421 株（占比 45.30%），粤东地区古树数量最少也有 5854 株（占比 7.28%）（见表 18 - 3）。

表 18 - 3 广东省古树名木地理分布

| 区域 | 包含地级市 | 古树名木数量（株） | 比例（%） |
|---|---|---|---|
| 粤东 | 汕头、潮州、揭阳、汕尾 | 5854 | 7.28 |
| 粤西 | 湛江、茂名、阳江 | 17238 | 21.44 |
| 北 | 韶关、清远、云浮、梅州、河源 | 20885 | 25.98 |
| 珠三角 | 广州、深圳、佛山、东莞、中山、珠海、江门、肇庆、惠州 | 36421 | 45.30 |

资料来源：广东省古树名木普查。

全省 21 个地级市，共有 144 个县级普查单位。各城市古树名木数量情况如表 18 - 4 所示，从表中数据可以看出，广州市、惠州市和韶关市古树数量分布排全省前三名，三座城市古树名木数量多达 29260 株，占全省古树总株数的 36.39%。具体而言：广州市有古树名木 10133 株，占全省总数量的 12.60%；惠州市有古树名木 10824 株，占全省总数量的 13.46%；韶关市有古树名木数量 8303 株，占全省总数量的 10.33%。具体统计数量如表 18 - 4 所示。

表 18 - 4 广东省古树名木分类株数统计

| 行政名称 | 总计（株） | 古树名木（株） | | | | |
|---|---|---|---|---|---|---|
| | | 一级 | 二级 | 三级 | 名木 | 合计 |
| 广东 | 80398 | 754 | 4810 | 74760 | 74 | 80398 |
| 广州 | 10133 | 9 | 164 | 9947 | 13 | 10133 |

| 行政名称 | 总计（株） | 古树名木（株） | | | | |
|---|---|---|---|---|---|---|
| | | 一级 | 二级 | 三级 | 名木 | 合计 |
| 韶关 | 8303 | 194 | 1087 | 7022 | 0 | 8303 |
| 深圳 | 1562 | 14 | 56 | 1487 | 5 | 1562 |
| 珠海 | 1644 | 5 | 24 | 1610 | 5 | 1644 |
| 汕头 | 1095 | 17 | 97 | 980 | 1 | 1095 |
| 佛山 | 2094 | 7 | 59 | 2027 | 1 | 2094 |
| 江门 | 1729 | 7 | 50 | 1665 | 7 | 1729 |
| 湛江 | 6865 | 39 | 219 | 6593 | 14 | 6865 |
| 茂名 | 7861 | 80 | 202 | 7577 | 2 | 7861 |
| 肇庆 | 3365 | 27 | 255 | 3078 | 5 | 3365 |
| 惠州 | 10824 | 71 | 435 | 10318 | 0 | 10824 |
| 梅州 | 4526 | 46 | 264 | 4216 | 0 | 4526 |
| 汕尾 | 889 | 0 | 32 | 857 | 0 | 889 |
| 河源 | 1995 | 52 | 200 | 1742 | 1 | 1995 |
| 阳江 | 2512 | 19 | 240 | 2251 | 2 | 2512 |
| 清远 | 3799 | 58 | 545 | 3194 | 2 | 3799 |
| 东莞 | 3859 | 37 | 251 | 3566 | 5 | 3859 |
| 中山 | 1211 | 3 | 32 | 1175 | 1 | 1211 |
| 潮州 | 1753 | 36 | 191 | 1526 | 0 | 1753 |
| 揭阳 | 2117 | 23 | 221 | 1865 | 8 | 2117 |
| 云浮 | 2262 | 10 | 186 | 2064 | 2 | 2262 |

资料来源：广东省古树名木普查。

可见，广东古树名木具有分布广泛、种类丰富、一级、二级古树比例较大、保护利用价值较高、古树种类和分布与乡村社会历史文化关系密切等特点，同时也存在历史、文化、科学研究价值挖掘不够，保护利用率不高，珍稀的古树和古树群需要抢救性养护等问题。广东古树名木保护利用、生态文化挖掘任重而道远。

# 三、古树名木资源应用典型案例

近年来，我们两支广州市乡村振兴"百团千人科技下乡"专家团队——

"乡村历史文化资源挖掘""乡村景观旅游规划"团队，结合专业特色，开展"挖掘生态文化，记住美丽乡愁"系列活动，走访广东各地调研，推出系列推文，助力当地乡村振兴。

案例一：韶关市仁化县丹霞街道麻塘村。

麻塘村是一个具有悠久历史、深厚底蕴的古老乡村，拥有 2 个古樟树群，列入保护古树名木的古樟树有 90 多株，是仁化县古树分布最集中的村落，古色、古香、古树俱全，是一个名副其实的古树乡村。

麻塘村古樟树群树龄平均约为 115 年，树高平均 15 米，胸围平均 293.4 厘米。其中，古树树龄最大的已有 280 多年。在"绿美古树"乡村建设的运动中，村民们深刻认识到：建设古树公园，既能保护村落内的古樟树，更能充分展示当地生态文明建设的成果。该村严格按照生态环境的可承载量进行科学的规划与建设，认真践行习总书记"绿水青山就是金山银山"的发展理念，通过对乡村生态环境和社会环境的治理改造，投资建设了一批高质量的休闲旅游康养设施和项目，构建了和谐的人居自然生态关系，极大地提升了当地居民的社会生态环境。

案例二：开平市马冈镇北湖村。

开平市马冈镇北湖村古树资源非常丰富，拥有成片三级保护古树落，总面积达到 0.5 公顷，以荔枝、桂木、龙眼和榕树为主，共有古树 18 株（其中荔枝 9 株、桂木 3 株、龙眼 2 株、榕树 4 株），平均树龄高度胸围分别达到 160 年、8.67 米和 191.7 厘米。

开平市马冈镇北湖村有着悠久的历史，其古迹文物保存良好，现存最早的古建筑光正楼始建于 1923 年，现在看起来也依然巍然屹立、流光溢彩。光正楼，在历史长河中一直都是开平碉楼的典型代表之一，也是被评为"中国第 35 处世界遗产"的开平碉楼群的重要组成部分。开平碉楼群与当地古树、古村落相结合，成为当地历史人文价值的最好体现，其丰富的历史文化资源和生态古树资源促进了地区旅游和乡村经济，也为生态环境的良好发展注入了新的活力。

开平市马冈镇北湖村整合了当地的优势，将历史建筑、文化资源和古树名木资源集合打造成具有鲜明地方特色的古树公园，蕴含诗意乡情，浓厚生态、历史文化和休闲旅游特色，在美化了乡村环境的基础上更是极大地促进了北湖村乡村经济的发展，现在的北湖村正朝着宜居村落的目标不断加大建设的力度，在 2019 年获得了"广东十大魅力古树乡村"称号，声誉日隆，游客纷至沓来。目前，旅游观光产业已然成为北湖村乡村经济发展的重要推手。

案例三：东莞茶山镇牛过蓢村。

牛过蓢村的村民对古树的保护向来十分重视，因此该村面积约 2 万平方米的古树群保护完好，树龄在 100 年以上的便有 30 余棵，其中一棵高山榕树树龄甚至达到 770 年。百年古树群与人居环境如此贴近，也说明了在尊重大自然的前提下，森林是可以与人类共生共存的。绿美古树乡村的建设使当地丰富的古树资源和深厚的乡村文化有了更加深入的结合，当地政府部门因地制宜，充分利用古树资源开展宣传教育，在视觉、听觉、嗅觉、触觉上让人能回归自然，感受自然，接受自然教育，提升了村民对古树名木生态资源保护和利用的意识。现在的牛过蓢村在村委党委的领导下，将古树名木景观自然资源和乡村经济资源结合，通过绿美乡村建设活动，引入生态观光、农耕体验和科普宣教的休闲农业旅游，取得了乡村振兴建设的实际成果。

透过诸多的案例，我们可以发现，通过对古树名木等生态资源的保护性开发，在维护生物多样性的前提下进行历史文化遗产挖掘，传承乡村文明、发展乡村旅游，打造乡村振兴具有重要的意义。引导人们加强对古树名木及其历史文化底蕴的认识，激发保护古树名木生态资源的意识，合理发掘独特区域文化传统和生活方式，形成乡村振兴的内在动力和建设美丽乡村的内驱力，才能更进一步讲好中国文化故事，打造中国特色的绿美乡村。

## 四、挖掘古树名木生态价值促进绿美乡村建设的思路与途径

自然界历经千百年的古树具有极为旺盛的生命力，是生机勃勃的生物体系中的赢家，显示出环境的适应性和增加了生态多样性，健康和富于活力的生态世界是经济增长的支撑性条件，也是一个区域经济可持续发展的不可或缺的基础和人民安居乐业的生态基础环境。古树名木不仅促进空气质量的改善，其舒展的浓荫也为我们提供了夏天避暑的纳凉之所，也成为街坊邻居闲聊和村头文化活动的最佳搭档。所以古树名木的利用应该遵循生态环境和社

会经济发展平衡协调的原则，将商品流、服务流和生物流结合起来，打造乡村振兴可持续发展的格局。

## （一）复壮古树名木，展示其绿美功能

第一，通过松培土技术，防止土壤板结，深耕古树名木周围土壤，利用种植土和客土相结合来改善其根系周围土壤营养环境，完全覆盖所有根系，避免有其他支系根系裸露。

第二，由于古树经历长时间的自然环境，其树木枝干和树叶留下了自然痕迹，树枝修剪和复壮技术应该充分应用，对枯枝、老枝、病枝不能一次性剪掉，要根据其生长和更新能力逐步修剪，加强土壤养分和肥水管理，促进树枝和树冠再次生长，形成浓郁的树冠和漂亮的树形。

第三，自然生物世界充满生物多样性，古树名木的天敌不仅仅是自然灾害，也有病虫害，在改善其生态和营养环境的基础上，通过各种手段来防止病虫害，安装避雷设施，加固树干填充树洞穴，及时清理病支。

第四，运用合理的树木营养管理技术，在古树名木的周围填埋一定量的土肥，一段时间浇灌合理数量的水肥，在干旱季节，要及时补充浇水。

## （二）数字化古树资源，发挥其历史文化价值

首先，建立古树名木数字化资源档案。通过将古树名木的各项地理和生态指标进行数字化建档，相当于给每一株珍贵的古树名木建立了数字化身份证，可以采用专业的档案管理技术，为古树名木资源进行动态和精准的管理奠定了基础。

其次，开发古树名木 APP，可以从 APP 中找到游览路线，古树名木的各种文化传说，游客可以在 APP 平台上传各种照片和动态变化的资料，有助于做好古树名木英语环境等健康因素监测和数据调查，为制定合理的古树名木健康和保护策略提供依据。

## （三）挖掘古树名木资源，发挥生态文化价值

### 1. 传承历史文化

每一棵古树名木后面都有历史文化的印记，挖掘古树名木后面的历史文

化内涵，编辑乡村古树名木的历史传说和故事。通过实地考察和走访村民的口述史，收集当地古树名木历史典故、民俗、传说，挖掘独特的乡村地域特色的古树名木文化，和古树名木 APP 结合，开展古树名木旅游和新媒体报道，促进历史文化的传承和乡村经济的发展。

**2. 保护性开发**

在绿美乡村的整体战略高度和格局中，对村庄的古树名木进行保护性开发，既要尊重生态环境，从古树名木保护出发，同时兼顾社会环境，道路和建筑农田等整合形成高效率的宜居环境。在乡村建设规划中，要预留古树名木的地理空间，周围建筑道路的规划和建设要对古树名木的历史文化精神空间充分尊重，形成和谐一致新与旧的物质和精神面貌，营造出独特地方地理和精神文化风貌，形成乡村经济和文化互相促进的可持续发展格局。

### （四）完善监管机制，可持续开发生态文化价值

**1. 完善监管体制**

可持续开发利用古树生态文化价值，是乡村振兴的重要内容。必须完善古树名木的保护制度、保护法规和保护方法，鼓励多渠道筹措资金进行古树名木的保护和开发，根据地方地理和文化特点采取灵活方式保护开发古树名木，通过新媒体鼓励群众参与到古树名木的保护和开发过程中。

（1）落实古树名木管理的行政部门责任，细化和落实管理的体制和规则；

（2）明确古树名木保护范围，实行分级管理。国家保护一级古树名木，区级保护或镇级保护二级古树名木；

（3）保障古树名木保护资金，旅游区的古树名木可以由旅游收入开支，没有收入来源和归属的古树名木由地方政府负责；

（4）建立古树名木安全监管体系，保证古树名木的存活和健康生长。

**2. 构建科学合理的评价体系**

建立科学的古树名木价值评估体系，通过科学合理的古树名木的评价流程，通过认定的古树名木，按照其等级区分，给予相应的保护和日常维护，制订合理开发计划。

### 3. 多方筹措维护资金

一级、二级古树名木由国家政府或者乡镇政府补贴外，还应该动员社会经济力量参与到古树名木的开发和保护中，在旅游名胜历史区域，应该从旅游收入中提取适当费用专款开支古树名木维护。

### 4. 强化保护控制

（1）发动群众自媒体监督；

（2）设立保护监督管理员；

（3）建立动态保护监测体系。

### 5. 培养乡镇向导

利用乡镇文化旅游向导制度，把深谙当地古树名木生态特征和文化历史的人员组成培训成为当地古树名木文化旅游向导，给慕名前来的游客提供专业的乡镇文化咨询向导服务，详细地讲解和宣传乡村历史文化经济发展成就，引导普通公众参与到古树名木的保护工作，为外部经济文化资源和乡村经济文化互动发展提供链接的途径。

古树名木是宝贵自然生态资源之一，我们应该珍惜和保护好它们，通过挖掘古树文化，建设绿美乡村让古树名木继续美化我们的生存环境，不断丰富我们的精神家园。

## 参考文献

［1］Jim C Y, Zhang H. Defect – disorder and risk assessment of heritage trees in urban Hong Kong ［J］. Urban Forestry & Urban Greening, 2013, 12 (4)：585 – 596.

［2］Lindenmayer D B, Laurance W F, Franklin J F. Global decline in large old trees ［J］. Science, 2012, 338 (7)：1305 – 1306.

［3］Ridbäck U, Vike E, Dietzeschirdewahn A. A battle of values：a case study of a blacklisted heritage tree represented by European silver Fir Abies alba Mill. In a protected landscape in Norway ［J］. Arboricultural Journal, 2018, 40 (5)：1 – 14.

［4］郑涛, 张林. 洛阳市城区古树名木保护管理现状分析与思考 ［J］. 现代园艺, 2016 (6)：154 – 155.

［5］Jim C Y. Formulaic expert method to integrate evaluation and valuation of heritage trees in compact city ［J］. Environmental Monitoring and Assessment, 2006, 116 (1 – 3)：53 – 80.

［6］Mohamad R S, Bteich M R, Cardone G, et al. Economic analysis in organic olive farms: the case of the ancient olive trees in the rural parkland in Apulia ［J］. New Medit, 2013, 12 (4): 55 - 61.

［7］寇建良. 福州城区古树名木旅游资源综合评价与旅游产品策划 ［D］. 福州: 福建师范大学, 2009.

［8］董冬, 周志翔, 何云核, 等. 基于游客支付意愿的古树名木资源保护经济价值评估——以安徽省九华山风景区为例 ［J］. 长江流域资源与环境, 2011, 20 (11): 1334 - 1340.

［9］李记, 徐爱俊. 古树名木旅游最优路线设计与实现 ［J］. 浙江农林大学学报, 2018, 35 (1): 153 - 160.

［10］Pandya I Y. Estimation of carbon storage in Mitragyna parviflora heritage tree species of Purna Wildlife Sanctuary of Dangs District of Vibrant Gujrat ［J］. Indian Journal of Scientific Research, 2012, 2 (1): 77 - 79.

［11］马龙波. 开发建设项目占用林地价值损失计量与恢复效益研究 ［D］. 北京: 北京林业大学, 2013.

［12］王碧云, 修新田, 兰思仁. 古树名木文化价值货币化评估 ［J］. 林业经济问题, 2016, 36 (6): 565 - 570.

［13］安迪, 孙亚平. 古树名木价值评价指标体系初探 ［J］. 安装, 2015 (11): 63 - 64.

［14］首都园林绿化政务网. 见证古都——北海团城白袍将军和遮荫侯 ［EB/OL］. http: //www. bjyl. gov. cn/ztxx/jzgd/jzbjls/201510/t20151013_ 164609. html, 2015 - 10 - 13/ 2018/03 - 10.

［15］Rico T. Are trees rooting for us? The heritage of greening in Qatar ［J］. Culture Agriculture Food & Environment, 2017, 39 (2): 72 - 79.

［16］崔峰, 丁风芹, 何杨, 等. 城市公园游憩资源非使用价值评估——以南京市玄武湖公园为例 ［J］. 资源科学, 2012, 34 (10): 1988 - 1996.

［17］北京市园林科学研究所. 公园古树名木 ［M］. 北京: 中国建筑工业出版社, 2012.

［18］陈秋菊, 郭盛才, 陈盼. 广东省古树名木资源现状及分布研究 ［J］. 林业调查规划, 2019, 44 (5): 172 - 175 + 180.

# 第十九章

# 瓮安县岚关乡"生态扶贫"
# 与"茶旅融合"发展探讨

周　宇　杨再林

（贵州省林业学校）

　　瓮安县岚关乡地处该县南部，距县城 23 公里，东接黄平县，西抵平定营镇，南邻福泉市，北连永和镇，总面积 119 平方公里，辖 3 个行政村 58 个村民组 4585 户 16093 人。

　　岚关乡平均海拔 1270 米，平均气温 12.5℃，无霜期 270 天，年降雨量 1119.8 毫米，属高原冷凉型气候。岚关乡域内有耕地面积 50573.8 亩（田 24133.5 亩、土 26440.3 亩）、森林面积 7547.93 公顷，森林覆盖率 68.4%，域内有朱家山国家级森林公园；截至 2020 年底建有茶园面积 3.4 万亩，采摘面积 3.22 万亩。

　　岚关乡原有一个省级二类贫困村（章阁村），已于 2016 年出列。2017 年，根据上级统一安排，该乡随全省共同启动了"脱贫攻坚"工作，至 2018 年通过国家级"脱贫攻坚"工作"第三方验收"，该乡实现了"脱贫攻坚"顺利出列。在岚关乡进行"脱贫攻坚"工作的过程中，该乡的"生态扶贫"与"茶旅融合"工作起到了重要作用，本章即以此为案。

## 一、"生态扶贫"与"茶旅融合"的内涵

　　生态扶贫是指在绿色发展理念指导下，将精准扶贫与生态保护有机结合起来，统筹经济效益、社会效益、生态效益，以实现贫困地区可持续发展为导向的一种绿色扶贫理念和方式。[1]

党的十八大以来，国家发布多项生态扶贫政策文件。2018年1月，国家发展改革委、国家林业局、财政部、水利部、农业部、国务院扶贫办六部门印发共同制定的《生态扶贫工作方案》提出，到2020年，贫困人口通过参与生态保护、生态修复工程、建设和发展生态产业，收入水平明显提升，生产生活条件明显改善。

在《生态扶贫工作方案》中关于"发展生态旅游业"提出了："健全生态旅游开发与生态资源保护衔接机制，加大生态旅游扶贫的指导和扶持力度……积极打造多元化的生态旅游产品，推进生态与旅游、教育、文化、康养等产业深度融合，大力发展生态旅游体验、生态科考、生态康养等，倡导智慧旅游、低碳旅游。引导贫困人口由分散的个体经营向规模化经营发展，为贫困人口兴办森林（草原）人家、从事土特产销售和运输提供便利服务。扩大与旅游相关的种植业、养殖业和手工业发展，促进贫困人口脱贫增收。"

结合《生态扶贫工作方案》的阐述，可以看出"茶旅融合"的内涵是依托当地茶产业资源及旅游设施等基础条件，开发多元化的生态旅游产品，使茶产业与旅游及其他产业深度融合共同发展的事业。

## 二、岚关乡"生态扶贫"与"茶旅融合"发展条件分析

### （一）岚关乡拥有良好的生态环境资源本底，为该乡开展"生态扶贫"与"茶旅融合"发展打下了坚实生态基础

岚关乡历来有重视生态建设、爱护生态环境的传统。该乡在历届乡党委、政府的领导下，积极对全乡国土进行绿化美化，目前全乡拥有森林面积7547.93公顷，森林覆盖率68.4%，乡域内还有占地4888.2公顷的朱家山国家级森林公园。据不完全统计：全乡木本植物有78科、152属、316种，占我国木本植物959属的15.8%；药材有73科116属128种；蕨类植物16科、26属、45种。[2]

丰富的自然资源储备，良好的生态环境资源本底，为该乡把"绿水青山"转变成"金山银山"打下了坚实的生态基础；为该乡能生产出吸引八方

来客的优质茶产品打下了坚实的生态基础；为该乡的"生态扶贫"与"茶旅融合"发展打下了坚实的生态基础。

## （二）岚关乡拥有良好的茶产业资源及其他产业本底，为该乡开展"生态扶贫"与"茶旅融合"共同发展打下了良好物质基础

岚关乡自20世纪70年代开始进行茶叶栽培，持续几十年下来，该乡目前已有茶园面积3.4万亩，采摘面积3.22万亩，有各类茶叶栽培大户、茶叶栽培、加工企业近20家，其中有省级龙头企业2家，县级龙头企业1家；各类专业合作社11个，能生产白茶、绿茶、毛尖等多个品种的茶产品，2021年茶叶年产值1.1亿元，每年为当地及外来务工者提供季节性及长期性务工岗位上万个。

岚关乡近年来除持续推动茶产业的发展外，还招商引资建设的新兴产业有300亩灵芝基地1个；200亩中药材种植基地2个；刺梨种植3000亩，1000亩核桃种植基地1个，大型养殖企业1家，年出栏生猪10000头。

这一切产业资源尤其是茶产业资源本底为该乡开展"生态扶贫"与"茶旅融合"发展打下了良好物质基础。

## （三）岚关乡近年来结合扶贫等工作大力开展道路等基础设施建设，为该乡"生态扶贫"与"茶旅融合"发展提供了更好条件

岚关乡在近年结合"美丽乡村建设""人饮工程改造""组组通"等工程，尤其是开展脱贫攻坚工作以来，加大了对全乡道路等基础设施的建设力度。

2018年，自县城至乡政府的双向六车道"云岚大道"建成通车，极大地改善了岚关乡至县城的交通条件，缩短了交通时间，使原来从岚关乡至县城的交通时间由需约1小时减至约30分钟。截至2019年初，岚关乡新建"组组通"道路82公里，实现乡内所有村民组均通水泥路。新建32个人饮工程，发放水管14千米，保护水源点62个，全乡安全饮水实现全覆盖。协调供电部门升级改造14个供电台区，确保家家户户通电。广电光纤入户在全乡三个村全面铺开，已安装1000余户，移动通信实现全覆盖。住房改造1461户，庭院硬化1329户，安装路灯1076盏，极大地改善了群众居住环境。投入资

金 150 余万元，新建章阁村村级活动场所，对茶海、岚关两个村级活动场所进行升级改造，进一步提升了村级组织服务群众能力。配备垃圾桶 100 个，垃圾箱 66 个，垃圾清运车 2 辆。建有村卫生室 7 个，所有村卫生室目前均运行正常，基本能满足群众就医。

基础设施的改善提升了当地人民的生活水平，既促进了该乡"生态扶贫"事业的发展，同时对该乡"茶旅融合"事业的发展也提供了坚强基础保障。

## 三、岚关乡"生态扶贫"与"茶旅融合"发展关系现状分析

### （一）"生态扶贫"在促进"茶旅融合"向更好、更快发展

根据前述对岚关乡近年来依托各种项目及"脱贫攻坚"工作对全乡各种基础设施建设完善的介绍，可以看出该乡的"茶旅融合"工作比过去有了愈加坚固的基础，"生态扶贫"工作在促进着"茶旅融合"向更好、更快的方向发展。

### （二）"生态扶贫"对"茶旅融合"的推动效果近期体现尚不明显

虽然岚关乡近年来依托各种项目及"脱贫攻坚"工作对该乡各种基础设施建设力度不断加大，基础设施建设的短板也正在逐渐弥补缩短，"生态扶贫"工作在促进着"茶旅融合"向更好、更快的方向发展，如随着"云岚大道"的开通，县城及周边地区的游客到岚关乡游玩的人数逐年增加；但"茶旅融合"是一个漫长的过程，且需要的要素条件不仅限于基础设施建设的完善，（另近年疫情因素也有一定影响）所以"生态扶贫"对"茶旅融合"的推动效果近期体现尚不明显。

### （三）"茶旅融合"对"生态扶贫"反哺推动作用尚不明显

由于目前"生态扶贫"对"茶旅融合"的推动效果近期体现尚不明显，

所以该乡部分群众虽有参与"茶旅融合"的愿望，但进入具体实施的不多，"茶旅融合"对"生态扶贫"反哺推动作用尚不明显。

# 四、岚关乡"生态扶贫"与"茶旅融合"今后共同发展方向

## （一）依托"生态扶贫"等项目全面补齐"茶旅融合"基础设施硬件短板

岚关乡目前的茶园和茶叶生产企业主要为生产型茶园和茶叶加工厂，基本达不到进行"茶旅融合"的标准；开展"茶旅融合"所需观光游步道、厕所、垃圾池等设施还有不足，园区信息化建设薄弱，作为旅游开发必备的食宿配套条件还需加强，茶叶的栽培养护加工流程还需提升精细化、科技化管理水平。

因此，该乡今后仍需依托"生态扶贫"等项目继续全面补齐"茶旅融合"基础设施硬件短板：对核心区茶园进行景观式打造，建设部分精品体验式茶叶采摘示范园，对现有生产型茶叶加工厂改造升级为标准化观光型茶厂，建一定数量茶雕塑、茶迷宫等小型景观，建设游步道、公厕、垃圾池等公共设施，树立各类指示牌，推广有害生物绿色防控技术，建设信息化平台，建立一定数量的标准化农家旅社、农家乐饭庄；从而使该乡能更好地进行"茶旅融合"建设。

## （二）大力提升该乡"茶旅融合"的软实力

目前岚关乡推进"茶旅融合"的基础设施建设已达一定水平，而大力提升该乡"茶旅融合"的软实力则显得更加重要，这主要包括两方面：

### 1. 软件提升

主要包括培训当地全职网站管理、维护技术人员，培训网络使用技术能手，培训标准化农家旅社、农家乐饭庄管理服务人员，培训茶业技术骨干和现代茶农，取得茶叶无公害产地认证，围绕当地茶产业资源延伸产业链，开发乡土特色产品并注册商标，与知名旅游企业建立长期合作关系。

**2. 外宣开发**

主要包括利用央视等知名公共媒体平台公益频道投放本地"茶旅融合"宣传广告，利用 QQ、微信等网络社交平台发布本地"茶旅融合"导游推广信息，在知名旅游网站发布本地"茶旅融合"导游推广信息，在各大著名城市大型商住区投放本地"茶旅融合"导游推广信息，积极参与本省本地区乃至全国举办的各型"交易会""发布会""博览会""邀请赛"等文体商活动发布本地"茶旅融合"导游推广信息。总之，抓住一切可能的渠道、可行的机会大力向外界进行本地的对外宣传。

# 五、结论与讨论

## （一）结论

第一，瓮安县岚关乡具有进行"生态扶贫"与"茶旅融合"的良好产业资源条件与物质基础，全乡进行"茶旅融合"的前景广阔；

第二，岚关乡通过近年来依托各种项目及"脱贫攻坚"工作对全乡各种基础设施建设进行了完善，使该乡的"茶旅融合"工作比过去有了愈加坚实的基础；

第三，虽然岚关乡近年来各种基础设施建设有了巨大改善，但对该乡的"茶旅融合"工作促进作用不明显；

第四，岚关乡的"茶旅融合"发展还需对软实力大力加强；

第五，"茶旅融合"的发展不仅应依托"生态扶贫"提供的完善的基础设施建设，同时也要求软实力的相应提升。

## （二）讨论

第一，"生态扶贫"不仅应是对当地自然资源的低端开发利用，如何将其更好地引入到"茶旅融合"等较高端产业中来，更加科学合理完善充分的开发利用，是个值得政府、学术机构、企业等多方面深入研究的问题；

第二，"茶旅融合"在拥有了良好的自然资源、产业资源和基础设施条件后，"软实力"的完善与提升尤为重要，没有相应的"软实力"，"茶旅融合"也不可能有大的发展。

第三,"软实力"的完善方法多种多样,如何"使巧劲"弯道超车提升软实力是对当地政府、学术机构、企业等多方面智慧的考验。

## 参考文献

[1] 曾贤刚. 生态扶贫:实现脱贫攻坚与生态文明建设"双赢"[N]. 光明日报, 2020 – 9 – 29(7).

[2] 肖忠武. 朱家山森林资源及开发前景[J]. 黔南民族师专学报(哲社版), 1994(4):44 – 45.

# 第二十章

# 论生态补偿机制中的生态扶贫作用

李春艳　梁　烜

（云南省林业高级技工学校）

近些年以来，生态扶贫的重要实践举措已经得到各个地区重视，现有的生态扶贫运行保障体系机制也在日趋合理化。生态扶贫的宗旨目的应当体现在保护良好自然生态环境，在维持与保护自然生态环境的前提下扶持当地贫困群体达到脱贫致富效果，积极探索适宜贫困地区的生态产业模式。由此能够判断得出，生态扶贫的重要实践手段必须要全面融入贯穿于生态补偿机制的推进落实过程，切实维护与保障贫困户的合法经济利益，鼓励贫困群体运用生态补偿的全新思路方法来获得预期经济收益。

## 一、生态补偿机制的基本含义与特征

生态补偿机制属于环境经济政策，生态补偿机制的基本含义在于构建和谐的人类与自然界共存关系，对于各个区域的良好环境生态状况进行长期的保持维护，结合市场化与行政化的措施手段来平衡相关方的预期可得经济利益，进而达到督促与激励相关主体维护保持良好自然环境生态的效果[1]。因此从本质来讲，生态补偿机制旨在准确全面计算生态环保成本、生态系统的服务价值、发展机会成本以及物质资源的消耗使用成本，构建生态补偿参与方之间的利益平衡体系机制框架。在此基础上，行政管理部门必须要适度运用市场调控以及行政调节的措施与方法，并且结合物质激励手段来督促利益相关方保护自然生态环境，切实防范生态环境遭到人为破坏的安全隐患因素[2]。

在目前实施的自然环境生态保护实践视野下，污染者付费以及生态补偿机制共同构成了维护保持良好环境生态的重要机制支撑。作为生态补偿的受益者需要运用积极措施来维护良好生态环境，切实防止存在破坏与毁损自然环境的不良行为现象。环境受益者以及环境破坏者都必须要偿付相应的资源成本，以此来弥补自然生态体系的消耗与破坏，通过引进与介入行政干预手段的措施方法来实现最大化的生态保护综合效益。

## 二、生态补偿机制运用于生态扶贫的实例

### （一）"青山合作伙伴计划"

中华环境保护基金会环保民间组织资助广南县生态扶贫芒果种植项目属于青山公益项目，根据青山公益项目的要求，指引当地农户以合作种植、分散种植、庭院经济的方式开展芒果种植。项目共种植 21848 株金煌芒果苗，预计 2023 年开始挂果，2026 年进入盛果期。盛果期年产鲜芒果 800 吨以上，按目前市场价 3000 元/吨，年收入 240 万元。

### （二）云南省杨善洲绿化基金会怒江州贡山县腊咱村特困户扶贫示范项目

项目总投资 45 万元，主要扶持和帮助国家层面的深度贫困地区"三区三州"的怒江州贡山独龙族怒族自治县腊咱村发展生态产业。通过"发展生产脱贫一批"种植草果让当地老百姓有稳定的经济收入，从而实现精准脱贫，走上长期富裕的道路。林下草果种植业，先期计划带动 25 户的农户，积极推进脱贫攻坚建设。荒山空地种植旱冬瓜等草果遮荫树 8 万多株、种植草果 1000 亩、养殖土鸡 1250 只。

## 三、生态扶贫对于生态补偿机制的实践作用意义

首先是保护良好的自然环境生态状况。自然生态环境一旦遭到了过度破坏，那么意味着人类正常的发展生存过程将会受到明显干扰。从长期性的角

度来讲，过度透支生态资源以及毁坏自然环境的做法不利于经济进步发展，进而导致了程度比较显著的负面影响[3]。由此可见，保护自然生态环境的举措有益于人类共同利益得以实现，客观上体现了生态补偿机制的价值与作用。生态扶贫模式旨在运用生态友好的方式来创造经济效益，引导与带领贫困户创新脱贫思路方法。

其次是创新扶贫政策的推行实施思路。在传统的脱贫致富模式下，很多地区的贫困户都会选择过度消耗以及透支自然生态资源的做法来达到尽快脱贫目标。然而实际上，过度使用与消耗自然生态资源的方式将会导致可用自然资源快速枯竭，对于后续的地域经济发展将会形成明显阻碍作用[4]。与之相比，建立在生态扶贫宗旨原则基础上的全新扶贫模式更加有助于区域贫困人口实现最佳脱贫效果，同时还能防止表现为过度破坏自然环境的不良后果。

最后是合理规划使用地域生态资源。自然生态资源属于非常宝贵的经济发展资源，贫困地区目前在深入推进与落实生态补偿机制的前提下，应当能够致力于发掘宝贵的自然环境资源，并且运用环境生态友好的方式来带动实现脱贫致富。生态扶贫模式的侧重点应当体现在科学利用与规划地域生态资源，充分保证有限的地域生态环境资源能获得最大程度上的优化使用，积极探索可循环以及可再生的全新生态资源补偿与运用方式[5]。

# 四、生态补偿机制中的生态扶贫作用实现方式

生态扶贫的基本特征就是紧密结合区域经济发展、生态资源利用、生态环境保护以及扶贫开发工作，旨在运用科学的思路手段来转化生态资源，积极引进绿色化的可持续脱贫致富模式。目前各个地区在全面探索生态扶贫以及生态补偿模式的实践中，相关部门应当侧重于以下的改进优化措施。

## （一）健全生态扶贫与生态补偿的体系机制

生态环境的全面修复保护工作以及脱贫致富工作之间并非相互矛盾的，而是应当紧密结合成为整体。作为贫困地区的当地产业部门以及行政管理部门必须要正确认识生态扶贫以及生态补偿体系机制完善的必要性，进而运用合理科学的手段来扶持绿色扶贫模式的普及推广，热情鼓励与支持贫困群体

实现自身的致富脱贫目标[6]。为了实现以上的绿色脱贫良好工作实施成效，那么最关键的思路对策就是要健全机制体系，依靠全新的生态补偿机制来支撑各个层面工作举措的顺利开展。

农业生产者对于实时性的产品市场信息变化情况能做到准确了解，有效杜绝农产品销售与生产环节中的信息不对等。全新农业生产管理措施与手段如果要成功得到普及运用，关键前提就是农业经济管理部门以及农业生产人员具备经济管理意识，正确理解农业生产管理领域的经济学基本思路。对于机械化的新农机设施在全面引进农业生产的前提下，农业生产管理部门要鼓励农业生产者积极引进农业机械设施，依靠农业机械化的全新技术平台来支撑农业生产，节约农业机械化生产中的基础设施资源。农业管理部门针对农业机械化设施必须要增加经济投入，提供农业机械化生产运行过程中的资源支撑。农业经济管理模式如果要全面融入到现代农业生产运行，最根本的就是要转变农业经济管理手段，依靠现代智能化手段用于支撑农业经济管理，从而做到深入推进农业生态补偿体系的完善。

各个地区的产业发展部门应当摒弃过度开采自然生态资源的行为，切实转变产业部门的传统脱贫思路与认识。生态补偿机制包含了多个层面的具体制度内涵，因此决定了产业部门必须要致力于创新脱贫发展思路，运用生态友好的全新模式来看待脱贫攻坚任务，并且积极探索有益于保护自然生态环境的最佳脱贫致富模式。当地产业部门应当能够紧密结合特色化的地域生态环境资源，培育绿色化的地域产业发展全新模式[7]。

农村主管部门有必要通过构建示范产业园区等方式来指导村民接受现代农业生产手段与技术，将全新农业技术转变为农村生产力。农村社会经济包含了多个层面的经济创新发展举措实施要点，农村主管部门针对农村社会经济必须要着眼于提供资源扶持与保障。农村经济发展赖以实现的基础设施体系应当逐步得到优化与健全，从而为农村经济发展提供最关键的基础设施与物质保障，运用多种渠道与方法来筹集经济社会创新发展的资源。现阶段的农村各个地区都在致力于特色化产业培育与发展，依靠农村特色化产业来扶持与带动农村经济效益的提升，确保村民能够达到共同致富的宗旨目的。培育与扶持农村当地特色化产业的举措在根本上吻合了城镇化高质量建设的思路，因此值得受到农村经济主管部门的重视。

## （二）综合运用经济激励以及行政干预的手段措施

行政干预手段属于必不可少的生态扶贫以及生态补偿措施，现阶段的生态补偿机制只有依靠行政干预手段才能得以推行，因此无法简单凭借市场运行规律来实现最大化的生态补偿效益[8]。与此同时，各地的产业发展部门目前也要善于运用更加灵活与多元化的经济激励手段，对于贫困户发放适当的经济物质激励，鼓励贫困户创新运用现有的脱贫致富思路与方法，避免贫困户运用过度消耗自然资源的方式来达到脱贫目的。

例如，林药间作如果要确保达到稳健发展的水准与程度，则不可缺少种植经济运行发展必需的基础设施体系支撑。产业部门针对农业扶贫经济模式创新发展必需的基础设施体系应当予以尽快建立，驱动与促进当地种植产业实现综合性与全方位的发展。当地产业部门还要积极引导种植户融入到市场竞争环境中，依靠市场竞争机制来激发种植户的热情，倡导种植户主动接受全新产业发展思路。林药间作的现代种植技术手段如果要得以全面普及推广，则必须要充分依靠林药间作种植技术手段的支撑。当地产业部门目前亟待增强针对种植户的技术引导与示范工作推行力度，依靠现代化与智能化的种植技术手段来节约林药间作的资源成本，充分保证种植户能获得更好的林药间作经济利润效益。

行政干预手段以及经济调节措施应当能够控制在合理程度范围，防止由于过度实施行政干预的方法，进而导致贫困户失去创新运用脱贫技术手段的积极性。近些年以来，很多贫困地区的产业发展部门正在积极构建更大规模范围的产业示范园区，从而引导与带动当地贫困人口尽早实现自身致富目的。构建产业园区的重要实践举措在本质上符合了生态补偿机制的宗旨思路，因此值得受到当地产业发展部门的更多重视。

## （三）创新转变生态扶贫的思路方法

生态扶贫模式具有双赢性的显著特征，当地产业部门在积极修复与保护地域生态环境的同时，可以让当地贫困户获得真实的经济利润收益。近些年以来，在因地制宜的生态脱贫思路指导下，各个地区的产业发展部门以及贫困人口都已经充分认识到生态扶贫举措深入推行的价值作用，贫困户能够做到积极配合当地产业部门来探索绿色扶贫思路，摒弃了粗放式的生态资源开发使用模式。产业部门对于农业种植人员、林业技术人员以及养殖业技术人员都要给予相应经济补贴，引导并且鼓励当地技术人员创新运用生态扶贫的途径思路，创造与实现最佳的生态扶贫综合效益。

各个地区的龙头企业应当体现自身的引领与示范作用，积极参与到建设农业产业园区的过程中。农业产业园区应当配备齐全的农业生产现代化设施，运用产业示范园区与示范基地来吸引农业技术人员，依靠农业技术创新的手段来帮助农业技术人员获得良好经济效益，充分展现农业新技术与农业经营经济效益之间的联系。农业地区对于特色化的优势产业目前应当增加扶持力度，当地政府部门必须要重点扶持特色化的当地种植业以及养殖业，鼓励农业技术人员引进与学习全新技术手段。

除此以外，产业发展部门目前应当全面致力于培养新型产业技术人才，依靠信息化以及智能化的现代农业技术手段来吸引当地产业技术人才，确保达到提升当地贫困户技术实践素养的效果。农业技术人员必须要积极采纳与接受现代化的技术手段措施，善于运用网络信息化的平台来获知市场信息数据，以便于及时调整脱贫致富的实施路径方向。信息化的农业生产技术人才属于非常关键的生态扶贫人才，产业发展部门应当致力于拓展人才队伍规模。

# 结束语

经过分析可见，生态扶贫的各个层面具体实践工作如果要得到稳步实施与推行，那么不能缺少生态补偿机制的重要支撑保障因素。在目前的现状下，已经有很多贫困地区的行政管理部门正在着眼于积极尝试推行生态补偿模式，旨在杜绝过度消耗自然生态资源的不良现象与后果，创建人类与自然环境的良好和谐共生关系。行政管理部门有必要给予当地贫困人员适度经济激励与补偿，运用正确的手段方法来创建良好的生态效益与经济效益，避免将区域经济发展过程建立在损坏生态环境以及透支自然生态资源的基础上。

## 参考文献

［1］王平乐，白志杰. 建立和完善河北水土保持生态补偿机制研究——以京津冀区

域间水土保持生态补偿为例［J］．统计与管理，2020，36（5）：94－98.

［2］庞洁，靳乐山．湿地生态效益补偿机制研究：以鄱阳湖区为例［J］．生态与农村环境学报，2020（1）：60－64.

［3］郑密，吴忠军，侯玉霞．基于演化博弈的监测—约束—激励系统生态补偿机制研究——以旅游胜地漓江流域为例［J］．生态经济，2020，37（3）：161－170.

［4］卢名河，叶得明，杨婕妤．草原生态补偿机制下天祝县农牧民生计脆弱性评估［J］．国土与自然资源研究，2020（2）：34－38.

［5］虞伟．完善淳安特别生态功能区生态补偿机制的几点思考［J］．杭州，2020（4）：34－35.

［6］石磊，程泉民，方辉振．新安江流域生态补偿机制的试点历程、挑战及对策［J］．厦门特区党校学报，2020（1）：60－64.

［7］苟世霞．甘肃内陆河流域生态保护补偿机制的研究进展与建议［J］．甘肃科技，2019，37（4）：1－3.

［8］张思嘉．生态补偿机制中的生态扶贫作用分析［D］．呼和浩特：内蒙古大学，2019.

# 第五篇

## 产业扶贫与乡村振兴

| 第二十一章 |

# 关于抵边乡镇贫困家庭林业扶贫的探讨

## ——基于普洱市西盟县力所拉祜族乡王雅村驻村扶贫实践经验

谢忠利　张朴仙　唐　波　赵寿斌

（云南林业职业技术学院）

## 一、林业扶贫的意义

云南省国土面积为 39.41 万平方千米，其中山区面积占 94%，林地面积占 66%，林地资源是农民手中最重要的资源之一。林业产业作为生态扶贫、产业扶贫和脱贫攻坚战的重要组成部分，同时兼具生态效益、社会价值和经济价值，借助其可持续经营的优势，加以科学规划可以有效地帮助贫困家庭减贫脱贫，在生态文明建设和乡村振兴中尽显担当和作为[1-2]，实现绿水青山就是金山银山。受地理区位、交通、教育、医疗等基础设施的限制使得大多数年轻人选择外出务工，导致贫困山区劳动力流失，大面积的林地闲置无人经营管理，这为特殊贫困家庭发展林业产业提供了契机[3]。驻村以来，从林业工作者的角度来思考，结合各地林业产业发展的成功经验和当地的实际情况，在林业部门和帮扶单位的支持和关心下，因地制宜、合理有效地制定林业产业帮扶措施，实现从"输血"到"造血"的功能性改变，有助于边境地区贫困家庭稳定增收，为全面实现小康奠定了坚实的基础。

## 二、研究区域的概况

### （一）村情

云南省普洱市西盟县力所拉祜族乡王雅村位于云南省西南部边远山区，

距省会昆明 622 千米，国土面积 14.92 平方公里。全村共有 5 个村民小组，2 个橡胶队，1 个 69 茶厂，截至 2020 年底，全村人口 360 户 1066 人，其中建档立卡户 87 户 280 人，农村常住居民人均可支配收入 10555 元。由表 21 - 1 分析可得，建档立卡户受教育程度低，高中及以上教育的仅有 10 人，占贫困人数的 3.6%；初中学历的最多为 127 人占贫困人数的 45.4%；学龄前儿童有 73 人，占贫困人数的 26.1%。无劳动力的有 97 人，占贫困人数的 34.6%。从健康情况来看，患有大病的为 14 人，患有长期慢性病（主要是高血压和糖尿病）有 39 人，身体健康的有 219 人。

**表 21 - 1　　　　　　　　　建档立卡户家庭成员概况**

| 类别 | | 人数（人） | 占贫困人数百分比（%） |
|---|---|---|---|
| 文化程度 | 学龄前儿童 | 73 | 26.1 |
| | 文盲 | 21 | 7.5 |
| | 小学 | 127 | 45.4 |
| | 初中 | 49 | 17.5 |
| | 高中及以上 | 10 | 3.6 |
| 劳动力 | 无劳动力 | 97 | 34.6 |
| | 弱劳动 | 24 | 8.6 |
| | 普通劳动力 | 159 | 56.8 |
| 健康情况 | 残疾 | 21 | 7.5 |
| | 患有大病 | 14 | 5.0 |
| | 长期慢性病 | 39 | 13.9 |
| | 健康 | 219 | 78.2 |

资料来源：国家扶贫开发系统。

## （二）贫情

从整体情况分析，王雅村贫困家庭主要受当时社会发育程度低、文化程度低、基础设施薄弱、分群众内生动力不足、缺技术、缺资金等因素的影响致贫。其中因缺技术致贫占贫困人数比率最高，为 29.3%，其次 22.9% 群众因自身发动力不足而致贫，因缺资金致贫有 17 户 52 人，因缺乏劳动力而致贫的有 5 户 13 人，有 1.1% 的群众因缺地而致贫（见表 21 - 2）。截至 2019 年 12 月全村建档立卡贫困户 87 户 280 人，已全部脱贫，综合贫困发生率为 0。

表 21 – 2　　　　　　　　建档立卡户贫困的影响因子

| 类别 | 人数 | 占贫困人数百分比（%） |
|------|------|------|
| 缺技术 | 31 户 82 人 | 29.3 |
| 自身发展动力不足 | 26 户 64 人 | 22.9 |
| 缺资金 | 17 户 52 人 | 18.6 |
| 缺劳力 | 7 户 22 人 | 7.8 |
| 因病因残 | 5 户 13 人 | 4.6 |
| 缺土地 | 1 户 3 人 | 1.1 |

资料来源：国家扶贫开发系统。

# 三、王雅村发展林业经济的优势

## （一）自然条件优越

受孟加拉湾西南暖湿气流影响，王雅村属亚热带海洋性季风气候，海拔高差为 650~1100 米，立体气候明显，雨量充沛，年均降水量 2758.3 毫米，年平均气温 16℃ 左右，全年几乎无霜期。夏秋季节雨量高度集中，降水量占全年的 90.1%，全年可耕作，种植经济农作物优势明显。王雅村共有林地 22508.2 亩，其中人均橡胶林地面积为 14.4 亩，人均林地面积 5.8 亩，人均耕地面积为 1.4 亩（见表 21 – 3）。其中有 6226.2 亩的林地尚未投入经营管理，大片橡胶林地、茶叶地、坚果地林下也可以套种其他经济作物。优越的气候环境和良好立地质量为发展林下经济农作物奠定基础。

表 21 – 3　　　　　　　　建档立卡户人均土地资源概况

| 类别 | 总面积（亩） | 人均面积（亩） | 占国土面积百分比（%） |
|------|------|------|------|
| 林地 | 6226.2 | 5.8 | 27.8 |
| 耕地 | 1467 | 1.4 | 6.5 |
| 橡胶林 | 15000 | 14.4 | 67.0 |
| 茶叶地 | 439 | 0.4 | 2.0 |
| 坚果地 | 843 | 0.8 | 3.8 |

资料来源：国家扶贫开发系统。

## （二）林地经营成本低

王雅村属于边疆山区，交通、医疗、教育、基础设施相对薄弱，绝大多数青壮年选择外出务工。截至 2020 年统计，全村共有 361 人外出务工，使得多数林地无人经营，这降低了林地流转和租赁的成本，为贫困家庭发展现代林业产业创造了廉价租用林地的条件。

## （三）新型特色产业发展优势

王雅村是典型的佤族村寨，佤文化氛围浓厚。村内有百年高山古榕、连绵壮阔云海等自然景观，还有极具特色佤族稀饭、佤族烤肉和历史悠久的佤山酒文化，更有色泽艳丽的民族服饰，热情好客的村寨群众，随着沿边高速的建设，依托佤族文化习俗和区位特征开发建设旅游项目。此外，野生石斛、黄精、白及、苦楝子、麦冬等药用植物随处可见，具备种植中药材有天然的气候优势。菠萝蜜、牛油果、龙眼、香蕉、菠萝等热带水果均有分布，林下有优质的野生菌、野生蜂蜜等。全村被世界上最大的竹子—巨龙竹环抱，能为开发竹工艺品、竹产品提供充足的原材料。

## （四）林业扶贫政策优势

为贯彻落实兴业富民惠民政策，近年来，普洱市围绕"生态美"和"百姓富"的目标，落实惠林政策，开展生态林业减贫脱贫。自 2016 年以来，共选聘有劳动力的建档立卡贫困人口生态护林员 28305 人次，平均每人每年增收 9000 余元，带动约 2.8 万贫困家庭 12 万贫困人口稳定增收。2016～2019年在重点建设工程项目中 776895 名林农将获得的补助资金用于其他产业发展，48 万人从事林下经济经营行业，人均增收 3050 元。人不负青山，青山定不负人。普洱市认真贯彻落实建设生态文明"排头兵"的战略定位，立足山区优势，依托丰富的森林资源大力实施生态扶贫，念好"三字经"，唱活"林草戏"。2019 年全市实现林业总产值 323.19 亿元，同比增长 15.02%，林业生态产业已成为贫困群众减贫脱贫的"绿色银行"。

# 四、限制王雅村林业产业发展的因素

## (一) 历史条件

王雅村拥有丰富的森林资源,人均林地 21.2 亩,距中缅边境 30 公里,村内 94.3% 以上的村民为佤族,属直过民族。受地理区位、经济基础、文化习俗、历史等因素的影响,群众自身发动力、教育程度低、技术掌握相对滞后,高技能技术人员匮乏[4],导致王雅村群众生产生活条件较差,林地生产力低,产业发展能力弱,现代林业发展不充分。

## (二) 资金投入困难

林业产业发展的局限性就是投入大,见效慢,具有复杂性、阶段性和不确定性[5]。前期需要投入大量人力、物力、财力,短时间内无法获得经济效益,因而如果缺乏充足的资金持续支持,产业发展很可能难以启动,或者半途而废。林业产业发展周期长,短期内经济效益不明显对贫困家庭的收入贡献不突出,极有可能会因为眼前微薄的利益而舍弃未来可以带来持续收入的来源产业[6],传统思想观念的影响会对林业扶贫的相关工作开展带来一定困难。全村贫困家庭,人均可支配的收入在 5000~6999 元的 4 户,7000~8999 元的 23 户,9000~10999 元的 11 户,11000~12999 元的 15 户,13000~14999 元的 15 户,15000~16999 元的 5 户,17000~18999 元的 4 户,19000~20999 元的 4 户,21000~22999 元的 4 户,3 万元以上的 2 户。87 户中患大病和慢性病需长期开支医药费的有 21 户,因家庭经济来源单一,加上长期开支医疗费用,贫困家庭没有更多的资金投入林业生产上,形成恶性循环没有投入就没有收入,没有收入就没有投入,造成"守着绿色金碗没饭吃的"尴尬局面。

## (三) 专业技术人员匮乏

贫困山区因地理位置偏远,交通不便,待遇不高等原因,林业人才不愿意到基层从事产业开发工作,而贫困地区资金不足难以聘请到专业能力强的技术人才。林业技术推广体系建设不够完善、体制关系复杂造成基层技术人员自身素质及业务能力提升路径有限，技术推广的积极性得不到提升[7]，当地林业产业扶贫的教育程度也相当落后，大多来源于传统的经验积累。贫困家庭成员中受教育程度普遍偏低，初中及以下学历占比高达96.4%，自主学习能力差，又没有基层专业技术人员的指导，未能及时学习到林业产业扶贫成功案例，也就无法培养出以林业产业发家致富的典型。

### （四）自身发展动力不足

经过多年来的努力，贫困家庭的部分人员"等、靠、要"的思想基本得到解决，但因交通不便、信息不灵、文化程度低、用于生产的基础设施落后仍存在一些不勤不争、有活不干、有钱不赚、安于现状的贫困群众。

## 五、贫困家庭发展林业经济的对策

### （一）因地制宜地发展林下经济

开展林业扶贫的关键在于要根据当地特色，因地制宜、因人施策，精准扶贫。据西盟年鉴志记载，西盟县共有中药材399种，蕴藏量123万千克，丰富的药用资源为本土林下药用植物奠定基础，可与茶树、澳洲坚果、咖啡套种。王雅村现有尚未郁闭澳洲坚果843亩，林下可种植黄精、白及麦冬等中药材，可以在树干上种植普洱三宝中的石斛，澳洲坚果林下还能养殖蜜蜂。周边的林地可发展芒果、龙眼、菠萝蜜、香蕉等经济作物，大力发展林药、林果、林菌、林粮、林下土鸡等林下种养业，促进群众增收致富。

近年来，结合力所乡和王雅村的特点，因地制宜发展特色产业，促进贫困劳动力就近就业增收。一是发展林下魔芋种植。2017年，学校投入种子资金3万元，以村组干部带动建档立卡贫困户的"1带1"结对帮扶模式，试点发展橡胶林下种植魔芋项目11亩。2018年推广种植50亩，建立"企业—农村合作社—建档立卡户"利益联结模式，由企业与农村合作社签订协议，建档立卡户以劳务入股的方式，参与种植，该项目每户平均增收350元。二是发展林下土鸡养殖。驻村工作队员积极探索推广林下土鸡养殖，以农村合作社牵头，农户以劳务获资金方式入股，带动农户提升积极性，发展养殖产业。三是帮助引进"澳洲坚果提质增效技术推广项目"，实地举办技术培训班、赠阅技术资料、开展技术培训，教会林农管理的关键技术，为今后澳洲坚果早产、高产稳产打下坚实基础。通过项目将深入挖掘澳洲坚果果壳和果仁的其他利用价值，开发相应的产品，拉伸产业链，带动当地农户致富，真正使"绿水青山变成金山银山"。四是注重科研服务精准脱贫工作，先后开展 10 项精准脱贫研究项目，为学校扶贫点的精准脱贫奠定了坚实的基础。

## （二）鼓励社会资本进入扶贫工作

扶贫工作需要全社会的支持，多种产业协同发展，不能仅靠贫困户和合作社。要结合内外发展动力，可采取股份制、承包等多种经营手段，充分整合资源。鼓励群众以林地、补助资金入股，形成"公司＋基地＋合作社＋贫困户"的模式，公司提供技术和资金，并与合作社签订订单，贫困群众提供提供林地，公司优先指导具有劳力的贫困户开展产业生产，获得的利润再由公司返利给合作社，合作社又将利润返回给贫困户。将社会资本引入扶贫工作，既解决了投入资金难的问题，还能节约成本，贫困户也能增加收入，实现政府、企业、贫困户的互动。

学校于 2017 年帮扶王雅村注册成立西盟阿佤兴特色农业农民专业合作社和西盟王雅劳务服务农民专业合作社。西盟阿佤兴特色农业农民专业合作社，拥有国家注册商标一个——佤山林雅，主要经营王雅村生产的农特产品，包括蜂蜜、自烤酒、佤族服饰、土鸡等产品。在做好现有业务的同时，推进产业向纵深发展，培育有具地域特色的农产品品牌，增加附加值。抓好坚果、土鸡孵化等特色产业培育，形成规模经济，促进村集体经济发展，增加农户生产经营性收入。西盟王雅劳务服务农民专业合作社，主要开展劳务输出业务，对有劳动力的村民开展技术培训，帮助村民转移就业，承接相关工程建设施工，旨在提高村民发展产业的技术和就业创业能力，全面激发内生动力，保证农户工资性收入。

## （三）组建专业的林业服务团队

依托基层林业技术人员，组建专业的技术服务队伍，注重基层技术人员的培养增强专业技能，与林业院校和科研院所构建合作关系，借助专人才的力量，将产学研有机统一起来，找到适合当地发展的林业产业模式。利用好这支专业队伍解决林业生产中的重点难点，宣传惠农的相关政策和林业扶贫成功的案例，组织开展技能培训，增强林农减贫脱贫的信心。此外，林业部门制定相关的激励政策，鼓励林业院校优秀学生扎根基层，加入合作社，以提高合作社的整体素质。制定专业团队点对点的帮扶措施，提升产业发展的动力，增强形成产业链，达到精准扶贫。

## （四）扶贫与扶志相结合

扶贫先扶志，扶贫必扶志，坚持扶贫与扶志相结合。通过政策宣传，树立"勤劳致富光荣，坐等靠要可耻"的观念来激发贫困户的发展动力。主动帮扶，帮助贫困户解决实际问题，创新帮扶措施。挖掘一批敢于拼搏、踏实肯干的贫困户，培养林业脱贫典型，树立榜样。组织贫困户到外参观学习，加强技能培训，强化产业扶贫力度，慢慢改变"坐等靠要"的思想观念，增强脱贫的意识和决心。

学校深入开展教育扶贫，用爱教育、用心帮扶。2015～2019年对西盟县农村籍126名学生减免学费共计189万元，优先资助贫困家庭的大学生勤工俭学126人29万元。仅2019年专门针对西盟籍学生91人次，发放奖助学金54.99万元。学校始终把教育扶贫作为阻断贫困代际传递的"刀刃"，确保贫困家庭适龄学生不因贫失学辍学，结合贫困生实际，帮助他们摆脱贫困、实现人生理想。同时学校发挥优势，激发贫困群众脱贫致富的信心、决心和内生动力，引导组织西盟籍大学生回乡投身脱贫攻坚，与西盟县职中联合办学、开办乡村"夜校"、单独招生建档立卡户学生、扎实推进职业教育扶贫和各类专项招生工作等，助力西盟学子成长成才。

## 参考文献

［1］张祖海. 马关县林业生态扶贫攻坚的思路与策略［J］. 林业调查规划，2019，44（3）：67－71.

［2］关梓丞. 浅谈林业生态扶贫工作的思路与策略［J］. 内蒙古林业调查设计，2020，192（6）：70－72.

［3］吴健荣.关于农村贫困特殊家庭林业扶贫的探讨——基于文山州马关县南捞乡小麻栗坡村驻村扶贫实践经验［J］.内蒙古林业调查设计，2020，192（6）：67－69.

［4］李孟庭，李文志，孙琳慧，等.林业类高校绿色扶贫对策研究——以云南林职院云南西盟扶贫为例［J］.农业技术与装备，2020，364（4）：71－74.

［5］徐新洲.林业高校精准扶贫的困境及对策研究［J］.产业与科技论坛，2020，19（22）：246－248.

［6］丁梧桐.我国林业扶贫工作的主要问题及优化措施研究［J］.中国林业经济，2020，162（3）：54－56.

［7］孙梅霞.如何发挥基层林业技术人员在精准扶贫中的作用［J］.甘肃农业，2020，511（1）：66－67.

| 第二十二章 |

# 报京乡林业生态扶贫模式的探索与实践

雷三军　刘　雪　赵学丽

（贵州省林业学校）

林业特别是林业生态产业是生态文明建设的主体，具有生态、经济和社会多重效益。报京乡贯彻习近平生态文明建设思想，牢固树立和践行绿水青山就是金山银山的理念，把林业生态扶贫作为本地区扶贫工作的重要抓手。积极作为，通过实施森林管护、生态修复及林业生态产业发展等多方面的林业生态扶贫工程项目，成功探索出了适合本地区的林业生态扶贫的模式。

## 一、报京乡基本情况

报京乡地处位于贵州镇远县城东南部 39 公里，国土面积 68.9 平方公里。东临三穗县，南连剑河县，海拔 800 米，年平均气温 15.2 摄氏度，冬无严寒，夏无酷暑，气候宜人。由于自古交通闭塞，保留了较为古老的生活方式，有独特的侗语，独特的服饰和独特的侗族习惯。全乡辖 6 个村、32 个自然村寨、53 个村民小组。境内居住着侗族、苗族等少数民族。截至 2021 年，总人口 3113 户，10393 人，少数民族占总人口的 99.7%。全乡林地面积 6.9 万亩，森林覆盖率 54.2%。人均耕地面积不到 1 亩。初始建档立卡贫困户 1490 户 4200 人，初始建档立卡贫困发生率 39.37%，2019 年实现全乡贫困人口 1554 户 6287 人全部脱贫，建档立卡贫困发生率下降到 0。

报京乡已列入黔东南 20 个重点民族乡镇，报京大寨被列入黔东南 100 个重点民族村寨。报京大寨号称北侗第一寨，也是黔东南北部侗族最大的侗寨。报京大寨，侗族风情浓郁，尤以"三月三"为最隆重的节日。报京"三月三"情人节已成功成为全省第一批非物质文化遗产名录，且每年成功举办。报京乡境内有主要的旅游资源及景点有报京侗寨、红军山等。

## 二、报京乡林业生态扶贫模式分析

### （一）森林管护模式

实施森林管护是实现林业生态扶贫的重要措施。为落实中央和省有关林业生态扶贫精神，报京乡一方面加大森林资源管护力度，另一方面为贫困户提供更多的护林员岗位，直接增加贫困户的经济收入，让贫困户通过参与本区域的森林管护工作获得相应的工资收益报酬，从而实现收入增加，稳定脱贫。报京乡全乡林业用地面积 6.9 万亩，森林资源保存面积 5.6 万亩。其中公益林管护面积 11156.83 亩，聘用生态护林员达到 221 人，全部为建档立卡户，每人每月工资为 800 元，每人年工资收入 1 万元，有效地增加了贫困户的经济收入。

### （二）生态修复模式

生态修复是实施生态治理的重要内容。报京乡山高坡陡，土壤贫瘠，生态比较脆弱。报京乡在采取生态修复扶贫模式中，主要通过实施新一轮退耕还林工程，动员当地农民群众种植有一定经济价值的经果林，既让部分较脆弱的生态环境得到了修复和治理，又直接增加了群众的经济收益。仅 2016 年实施退耕还林 1056.1 亩，发放资金 1584150 元，涉及农户 698 户，贫困户 466 户。

### （三）林业生态产业发展模式

要做好林业生态扶贫这项工作，林业生态产业发展是根本和出路。在发展林业生态产业这方面，报京乡把选取林业生态产业发展方向作为重要突破口，不盲目投入。近几年来积极引进林果种植推广公司，种植花椒、青脆李、红桃、油茶等经济林共计 2000 亩（其中：种植青脆李、红桃、樱桃等精品水果 500 余亩，花椒 1000 亩，家庭农场零星种植油茶 500 亩），带动建档立卡贫困户125户；鼓励支持成立专业合作社。目前报京乡羊肚菌种植农民专业合作社已发展羊肚菌种植面积达到100亩，已发展带动社员40多户，其中建档立卡贫困户28户；发展林下养鸡5万羽，带动贫困户300户。

通过实施以上林业生态产业，实现贫困户有了务工工资收入及种植和养殖的收益收入，带动贫困户实现增加收入脱贫。

### （四）创新引领带动模式

报京乡在实施林业生态扶贫工作中，创新引领带动模式。通过党建引领、政府引建、专业合作社及大户带动、贫困户参与、专家指导的模式，提高贫困户参与发展林业生态产业的积极性。全乡创立党建基地4个，林业生态种植专业合作社3个，大户6户，带动贫困户400多户参与。

## 三、报京乡林业生态扶贫模式探索实践总结及建议

### （一）实践总结

**1. 注重凸显党建引领作用**

乡党委政府提前谋划、做好顶层设计并统一安排部署，各村党支部及村委主抓，村第一书记挂帅，抓好各村产业的落实。通过在各村创建党建基地，引领和带动老百姓特别是贫困户积极参与林业生态产业的建设。

**2. 积极发挥好林业、农业专家和科技人员的指导作用**

报京乡在实施林业生态扶贫工作中，共组织农业专家开展了对报京乡六个村历时6天的科技巡回指导工作，考察农业企业2个，指导服务71人次，组织华南理工大学、贵州大学、贵州民族大学、贵州省林业学校等有关专家老师指导报京乡林业生态产业6次，组织科技人员开展对农民专业合作社的科技服务工作，对经果林基地和食用菌基地的建设和管理进行指导，培训农民150人次。

**3. 坚持统筹好各方资源和力量**

一个产业、一个项目，没有多方参与，仅靠政府老百姓是办不好的。报京乡在实施林业生态扶贫工作中，注重资源整合，用好各方资源力量，聚力

发力。通过整合国家扶贫资金、对口帮扶地区帮扶资金及县直帮扶单位帮扶资金，先易后难，分类分步实施，稳步推进，确保生态产业项目落实落地并有序推进。

## （二）建议

**1. 进一步抓好产业后续跟进管理，提高贫困户积极性和管理水平**

部分贫困户积极性不高一直是报京乡在开展林业扶贫工作以来一直面临的问题和困扰。因此，报京乡林业生态扶贫工作需要通过进一步宣传各项林业生态扶贫惠民政策，抓好林业生态产业后续跟进管理，充分调动起贫困户参与的积极性，并让积极鼓励和支持一部分能力强的贫困户先动起来、富起来，再带动其他贫困户，从而实现大家都稳定脱贫。同时，县、乡相关部门要加强政策引导和技术指导。只有让老百姓特别是贫困户真正尝到了生态扶贫带来的收益增加的甜头，才能从根本上使老百姓从思想上由"国家要我稳定脱贫"变成"我要争取自己稳定脱贫"，这样才能让老百姓实现真正脱贫致富奔小康。

**2. 结合市场需求加强科技服务，提高产品品质，打通产品销路**

报京乡在镇远县甚至贵州省来说属于较为偏远的地区，贫困户的整体文化素质比较低，在林业生态扶贫方面的技能知识比较匮乏，更缺少必要的相关技术。因此，要根据实际需求，加强对贫困户进行种植管理方面的技术培训。同时，要坚持"请进来，走出去"，做好相关企业的引进工作，同时积极鼓励和引导相关合作社及老百姓走出去，及时了解市场信息，提高经营管理水平，充分发挥产业的经济效益。

# 四、结语

报京乡通过林业生态扶贫模式的探索和实践，努力践行习近平总书记"绿水青山就是金山银山"的理念，努力实现报京乡"生态美、百姓富"。从森林管护、生态修复、林业生态产业发展等多种模式开展林业生态扶贫的探索实践，激发当地老百姓战胜摆脱贫困的动力和斗志，最终实现本区域贫困户真正实现稳定脱贫奔小康的目标。

## 参考文献

［1］刘龚庆. 老窝镇林业生态扶贫模式及对策研究［J］. 绿色科技，2019（5）：164－165.

［2］李晓梦，涂燕，王岩. 探索镇平县生态扶贫建设新路子［J］. 现代园艺，2018（22）：219.

［3］扎实推进精准扶贫林业生态扶贫成为脱贫重要途径［J］. 内蒙古林业，2018（10）：10－11.

# 第二十三章

# 广西林业生态扶贫的措施与成效

陆锦莲　杨昌尚

（广西生态工程职业技术学院）

植被生态质量和植被生态改善程度均居全国第一，人工林、速丰林面积稳居全国第一，森林年生长量、年木材产量、森林蓄积年净增量都居全国第一。广西林业生态扶贫在全力配合国家脱贫攻坚战略整体推进中做出了巨大贡献，具有重要意义。我国整体就业率在林业精准扶贫工作助力下得到了极大程度上的提高，为我们国家生态保护发展做出巨大贡献，大部分林业地区人民都已率先脱贫。习近平总书记高度重视林业生态扶贫工作并作出重要批示、指示，深入学习贯彻习近平生态扶贫精神，坚持把生态扶贫作为中心工作，充分发挥林业行业优势。中国探索出一条全新的振兴道路，各国也将更加便利地搭上中国发展的"快车，为现代化建设提供生态路径。

## 一、林业生态扶贫的重大意义

广西壮族自治区党委、政府先后出台实施《生态广西建设规划纲要》《关于推进生态文明示范区建设的决定》，努力建设全国生态文明示范区，积极探索生态文明发展道路。

2015 年就发展生态经济作出专门部署，出台并落实一系列政策措施，实施绿化达标、"绿满八桂"造林绿化工程等重大行动，特别是党的十八大以来实施"美丽广西·生态乡村"村屯绿化专项活动、"金山银山"工程等成就了今天多姿多彩的绿色壮乡。广西林业生态扶贫是国家脱贫攻坚工作中极其重要的一部分，为改善我国生态环境作出重大贡献。

### （一）促进林农脱贫增收

脱贫攻坚取得全面胜利，这对我国整体发展具有重要意义。因为林业精准扶贫工作在一定程度上提高了我国整体就业率，推动国家生态保护发展，大部分林业区的人都能够脱贫，人们可以有稳定的收入。随着人们的生活质量不断提高，贫困是影响国家全面发展中的最重要因素之一，将生态保护与精准扶贫脱贫工作高效地结合到一起，不仅有助于我国生态环境的保护，还有益于我国整体经济的发展，从根本上解决某些贫困地区的生活问题。林业生态扶贫对于增强生态保护重大而深远的意义。

### （二）弘扬生态文化，夯实生态意识基础

生态保护并不只与林业部门的相关人员有关，实际上与每个人都有关联，让每个人意识到生态保护是每一个人的责任，只有人们的意识提高才能够将生态保护工作做好。大力弘扬生态文化，促进人与自然和谐共存；加强生态文化宣传，不断培育公民生态意识，夯实人民生态文明建设的思想意识基础。

## 二、林业生态扶贫的作用

积极开展林业生态富民、助力农民增收，增强生态保护对林业精准扶贫脱贫是极其重要的，通过建设一些林业项目、创新生态保护机制、加大监管力度、设置合适的岗位、建设专业的管护团队等措施促进林业精准扶贫脱贫的发展，最大限度实现对林业统一规划，加大扶贫脱贫力度，增加扶贫范围，让林业扶贫工作能够长期稳定地进行，通过生态保护工作提高当地人们的收入。通过财政部门提供大量的资金进行生态保护，让脱贫基础更加稳固，成效更加可持续。

## 三、林业生态扶贫的机制

深入实施天然林资源保护、森林抚育（政府明确规定不允许抚育的森林、国家一级公益林和竹林、经济林、桉树等短轮伐期工业原料林之外的其

他幼龄林和中龄林）补贴、造林（人工）补贴、草原生态保护补助奖励、森林生态效益补偿、聘请森林生态护林员等重大工程和政策，既让广大群众从生态保护中获得了一定的经济收入，又为贫困地区生态健康可持续发展打下良好基础；将贫困户组织并成立脱贫攻坚造林专业合作社，让贫困户参与到林业生态建设之中，并优先贫困户领到退耕还林还草任务，从而增加贫困人口经济收入；继续加大贫困地区发展绿色产业及加工业的扶持力度，大力创新和完善绿色产业带动贫困户的利益联结机制，最大限度地覆盖贫困村和贫困户。将深入实施科技扶贫行动，加大资金和项目倾斜，积极组织林业科研院所、高校、科技推广站形成多方联动、优势互补的协同扶贫机制。

# 四、林业生态扶贫的成效

广西各地深入学习贯彻习近平总书记关于扶贫工作的重要论述和党中央关于脱贫攻坚的决策部署，不忘初心、牢记使命，坚定信心、迎难而上。按照党中央的统一部署制定"一村一规划、一户一方案、一人一措施"方案要求，认真研究各项扶贫政策，大力宣传林业扶贫政策，精准落实帮扶工作，推进各项扶贫政策落地，实现林业生态保护和脱贫攻坚双赢。

## （一）产业带动，绿满山头富满村

广西森林覆盖率名列全国三强，人工林面积全国最大，植被生态质量、淡水海水水质均为全国最优，富硒土壤面积全国第一。多重叠加的这些绿色资源和生态优势，使得广西林下经济异军突起。各区、县充分利用林下大力发展特色畜牧业、中草药、食用菌等林下经济，积极引导和鼓励林下经济经营主体采取逐年建设的方式，推进示范项目更加注重持续经营、扩大生产规模、提高技术水平和推进品牌建设，将优势项目打造成林下经济示范基地，更好地发挥林下经济示范项目的示范带动作用，推动林下经济产业转型升级，促进农民增收致富和农村经济社会发展。此外，设计精品森林游憩线路，塑造一批独具林业特色的生态品牌，广西以国有林场为主要载体的森林康养业也风生水起。目前，广西共有森林公园、森林人家和森林康养基地42个，同时还开展环南宁绿城森林旅游圈建设，充分吸纳贫困人口就业。满山的绿色银行带动村民整体脱贫致富。

## （二）创新模式，科技致富辟蹊径

2019 年，广西举办林业（油茶）科技特派员培训班，主要就油茶低产林改造、油茶新造林项目的检查、验收办法等内容对 170 多名油茶科技特派员进行培训，还成立了科技服务团队，为贫困户开展油茶技术服务。同时，广西还创建了"八桂小林通"微信公众号，并加大平台的使用力度，实现了广西林业技术"线下线上"协同推广，成为全国独具特色且最活跃的推广林业技术网络平台。

## （三）强化森林生态补偿扶贫，多渠道增加收入

大力实施天然林保护，进一步健全相关奖补贴等激励机制体制，让贫困群众从生态保护中获得了可观的经济收入，形成自觉保护生态的意识行为，从而为林业生态可持续发展奠定良好基础。积极开展国土绿化行动，着力推进林业生态脱贫，将新一轮退耕还林还草政策优先向贫困户倾斜，组织贫困人口参与林业生态建设并成立造林专业合作社，继续增加生态保护投入和就业岗位，从而增加贫困人口经济收入。

# 五、结束语

林业人既是"绿水青山"的建设者、守护者，又是"金山银山"的创造者、受益者，努力推进广西林业生态建设，打造金山银山，使人民成为生态与经济的受益者。以公共林业生态建设为主轴，大力开展美丽乡村、森林城市等建设，开展爱国植绿，建设林业生态环境，打造美丽城乡宜居家园。通过打造绿色家园和提升生态文化，让人与大自然和谐共生，唤起人们爱国情怀。如今，脱贫攻坚工作已全面胜利，这对我国实现中国梦具有重要意义。广西林业生态扶贫工作在我国整体脱贫中起着举足轻重的作用，各地继续坚定不移推进林业生态文明建设，林业人将继续把国家林业生态保护事业推向前进。全力营造山清水秀的自然生态，让良好生态环境成为人民生活质量的增长点、成为广西绿色发展的发力点。

## 参考文献

［1］广西林业局．广西林下经济年产值目标锁定 200 亿［N］．中国绿色时报，2010 - 06 - 09.

［2］李海兴．增强生态保护促进林业精准扶贫脱贫的发展［J］．农业与技术，2017 (4).

［3］张国明．林业生态保护与财政扶贫政策［J］．林业经济，2001（7）.

# 第二十四章

# 礼节村红小糯高粱产业乡村振兴模式探讨

黄言宣　李　盛

（广西生态工程职业技术学院）

高粱是全球第五大粮食作物，也是我国重要的杂粮作物，产区大都集中在东北地区、内蒙古东部以及西南地区丘陵山地。南方也种植有，但气候因素产量不高。为解决这个问题，柳州市生农种养专业合作社研发了适合在南方地区种植的高粱品种——红小糯高粱。红小糯高粱是广西首例自育而成的糯性高粱品种，含多种人体所需的微量元素。红小糯高粱粉可以加工成各式各样的糕点、米粉、面包等面食。

## 一、礼节村概况

礼节村地处山区，属于喀斯特地貌，山峰陡峭，山多地少，大部分山都是石头山，不适合种植农产品。只有山脚和洼地才能种植农产品，耕地资源少，生存和发展是礼节村村民需要面对的大挑战。

礼节村及附近区域盛行种植桉树。桉树是速生丰产林，成长过程中需要消耗非常多的水分，长期种植会造成水位下降、土壤板结，甚至造成土地沙化。桉树生长对肥料要求极高，在生长过程中会抢走其他植被的养分，造成植被死亡，影响生态平衡。长此以往，会对当地的生态系统造成巨大打击，所以种植桉树不能作为一项长久之计。

礼节村田地常见的农作物是稻谷，而近些年来，气候较为干旱，田地缺水，已经影响到稻谷的正常种植，那么寻找新的替代品种就迫在眉睫了。高粱产量丰富，对土壤的适应能力极强，无论是在松散的土地上还是盐碱地，都可以生长。虽然近几年因为天气干旱导致礼节村田地较为缺水，但是礼节村的田地本身就比较肥沃疏松，非常适合种植红小糯高粱。近两年柳州市红粮谷农业科技发展有限责任公司试验发现，礼节村的土地非常适宜种植红小糯高粱。因此，红小糯高粱就是适宜助力礼节村乡村振兴产业的农作物。

# 二、红小糯高粱栽培技术

## （一）春种栽培技术

抢时播种，培育壮苗。当气温稳定在13℃以上（雨水至惊蛰）播种，红小糯高粱种子粒小，每亩播种量1.0～1.25千克，行距50公分，穴距24公分。

查苗补苗，合理密植。高粱现行（3～4叶）后叶龄查苗，缺行漏播及时补种。幼苗每穴留2～3株，一般亩7000～7500株左右。

施足底肥，适时追肥。一是重施底肥，亩用复合肥15～20千克作底肥；二是轻施提苗肥，当苗子长到30厘米高左右，轻施一次提苗肥，每亩施尿素5千克；三是猛施拔节孕穗肥，即当高粱第一节间开始伸长时，亩用尿素10千克。

防病治虫，及时收获。红小糯高粱重点防治螟虫、蚜虫等虫害，头季高粱成熟时要达到叶青秆秀，穗子上下籽穗显棕红色时收获。

## （二）再生栽培技术

在头季高粱收获前10～15天，亩复合肥10～15千克撒施，促休眠芽醒芽。高粱收割最好选择晴天或阴天有风时进行，用快刀离地3厘米左右砍掉茎秆，将茎秆覆盖于行间，砍秆要齐平不破裂，留好茎桩，孕穗初期每亩施用尿素5～8千克或复合肥10千克撒施。

## （三）适宜种植区域及季节

适直在广西柳州、来宾、桂林旱地及旱田种植，春、夏、秋三个季节均适宜种植。广西气候适合种植高粱，红小糯高粱生长周期短，仅需三个半月就成熟，投资回报快（一般高粱品种需 4～5 个月）。

# 三、产业扶贫模式

## （一）学校助力乡村振兴

学校有一支专注于中西面点工艺的师资队伍，师资队伍里面有经验丰富的教师，对于面点制作工艺有较为深入的研究，能够研制出适合红小糯高粱的面点品种。同时也能够利用学校的实验室，为礼节村提供师资及培训所需的设施设备。

## （二）创业团队助力乡村振兴

创业团队是在学校支持下组建的创业团队，其业务范围包括研发和销售红高粱饼干。在产品研发出来后，进行试点销售，寻找适合市场的二次加工产品，避免因随意量产而导致重大损失。团队不仅仅进行研发和销售，还帮助农户整合社会资源，开设培训班，带面点制作工艺下乡，为农户打造丰富的产业链，避免产业模式过于单一。

## （三）柳州市红粮谷农业科技发展有限责任公司助力乡村振兴

柳州市红粮谷农业科技发展有限责任公司成立于 2020 年 7 月，已经建立了农产品生产和销售的渠道，可以利用已有成熟的渠道来进行宣传和销售。

采用当前比较适合当地实际情况的"农户 + 公司"合作方式，合作公司提供种子、肥料，并为农民回购农产品，并在进行红小糯高粱二次加工的时候，提供劳动岗位给村民，从而解决缺地农民的痛点。

在柳州红粮谷公司的帮助下，目前礼节村已经开展了两年的红小糯高粱种植，形成了小规模的红小糯高粱产业，产业模式已经得到了初步验证。

## （四）红小糯高粱主题旅游产业

礼节村风景优美，适合度假。通过帮助礼节村打造出一个红小糯高粱主题旅游产业，既能通过土特产、餐饮为礼节村村民带来创收，同时也可以增加红小糯高粱及其二次加工产品的知名度，多维度促进红小糯高粱产业的良性发展。百朋镇下伦荷花景区是柳州市有名的荷花主题旅游景区，荷花开放季节一般在6~9月份，与红小糯高粱成熟时间有一定的重合。礼节村位于百朋镇下伦荷花景区附近，进行旅游推广时，可以与百朋镇下伦荷花景区共同进行宣传，形成相互促进、互利共赢的局面。

### （五）生产与销售

为了帮助礼节村发展，创业团队、学校与柳州市红粮谷农业科技发展有限责任公司三方进行合作。通过三方合作，打造一个属于广西人自己的中式糕点品牌。据不完全统计，在广西有75%以上的人喜爱吃糕点，光在广西柳州开设的连锁糕点门店就有上百家，生意良好，但有好几个品牌都是做西式糕点，只有一家品牌是只做中式糕点，还不是广西本土的品牌。

红小糯高粱加工出产品之后，主要是在线上进行产品销售。柳州市红粮谷农业科技发展有限责任公司自身有完善的生产线和产业链，通过每年从礼节村农户组织收购红小糯高粱进行二次加工，助力乡村振兴工作。创业团队主要负责对红小糯高粱产品进行研发。每一段时间团队成员还会在抖音、淘宝等进行直播销售，讲解红小糯高粱的特性和产品的营养特征。顾客可以通过淘宝、抖音等平台进行下单采购，也可以通过线下分销平台、零售店进行购买，大大满足了当今上班白领的营养需求。在采购农产品的同时，还可以以农产品产地直播的形式推动休闲农业在周边农村的发展，助力乡村振兴战略发展。

## 四、结论

按照当前礼节村的实际情况来看，礼节村已经初步开展了红小糯高粱种植，并且取得了较好的成效，红小糯高粱产业发展前景可观。目前最为迫切的是要进行产业统一管理，扩大产业规模，建设一条从种植、加工再到销售的完整产业链。把红小糯高粱的种植发展成为特色产业，帮助当地农民增产创收，发动社会各界力量推动产业扶贫，从根本上帮助礼节村农民致富，从而实现乡村振兴的伟大目标。

## 参考文献

［1］邓淑红，殷静蔚．宁夏地区发展枸杞种植助力产业扶贫［J］．广东蚕业，2021，55（8）：115－116.

［2］王乐，陈中华，李海红．乡村振兴战略下的白城高粱产业发展问题及对策研究［J］．东北农业科学，2021，46（2）：108－111.

| 第二十五章 |

# 赣南家具产业融入乡村振兴发展战略研究

涂瑛辉

（江西环境工程职业学院）

## 一、赣南发展及其乡村振兴

赣南，是江西省（江西省简称"赣"）南部区域的地理简称，主要由地级赣州市下辖的 3 区 13 县 2 县级市组成。赣南总面积 39379.64 平方千米，约占江西省总面积的 1/4。2012 年 7 月，《国务院关于支持赣南等原中央苏区振兴发展的若干意见》出台，标志着赣南原中央苏区振兴规划上升到国家战略层面。2014 年 1 月 25 日，中共中央办公厅、国务院办公厅发布《关于创新机制扎实推进农村扶贫开发工作的意见》，对我国扶贫开发工作作出战略性创新部署。2018 年 1 月 2 日，国务院公布了 2018 年中央一号文件，即《中共中央国务院关于实施乡村振兴战略的意见》。2018 年 9 月，中共中央、国务院印发了《乡村振兴战略规划（2018－2022 年）》，并发出通知，要求各地区各部门结合实际认真贯彻落实。由于历史和自然地理等多种原因，赣南贫困落后面貌虽然得到根本改变，但是赣南产业发展未能完全融入乡村振兴战略规划中，只有一些电商产业和农产品融入其中，而赣南家具产业等一些制造业都是在围绕大城市发展布局，未能在赣南乡村振兴战略中发挥好产业帮扶功能。因此，赣南的振兴发展，既是一项重大的产业发展经济任务，更是一项重大的乡村振兴政治任务。

## 二、赣南家具产业在乡村振兴战略中存在的问题

江西省赣南地区的家具产业发展迅速，现有家具企业 5960 家，成为江西

省最大的家具产业基地。其企业主要分布于赣州市南康区境内 20 个乡镇，被中国家具协会授予"中国中部家具产业基地"称号，产业链条逐步完善，建立了园区、口岸、金融、喷涂、烘干、检测、研发、展销、物流九大公共服务平台，在全国范围内以及江西省内都有一定的影响力，有力地提升了区域产业经济水平。但是，赣南家具产业在融入赣南乡村振兴战略发展的机遇中，存在以下问题：

第一，赣南家具产业与林业经营企业融合不够，合作基础薄弱。其表现为赣南家具企业生产存在对当地林业资源的依赖性，一旦林业资源出现短缺，家具企业发展则受限，因此，在赣南乡村振兴战略下，家具产业必须反哺林业产业，与林农深度融合发展，形成材料供应稳定，家具生产有序，林农经济效益提升进而又促进家具企业发展的合作模式。

第二，企业的市场销售定位不准。家具产业生产模式有其市场特性，因为多元化社会，家具产业在市场竞争中，一味追求销量城市家具购买力，对农村的家具研发和销售不是很有力度，特别是发展乡村旅游，民俗家具的研发投入上是很滞后的。

第三，政府的政策引导不及时，导致赣南家具产业在乡村振兴无所适从。在赣南特色小镇的建设过程中，政府主导的特色小镇建设思路大多是发展绿色蔬菜种植或特种经济种植的宣传，而忽视当地人文精神的建设，赣南家具产业设计往往就具备特色小镇建设的地方人文精神传递功能，但是赣南家具产业又不愿将赣南客家风俗元素融入其中，仅仅做一些简单配角现代家居而已。

第四，地方高校产业融合力度不佳。教育是乡村振兴的支撑，离开教育的乡村振兴是无源之水无本之木。当前，赣南家具产业都还是家族运作模式多，工艺的传承和创新很慢，很多家具企业都是子承父业，或者是市场图纸模拟生产，很少与地方高校教育研发融合，地方高校学生在家具产业专业实训侧重点也是营销上，赣南家具产业的研发和高校科研建设很难有效结合起来，有些家具企业仅仅停留在表层校企合作上，很少利用高校教育资源和乡村振兴机遇，就地取材，着力打造特色客家民俗家具，从而不能真正用家具企业载体来提升乡村产业经济水平。

# 三、赣南家具产业融入乡村振兴战略发展策略

乡村振兴战略，是赣南家具产业发展面临新的发展机遇和挑战，要积极融入其中，必须做好配套措施，才能发挥其产业优势。

## （一）加强赣南家具产业客家文化融合研究

江西赣南，是中原南迁客家文化发祥地之一，客家人的家具文化具有悠久的历史元素，也是客家人的一种乡愁记忆符号，而乡村振兴战略，其要义是因地制宜发展地方特色产业，从而带动经济发展。赣南家具企业从赣南实际出发，积极研发客家文化家具，例如根据赣南的地理环境，适合毛竹种植，赣南家具企业积极开发竹木家具，如竹凉席、竹椅子和斗笠等，再结合赣南红色文化旅游宣传，销售竹制工艺品，这样既解决了留住赣南劳动力在家门口务工问题，又促进了赣南乡村经济发展。

## （二）积极搭建赣南家具产业电子商务出口贸易平台

电子商务，是当前经济发展的一个助推器，利用电子商务平台，可以迅速传递各种经济信息。赣南家具产业发展离不开电子商务平台的开发，根据赣州市工业信息化部统计数据，当前赣州市电子商务出口贸易平台利用率不到30%，而赣南家具产业电子商务出口贸易平台李利用率就更低，不到8%。没有出口贸易销售业务，赣南家具产业发展受到严重制约。特别是2020年新冠肺炎疫情影响，赣南家具产业贸易出口业务更是封闭，复工复产和内循环经济的刺激作用，更急需搭建电子商务出口贸易平台，用以去库存驱动赣南家具产业经济提升发展，进而拉动赣南家具产业工人就业内需。

## （三）建立地方高校产教融合长效机制

高校有服务社会的职能，地方高校积极参与乡村振兴，其有利模式就是产教融合模式，高校利用专业科研技术，成立赣南家具学院，派驻专业教师团队，对家具产业政策的解读和生产工艺标准的研发制定及家具行业发展态势指引，并安排学生生产实训和参加各种家具设计技能大赛，提升赣南家具

产业知名度，进而形成由产至教和由产职教的长效产教融合机制，能够对赣南地方高校和赣南家具产业实现双赢。

## （四）政府财税政策的选择

借助国家战略支持，发挥国家财政税收优势，是赣南家具产业融入乡村振兴的有效方式。从国外相关区域发展的财税政策启示来看，各国都非常重视利用产业税收优惠政策来发展公共事务，并且成效显著。所以，赣州市政府应鼓励赣南家具企业对赣南乡村进行税前捐赠抵税，或将赣南家具企业征收的税直接用于乡村振兴发展的民生项目，或安排乡村劳动力就业人数达到一定标准的直接给予家具企业税收优惠。这样既带动家具企业融入乡村振兴战略积极性，又确实促进了赣南乡村振兴。

## 参考文献

［1］杨巍巍. 赣南家具产业发展史研究［J］. 家具与室内装饰，2020（12）：32 – 33.

［2］杨巍巍. 赣南现代家具产业标准化研究［J］. 中国质量与标准导报，2020（5）：34 – 35.

［3］陈年. 赣南家具产业融入"一带一路"国家战略的研究［J］. 南方林业科学，2018，46（2）：52 – 54.

［4］陶丽. 乡村振兴战略背景下集体经济的实践探索［J］. 中国集体经济，2021（9）：1 – 2.

［5］王建，李岩. 乡村振兴战略下农村土地流转困境与对策［J］. 中国集体经济，2021（9）：3 – 4.

［6］王会欣. 发展品牌农业 助推乡村振兴［N］. 河北日报，2021 – 03 – 17（7）.

# 第二十六章

# 生态扶贫下的乡村旅游可持续发展研究

## ——以广西富川瑶族自治县朝东镇岔山村为例

廖家年

（广西壮族自治区梧州林业学校）

习近平总书记在不同的场合多次提到脱贫攻坚，明确了脱贫攻坚工作的任务目标、举措，要求要采取切合本地实际的举措进行脱贫攻坚，并按时按质按量地完成脱贫攻坚工作任务。各地目前都结合实际在如火如荼地进行着脱贫攻坚工作。如何开展脱贫攻坚？唯物辩证法中矛盾论认为，在想问题和办事情时要抓住问题的主要矛盾和次要矛盾，只有这样，问题才能够迎刃而解，才能够顺利而高效率地解决。因此，在脱贫攻坚中要抓住发生贫困的主要原因，继而寻求到"对症下药"的"药方"，而不能够眉毛胡子一把抓，牵不住牛鼻子，抓不到重点，抓不出实效，既浪费了时间，也浪费了精力。习近平总书记站在历史的高度，结合国家的发展实际，提出了一系列的新论点、新发展战略。这其中就提出"两山论"著名论述，开创性地将"两山论"运用到脱贫攻坚领域，学会正确地处理好人与自然，人与社会的关系，为指导脱贫攻坚实践，完成脱贫攻坚任务，取得了实实在在的成效。可以说，生态扶贫的重要性逐渐地凸显出来，生态扶贫，也是解决脱贫攻坚过程中的重要路径，也是重要的方式。正所谓生态兴，则国家兴；生态文明，则国家文明"。生态的兴衰与国家的兴衰紧密在一起，是有联系的，相互影响。在生态扶贫的过程中，如何才能够让贫困群众从中受益，得到实实在在的实惠，这也是值得反思的问题。在脱贫攻坚多年的实践过程中，总结出来了很多关于生态扶贫的经验和方法，这其中就包括了通过发展乡村旅游的路径去进行生态扶贫。习近平总书记在多次场合提到了正确处理好推进脱贫攻坚，发展乡村旅游路径，践行"两山论"三者之间的关系，为统筹推进脱贫攻坚和生态文明建设，要指明了方向、提供了遵循。

# 一、历史背景

自党的十八大以来，习近平总书记结合国家的发展阶段和发展的程度，从全局出发，从全面建成小康社会再到实现中华民族伟大复兴中国梦，脱贫攻坚这个光荣的任务就必须实现。广西壮族自治区贺州市富川瑶族自治县朝东镇岔山村，地处湘桂交界处，由于天降异石，山开两岔，这就是岔山村的村名由来。追本溯源，从广西壮族自治区贺州市富川县朝东镇岔山村的发展历史脉络来分析，据了解，岔山村在明代初期的时候就已经开始建造，在明朝中期的时候就已经非常的兴盛，距离现在已经拥有600多年的发展历史。在秦汉时期的时候，由于岔山村是从中原通过潇贺古道进入岭南的第一个入口，地理位置凸显，因此，岔山村也被世人盛有"潇贺古道入桂第一村"美誉，中原文化和岭南那文化在此相互交融，文化相互碰撞，文化历史悠久，是多民族杂居的传统古村落。距离富川县城有36公里，距离贺州市有100公里。全村下辖有3个自然村，包括岔山村、山下村以及新寨，有5个村民小组。

## （一）基础设施落后，是个"空心村"

广西富川瑶族自治县朝东镇岔山村在历史上曾经是非常繁华的，有很多的商铺，经商客户人来人往，车水马龙，川流不息。伴随着时代的更迭，昔日的繁华逐渐消失。穿村而过的潇贺古道两旁是废弃萧条的古村。岔山村的住宅建筑老旧，破旧不堪，村庄不整洁、村民的精神风貌低等现象严重。主要表现在村民把破旧的古民居当作牛棚来使用，在耕田的农忙季节时候，古街上到处都能够看到牛粪现象，街上处处都闻到牛粪的刺鼻味道，环境非常的脏乱差，如果是碰到下雨的季节，在古街上没地方根本上无法"立足"，因此原来的古街被当地人称为了"牛屎街"。为了谋生，年轻力壮的村民纷纷外出打工，在村里目前留守的基本都是年迈的老人还有小孩，岔山成了"空心村"。

## （二）贫困人口多，贫困发生率高

2015 年，整个村子有 246 户，共计 991 人。那么，这其中就有 126 户，共计有 518 人是属于贫困户，贫困发生率高达 52%。到 2019 年的年底，岔山村总人口就有 236 户，共计有 964 人。这其中就有 116 户是贫困户，有 525 人处于贫困之中。岔山村是自治区"十三五"深度贫困村。

# 二、主要措施

## （一）创新产业发展模式，把握乡村旅游发展旺势，大力发展生态观光农业

"两依托、促发展"思路，充分发挥鑫连种植合作社和荣茂果蔬种植合作社两个合作社的各自优势，促进岔山村的经济发展。通过构建形成以"观赏花卉＋采摘莲子＋捕捞河鲜"的创新发展模式，发展适合本地区适宜开发的生态观光农业经济，以及农家乐经济。主要的做法是在进村道路旁边连片 20 亩水田，在水田里面种植荷花，同时，在水田里面进行混养禾花鱼、田螺和泥鳅等河鲜，用来吸引来自四面八方的游客到岔山村拍照、去赏花和以及去品尝美食，据了解，通过这种模式可预计实现合作社可以增加很多的收入，这里包括工资性收入 4 万元，村集体经济收入 2 万元左右；充分地依托荣茂果蔬种植合作社的合作平台，积极地发挥党支部带头作用，利用股份合作制的模式发展经济。据相关新闻报道，按照每户出资 1000 元入股的方式，带动 20 多户农户一起发展种植黄金瓜、草莓、青瓜、香芋南瓜等绿色果蔬，以用来供游客进行采摘，直接带动了 10 多户贫困户增加收入。

## （二）盘活土地资源，壮大村集体经济，增加村民收入

积极地引导村民发展生态观光农业经济和农家乐经济，充分利用古街道周边的闲余土地资源打造微型田园、微型果园、菜中村、花中村，盘活了闲余土地，延长旅游产业链，让村民吃上"生态饭"。村民自发组织成立适合发展本地区发展的各类产业合作社，进行抱团发展。据悉，岔山村在种植春

烤烟、种植优质水稻和叶菜方面每年达到 400 亩以上，其中贫困户覆盖率达到 90% 以上。据相关部门发布的数据统计，2017 ~ 2020 年 8 月，岔山村的集体经济收入累计已达近 60 万元。由于集体经济的壮大，村民尝到了"生态饭"的甜头后，岔山村村民的致富想法也就多了起来。例如岔山村的村里 20 多位村民把自己的土地进行流转，通过入股分红的方式获得停车场收费收入，这其中 60% 的收入由土地出租者分红，而其中的 40% 的收入作为村集体经济收入。通过这种土地的流转方式所带来的良好经济效益，进一步发展村集体经济，也盘活了土地资源，直接增加村民收入。

## （三）发展特色化乡村旅游产业，探索用"古村 + 美食 + 互联网"组合式的生态乡村休闲旅游发展路径

由村党支部书记杨志魁的爱人和村里 6 家贫困户一起创立的油茶店开张营业。而到现在，岔山村家家户户几乎都经营着油茶馆、农家乐等特色美食小吃。而在岔山村的核心区域，已经从没有一家商户的现状到发展有 14 家商户；特色美食一条街的店铺已达 30 家，一年纯利润最少的也有 2 万元，最多的达 30 万元，从没有一位游客的现状到高峰期一天能达到两万游客。积极地鼓励贫困家庭参与乡村旅游业，并从中获得红利。据了解，在美食古街的 30 多家店铺中，有近一半为贫困家庭经营，每年纯收入最少的有二三万元，最多的超 30 万元，让多数贫困人口在旅游发展中获益和增加发展机会。目前，已经打造了很多的知名小吃美食，包括古道油茶、"央视推荐·贺州金牌"的梭子粑、"三碗不过岗"凉粉，等等，岔山村成了远近闻名的美食"网红村"。同时，岔山村也建设成为了贺州的第一个商业级免费无线 WIFI 覆盖的古村示范村，据相关媒体发布的信息中了解到，每年到岔山村旅游的游客数量达 40 万 ~ 60 万人。在 2019 年，岔山村凭借着良好的村容村貌被评为"全国第一批乡村旅游重点村""广西五星级乡村旅游区"。

## （四）探索农产品的深加工，助推腐竹产业的发展

岔山村腐竹制作沿用的是传统手艺，由于各家各户零零碎碎地加工生产，出现的市场销路不广不畅、销量少的现象仍然存在，这势必直接影响到岔山村的村民收入。

通过不断地摸索，2017 年在岔山村实行"致富带头人 贫困群众"的经营模式，通过建立岔山腐竹厂，把分散的腐竹加工户都聚集到腐竹产业链上来，成功地吸收了贫困群众 100 多人次在腐竹厂就业。例如岔山村贫困户孟庆明两夫妇自从来到腐竹加工厂工作，两人每月的月工资数共计领到接近6000 元的工资，这些收入让家庭经济状况得到了明显改观。据相关新闻媒体报道，截至目前，腐竹产业年销售收入已经达到了 100 万元。随着腐竹产业不断壮大，让村民依靠腐竹过上富足的好日子。2020 年 8 月 18 日，央视"走村直播看脱贫节目"中播放了岔山腐竹相关报道，直接提高了岔山的腐竹产品知名度，助推了岔山腐竹产业的快速发展。

## （五）保护和传承瑶族汉族优秀传统文化，以乡村旅游带动产业振兴和农民增收模式

岔山村段是从中原通过潇贺古道进入岭南的第一个入口，其古街道得益于古道交通的便利，自古以来就是岭南文化与中原文化的先驱地和交融地。村子里面也留下了很多文化交融的印记，如带"古""石"韵味的痕迹就有很多，包括戏台、风雨桥、城墙、祠堂、井、石板桥、石碑，民居、石板路、石碑刻、戏台、庙，树、井等，这些都是潇贺古道文化的活字典。据悉，岔山村是多民族杂居的传统古村落，其中瑶族约占40%，汉族约占60%，长期以来，瑶汉同胞和平相处，杨、孟、何三姓村民相互帮助，齐心协力，一路同行，瑶汉文化在这里交融并得到升华。油茶作为瑶族人民的传统美食，白色、黄色、紫色三种颜色的"梭子粑粑"是杨、孟、何三姓村民世代丰衣足食、和睦相处的象征。"油茶 + 梳子粑粑"在央视《味道》栏目中荣登了 3次，这不仅使乡村旅游享誉区内外，吸引众多游客前来，也成功让贫困群众得到了实惠。一年一度岔山村丰山庙会的特色包括瑶族特色长桌宴、汉族桂剧表演等传统民俗活动，是瑶汉族村民喜迎丰收、幸福生活的展现。2019年，岔山村被评为"创建全区民族团结进步示范村"，擦亮"潇贺古道入桂第一村"这块金字招牌。

经过 4 年脱贫攻坚，岔山村于 2018 年脱贫摘帽，2019 年实现全部贫困人口脱贫。乡村旅游的发展，促进餐饮、民宿业发展，带动了传统农业种植业，有效地增加村民收入，助力脱贫攻坚。

# 三、结束语

基于生态扶贫的视角，实现乡村旅游可持续发展，要结合当地的实际，发展适合本地区的发展模式和旅游开发路径，助力村民增产增收，脱贫致富，实现小康。广西富川瑶族自治县朝东镇岔山村，结合本地实际，用创新产业发展模式，把握乡村旅游发展旺势，大力发展生态观光农业，盘活土地资源，壮大村集体经济，增加村民收入，发展特色化乡村旅游产业，探索用"古村＋美食＋互联网"组合式的生态乡村休闲旅游发展路径，探索农产品的深加工，助推腐竹产业的发展，主打乡愁牌的新型休闲乡村旅游，创新探索以"古村＋美食＋互联网"的生态乡村休闲旅游发展模式，保护和传承瑶族汉族优秀传统文化，以乡村旅游带动产业振兴和农民增收模式。通过以上的举措和做法，为岔山村助力脱贫，让岔山村的人民吃上"生态饭"，兜里"富口袋"，过上"好日子"，都发挥了很大的作用。

## 参考文献

［1］周歆红. 关注旅游扶贫的核心问题［J］. 旅游学刊，2002（1）：16－20.

［2］吕雯.《精准扶贫视角下的乡村旅游可持续发展》［J］. 宿州教育学院学报，2019（3）：11－13.

# 第六篇

## 党建扶贫与乡村振兴

# 第二十七章

# 打好党建社建组合拳　创优乡村振兴新模式

## ——以五里界街道为例①

戈　英　尹晓蛟　杨　欣

（湖北生态工程职业技术学院）

# 一、引言

五里界街道办事处辖区面积47.4平方公里。辖8个行政村和1个社区，自然村庄共96个。其中有26个党支部，766名党员，农村党员430名。总户数7304户，户籍人口数21532人，目前常住人口3万多人。为了全面贯彻好党中央实施乡村振兴战略，落实好区委区政府高举乡村振兴大旗，实施好"两个龙头"指示，五里界街道党工委始终坚持党建引领、守正创新，打造乡村振兴街道综合治理新模式。

# 二、党建引领基层治理，全面推进"五化兴乡"

## （一）以双优双联为纽带，架构支部标准化体系

一是打造红色阵地。选优配强红色头雁，每村培育1~2名后备干部，形成阶梯式干部队伍结构；二是建立三级架构，以"党支部－党小组－党员中心户"的三级组织体系，形成"两委干部联小组，党员联群众"的双联机制；三是健全优化机制，全面巩固基层治理"主阵地"，及时传递党的声音，开展党的工作。

---

① 原文发表于《湖北林业科技》2022年第1期。

## （二）以双牵双带为组织，成立农民联结服务体系

一是经济联合，产业助农稳增收。村党支部牵头，把村集体、乡贤和在村老龄村民联结成经济利益共同体，成立武汉同舟兴农农民专业合作社发展休闲农业，带动村民致富，集体增收。二是组织联建，大事共议促管理。成立村务监督委员会，在议事监督机制上形成"亮—议—办—评"四步法，扩大村民知情权、参与权、建议权和监督权，激活社会治理"一池水"，增强义务观念和集体意识。三是党群联心。建立党员一帮三服务体系，打造"遇到困难不要怕，记得给我打电话"连心桥，带领群众共同致富。

## （三）以共建共融为一体，搭建区域化发展平台

一是成立片区联合党委。通过搭建区域化党建平台，融合8村资源，分别成立童周岭片区联合党委和锦绣片区联合党委，通过大事共议、实事共办、利益共享，真正抱团取暖。二是成立经济联合社。搭建区域化发展平台，探索成立童周岭片区经济联合社，以童周岭村为首，带动群益村、李家店村、孙家店村建立农旅互动休闲游发展。三是成立国企联村经济体。在市区组织部门指导下，与武汉旅体集团开展"国企联村"工作，双方以资源、资金、资产等入股成立经济体，以梁子湖大道、李家店大道和果林大道为依托，统筹片区内生态环境、农产品、农村闲置农房等资源，打包推介多渠道利用增收。四是形成党建引领示范带。按照"一带一品、一村一景"的模式打造，在全街范围内形成"W"形状的"众星捧月"党建引领示范带，全面提升全域旅游"新效益"。

## （四）以破立并举促民生，推进三化多措并举

一是持续开展环境整治。加大乡村建设投入建管并重，围绕"擦亮小城镇"试点，集中整治一批"老大难、小破丑"。持续开展爱国卫生运动，推进集中整治长效化、日常保洁常态化、管理责任网格化管理，多措并举开展生活垃圾分类。二是持续完善基础设施。疏堵结合，启用101省道集镇段交通视频监控系统，研究改扩建停车场1~2处。新建村级多功能活动中心、村级百姓大舞台；黄鹤里片区绿化提升改造、扩建黄鹤里广场；全面完善并有

效提升了界兴路及周边的市政基础设施，完善配套照明、绿化工程、交通；研究启动黄鹤里二期、福利院迁建、五里界第二小学和大型商超建设项目；完成集镇污水管网改造工程。三是持续推进国企联村行动。建设一批稳定的产业发展项目、培育一批高素质专业人才队伍、创新一批高效能乡村治理载体、健全一批完善的公共服务设施、组织一批优秀的乡村文化活动。四是创新开展村社联建活动。选点布设乡村振兴服务站，将乡村服务、农产品展示、线上线下活动集于一体。

### （五）以五治联动促发展，管理精细化有成效

一是党员积分活治理。把村规民约转化为可量化、可评价的数据指标，评价结果与入党入团、评先评优等挂钩，激发村民践行社会公德、参与村庄事务的内生动力。二是典型带动优治理。开展"五美农家""最美家庭"评选活动，选树身边先进党员 6 名，激励党员"亮身份、晒服务、促发展"，进一步发挥党员模范带头作用。三是志愿服务促治理。组建夕阳红法治服务队、帮女郎志愿服务队等让群众参与基层治理。四是平台互动融治理。建立乡贤参事会、村民理事会、道德评议会，健全了村党组织领导下自治、德治与法治相结合的乡村治理体系，实现村民的事情自己议，自己管，着力构筑基层治理"防火墙"。五是文化提升善治理。在村湾建成图书屋阅读角，营销了良好书香文化氛围；在村湾组建新时代文明实践站点，开展一系列活动；依托老年大学、金界豆等社团组织，变送文化为种文化，提升村居民素养，丰富群众文化生活。

## 三、党建与社建融为一体，社区治理"1＋16＋N"模式

界镇社区充分发挥党建引领作用，由社区党支部书记潘莉莉发起，295名社区居民牵头组成 16 支志愿服务队，打造"1＋16＋N"居民自治模式。"1"即五里界街社区社会组织联合会、"16"即党员志愿先锋队、群防群治志愿服务队、"荣誉再启航"退役军人志愿服务队、生态环保志愿服务队等16 个社会组织，"N"即全体社区居民。

### （一）"1"是"加油站"，也是"孵化器"

在"1+16+N"居民自治模式中，五里界街社区社会组织联合会充分利用党建引领的优势，在规范各会员组织有序开展各类志愿服务活动的同时，发挥自身的平台作用，组织形式多样、内容丰富的评比和培训活动，既鼓励争先创优，又支持查漏补缺，引导各个社会组织实现持续健康的发展。此外，随着五里界街社区社会组织联合会运行机制的日臻完善，其向心力正在不断凸显，越来越多的小区居民自愿报名加入会员组织，人数规模在进一步扩大的同时，更多更新的社会组织也在酝酿，社区内的志愿服务氛围日益浓厚，居民自治的自觉性不断高涨。

### （二）"16"是"宣传队"，也是"播种机"

界镇社区现有的16个社会组织涵盖了环境保护、爱老敬老、帮困助残、女性发展、儿童保护、公益性文化服务等方面，各社会组织成员根据实际情况，不定期开展志愿服务活动，帮助小区居民解决了一些烦心事、忧心事、揪心事，切实提高了小区居民的幸福感和归属感。特别是在疫情防控、抗洪救灾、文明创建过程中，起到了宣传示范作用，他们通过小视频、大喇叭，让防疫知识"飞入寻常百姓家"，他们主动参与防汛排涝值班值守，守护一方居民的平安，他们访商户、进楼栋，发放文明创建"一封信"。同时，他们积极"走出去"，参加各级文艺创作大赛，对外展示五里界新风貌。当然，这16个社会组织在开展各类志愿服务活动时，也在播撒居民自治的"种子"，通过党建引领，大家的主人翁意识不断被激发出来，小区事从"管大家"到"大家管"，每一个人既是参与者，也是最大受益者。

### （三）"N"形成"最大公约数"，画出"最大同心圆"

成立社会组织联合会的出发点和落脚点，不仅在于更好地发挥16个社会组织的工作合力，还在于潜移默化地激发小区居民参与社区治理的内在动力，只有全体居民积极行动起来，"自治"才能开花结果。努力实现居民利益最大公约数，"N"是不可忽视的主体，以16个社会组织为示范，引导更多居民参与社区治理，有利于破解当前小区治理困局。在社区治理中，做到居委会不唱"独角戏"，在多元共治的格局中，确保居民不缺席。团结每一份力量，凝聚每一个民心，就能画出最大同心圆，这是"1 + 16 + N"模式的初衷，也是实现社区治理体系和治理能力现代化的必然要求。

# 四、联合片区党委，农村经济发展融合新模式

## （一）童周岭片区联合党委

### 1. 突出优势抱团发展

童周岭村片区联合党委以"党建引领 + 文旅互动 + 乡村振兴"为模式，定位发展生态旅游和赏花经济。下辖群益村、村家店村、李家店村、童周岭村，辖区面积共计24.05平方公里。统筹小朱湾、老屋穆湾、农家畈湾、胡谢李湾等美丽村湾，以及腾飞隆、虾有稻、梁湖农庄等企业资源优势，坚持集中管理、点面结合，进而实现遍地开花，推动区域内五化兴乡，深化国企联村行动，推动童周岭片区联合党委与武汉旅游体育集团结对共建，开启五里界街美丽乡村"盆景"变"风景"的新局面。

### 2. 国企联村共建共享

2021年2月，国企武汉旅游体育集团与童周岭片区联合党委联村结对，围绕联建"五个一"目标，双方多次实地考察、商议组织开展结对具体事宜的商讨工作，于2021年3月签订"国企联村"2021年共建协议书，达成五个方面十二个项目共建项目。

### 3. 党组织领办合作社

2020年4月，为统筹发挥童周岭片区4个村集体的资源、资产、资金作用最大化，推动片区共建共治共享和抱团发展，童周岭片区探索成立武汉市同舟同心休闲农业专业合作社。

## （二）锦绣片区联合党委

锦绣片区联合党委以"党建引领 + 产城融合 + 乡村治理"为模式，定位发展智慧工业园区和康养产业。下辖锦绣村、唐涂村、毛家畈村、东湖街村，辖区面积22.35平方公里。通过统筹区域内美好、春笋、恒大、中甄等优势

企业资源，综合片区美丽乡村规划建设和产业发展项目，坚持集中管理、点面结合，推动区域内经济提档升级。

## （三）做优"三"字文章促治理

一是"三强"。强阵地：建强基层堡垒，建强党群服务中心，建强乡村振兴服务站。强队伍：打造"三雁工程"。积极发挥村党支部书记带头，两委干部主力军作用，每村培育 2~3 名后备干部，形成"头雁-群雁-雏燕"阶梯式干部队伍结构。强产业：坚持一村一品，发展党组织领办合作社，实现组织带头党员带富。二是"三带"。上级带下级：街党工委班子成员—驻村干部—村两委干部。书记带党员：党支部书记带党员示范。党员带群众：党员"一帮三"。"遇到困难不要怕，记得给我打电话"。三是"三会"。村民理事会：运用村规民约、家风家训，倡导良好风尚。道德评议会：实现了村民的事情自管自治。乡贤参事会：在村能人、企业家、外地工作本乡人等积极参与村集体重大事项发展和决策。

## 参考文献

[1] 刘宁. 服务型政府视角下城市街道办事处职能转变问题研究 [D]. 郑州：郑州大学，2016.

[2] 李杰. 加强基层党建引领乡村振兴 [J]. 农村·农业·农民（B版），2020（10）：8-9.

[3] 周海华. 新时期高校基层党支部标准化建设探讨 [J]. 时代报告，2020（12）：26-27.

[4] 汪斐然. 社会工作机构参与社区社会组织运营的过程分析——基于赋权理论视角的实证研究 [D]. 武汉：中南财经政法大学，2019.

[5] 刘红岩，苏鹏飞. "企业家型村书记"带动有效村治的整体创新模式——基于湖北省荆州市枪杆村村庄转型的驱动机理剖析 [J]. 经济研究参考，2018（71）：53-57.

## 第二十八章

# 坚持党建引领　凸显专业优势
# 志愿服务助力乡村振兴

黄春萍　张耀文　李桂宇

（广西生态工程职业技术学院）

在十九大报告指出，农业、农村、农民问题是关系国计民生的根本性问题，必须始终把解决好"三农"问题作为全党工作的重中之重，实施乡村振兴战略[1]。脱贫攻坚取得全面胜利后，在守好脱贫攻坚成果的基础上，全面推进乡村振兴。2021 年是"十四五"开局之年，我国将开启全面建设社会主义现代化国家新征程、向第二个百年奋斗目标进军[2]。为积极响应国家号召，广西生态工程职业技术学院（以下简称生态职院）结合本校实际情况，充分发挥生态职院林业技术专业的专业特色，围绕"建设创美广西 共圆复兴梦想"总目标，组建生态职院"青山小卫士"林学院实践队（以下简称实践队）前往广西环江毛南族自治县龙岩乡开展以"永远跟党走，奋进新时代"为主题的"科技助力乡村振兴 志愿服务促增收"志愿服务活动为例。

## 一、坚持建党引领，充分发挥党员先锋模范作用

坚持党建引领，充分发挥党员先锋模范作用。广西生态工程职业技术学院每年派科技特派员、第一书记、驻村工作队和志愿服务团队等到对口帮扶村或其他村镇开展种植技术指导、服务，带头立足岗位做贡献，充分发挥党员先锋模范作用。

# 二、真抓实干，党建工作与业务工作深度结合，加强技术服务

## （一）深入贫困县、乡、村开展精准技术指导服务

把课堂和党的活动开展到田间地头，把解决实际工作中的难点作为党建工作的重点，要手把手教会农民，推动技术进村进户，真正做到精准服务。例如，每年暑假，广西生态工程职业技术学院都会集中培训学生党员，组建由师生组成的社会实践队进村进户开展志愿服务活动。实践队深入调研龙岩乡周边村屯的经济林和商品林"把脉问诊"，调研林地标准化种植，根据调研实际情况开"处方"。在观察油茶的生长状况和土壤后，实践队从油茶的水肥管理、修剪、除草及病虫害防治等四个层面用通俗易懂的语言为村民讲解，给村民"支招"。其中，在提到油茶的病虫害防治时，着重提到，在油茶生长中，软腐病、煤污病和茶梢蛾是常见的病虫害。软腐病，夏季高温、高湿环境易引发，且易造成大面积暴发，会导致油茶树落叶，甚至枯萎死亡。为减少软腐病发生的概率，每年春冬两季需修剪油茶树枝，清除染病枝条，确保林地通风透气。若发现有感染，需及时砍掉并销毁染病枝条，确保及时清除病源。

实践队员们热情地与村民交流油茶、桉树等经济树种种植生产中遇到的问题，积极为村民做"诊断"，给生产上的"疑难杂症"开处方。

## （二）开展致富带头人培育

经过多年的科技服务和推广经验累积，实践队成员意识到，培育"技术能手"是农林技术推广中的重要环节。所谓"技术能手"就是致富带头人，是振兴乡村的动力，一个"技术能手"能够带动一个村屯乃至乡镇。近年来，实践队加大农林技术推广人员和乡土人才的挖掘力度与培育力度，注重引导本土人才投身产业发展，有意识地带动和厌氧本土种植能手成为致富带头人。

### （三）发展种养"产业链"，农民增收有盼头

根据多年经验和调研发现，很多乡镇周边的林地面积不少，但已分散各个村屯，未形成集约管理。大部分农产品分散在各个农户，生产的农产品也大多数是自产自销，且都是以原产品形式出售，未进行加工，产值低。

根据实际情况，实践队向村民介绍了全国在发展种养"产业链"做得比较成功的省市案例，鼓励村委发动种植大户、致富带头人整合资源，创办农产品种养、加工和销售衔接的企业，形成规模化生产。将分散的农户整合起来，形成合力，统一面向市场，形成 $1+1>2$ 的效果。建设农家乐发展旅游文化，培养新型职业农民，增进农民福祉，促进当地的经济发展，吸引更多年轻青年回到农村，农民增收有盼头。

乡村振兴，科技先行。当代乡村发展，需要更多的人才深入基层将知识运用于实际，需要更多新型技术的注入。

### （四）充分利用信息化技术开展帮扶工作

借助信息化技术开展农林技术推广，充分利用信息化技术推动平台、人才、成果、服务与帮扶村进行有效链接。不定期有针对性地对农户开展农林业"实用生产技"培训。不定期对村干部进行计算机的基本操作、日常办公软件和腾讯文档等内容有针对性地培训，这为提高村干部日常办公带来了极大便利。

## 三、党建引领、志愿服务乡村振兴存在的主要问题

### （一）基层党组织战斗堡垒作用需进一步加强

基层党组织建设成为宣传党的主张、贯彻党的决定、领导基层治理、团结动员群众、推动改革发展的坚强战斗堡垒。目前，广西生态工程职业技术学院正处于加强党的基层组织建设时期，"战斗堡垒"作用仍需进一步加强。

## （二）志愿服务实践队伍尚不稳定

实践队由学生党员和教师党员组成，学生在校时间仅有三年，学生变动大且加之教师党员在校业务和科研繁重，人员更换频繁，对帮扶村镇服务的连续性不佳。

## （三）村民参与内生动力不足

农民因文化程度低、思想保守、观念固化等原因导致参与性不高的现象较为普遍。在乡村振兴中还需加大力度提高农民参与的积极性。

# 四、志愿服务，助力乡村振兴的思考

## （一）落实科学发展，培育新型人才

乡村振兴是一项系统性工程[3]，乡村振兴的关键在人。实施乡村振兴离不开职业教育的积极参与。农林类职业教育肩负着"三农"工作人才培养、培训的重任，坚持党建引领，不断落实科学发展观，不断完善和创新具有农林业职业发展特色的教育和培训体系，创新培养新型高素质专业技术人才，为农民现代化育苗蓄才当好排头兵，做好领头雁，为乡村振兴提供强有力的人才引领与技术支撑，助力乡村振兴具有重大意义。

## （二）践行生态文明，守住绿水青山

绿水青山就是金山银山。一直以来，党和国家高度重视生态环境保护工作，坚持人与自然和谐共生。在农村经济发展过程中，不要以牺牲生态环境为代价。在农林种植中，要合理种植，合理施肥正确使用农药，合理砍伐经济，坚持可持续发展，保护良好的生态环境。农林类院校要持续开展科技支农、科普宣讲、调研献策等志愿服务活动，努力成为担当民族复兴大任的时代新人，守住我们的绿水青山。

## 参考文献

［1］廖雯. 湖南省永州市大明江乡村生态旅游区可行性研究［D］. 长沙：中南林业科技大学，2018.

［2］高洁. 开启全面建设社会主义现代化国家新征程［J］. 新湘评论，2021（21）：46 - 47.

［3］吴雪. 黔南州实施乡村振兴行动计划路径与制度创新研究［J］. 农村经济与科技，2020，31（5）：246 - 248.

第七篇

社会保障扶贫与乡村振兴

# 第二十九章

# 息烽县建档立卡贫困人口生态护
# 林员需求现状浅析

郭江雪　陈通旋　游　泳

（贵州省林业学校）

建档立卡贫困人口生态护林员（以下简称"生态护林员"）是指从集中连片特殊困难地区、国家扶贫开发工作重点县以及所在省（区、市）主体生态功能区县的建档立卡贫困人口中选聘的，利用中央财政资金购买劳务，参加森林资源等管护服务的人员。[1]党中央、国务院高度重视扶贫开发工作，在《中共中央国务院关于打赢脱贫攻坚战的决定》中提出为加快贫困人口精准脱贫，"利用生态补偿和生态保护工程资金使当地有劳动能力的部分贫困人口转为护林员等生态保护人员"，从而实施精准扶贫战略。[2]

为有效推动精准扶贫战略，林业部门积极推进"生态补偿脱贫"政策，选择身体健康，符合条件的建档立卡贫困人口作为生态护林员。自从2016年中央发布《关于开展建档立卡贫困人口生态护林员选聘工作的通知》，实施生态护林员政策以来，贵州省相继发布《贵州省建档立卡贫困人口生态保护林员选任细则》《贵州省建档立卡贫困人口生态保护林员工作实施方案》，以贫困家庭为焦点，谋求资金投入，完善管理体制。根据贵州省林业局官方网站数据，到2020年，贵州生态林保护人员规模已达到18.28万人。各生态护林员按年收入1万元且以三个贫困人口脱贫标准来计算，全省生态保护林员累计帮助54万贫困人口实现脱贫。

贵州省长期存在森林资源面积大、护林队伍人员少、难以实现有效管护的困难，而随着生态护林员的出现，这一难题得到有效解决，森林生态资源得到有效保护，成效显著，全省森林火灾受灾率、林业有害生物成灾率均显著降低，详情如表 29 - 1、表 29 - 2 所示。

**表 29 - 1**　　　　　　　**全省森林火灾数据对比**

| 年份 | 全省森林火灾发生（起） | 全省森林火灾受灾率（‰） |
|---|---|---|
| 2015 | 153 | 0.070 |
| 2018 | 29 | 0.0077 |
| 2019 | 10 | 0.0019 |

资料来源：息烽县自然资源局。

**表 29 - 2**　　　　　　　**全省林业有害生物成灾数据对比**

| 年份 | 全省林业有害生物成灾率（‰） |
|---|---|
| 2015 | 0.12 |
| 2018 | 0.06 |
| 2019 | 0.057 |

资料来源：息烽县自然资源局。

# 一、息烽县基本情况

## （一）息烽县概况

息烽县坐落于贵州省中部，地处国务院确定的黔中经济区、贵阳生态保护发展区、北部高新技术产业实体经济带上，地理位置为东经 106°27′29″ ~ 106°53′43″，北纬 26°57′42″ ~ 27°19′45″。东临开阳，南抵修文县，西北隔乌江与毕节市金沙县相望，北与遵义市毗邻，县城距离省会贵阳 66 千米。

全县总面积 1036.5 平方公里，辖 9 镇 1 乡 1 街道办，177 个村（居），总人口 27.64 万人，有苗族、布依族、彝族等 19 个少数民族。

## （二）息烽县森林资源概况

根据息烽县 2020 年度森林资源管理"一张图"数据，全县国土总面积 103650 公顷，其中：林地面积 49640 公顷，占国土面积的 47.9%；非林地面积 54079 公顷，占全县国土总面积的 52.1%。全县森林覆盖率为 57.63%。

全县林地面积 49640 公顷，其中有林地 37056 公顷，疏林地 17 公顷，灌

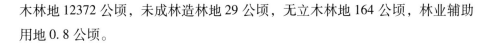

木林地 12372 公顷，未成林造林地 29 公顷，无立木林地 164 公顷，林业辅助用地 0.8 公顷。

### （三）息烽县贫困人口状况

息烽县虽然地处川黔、黔渝交通要道，距离省会贵阳 66 千米，距离历史名城遵义 87 千米，但由于立地条件差、交通不便、信息闭塞、缺乏技术等各种历史原因，息烽县全县建档立卡贫困户总数为 2635 户 7157 人。

## 二、生态护林员的选聘与考核

为助力息烽县脱贫攻坚，息烽县林业局积极向省、市林业局争取生态护林员名额，落实生态护林员选聘，为建档立卡贫困户增加收入，并制定《息烽县护林员管理考核办法》，规范管理考核，积极发挥护林员作用，助推脱贫攻坚。生态护林员每人每月 800 元，管护绩效补贴为每人 400 元/年，根据护林员履职情况和考核结果进行发放。

2020 年全县 11 个乡镇（含街道办）共选聘省级生态护林员 1083 人，累计发放补助 1097.92525 万元，人均管护面积为 500 余亩。各乡镇（含街道办）生态护林员基本情况如表 29 - 3 所示。

表 29 - 3　　　　　　　息烽县各乡镇生态护林员基本情况

| 特征量 | 特征描述 | 人数（人） | 占总人数的百分比（%） |
|---|---|---|---|
| 乡镇名 | 永靖镇 | 75 | 6.93 |
| | 永阳街道办事处 | 11 | 1.02 |
| | 西山镇 | 111 | 10.25 |
| | 青山乡 | 16 | 1.48 |
| | 石硐镇 | 143 | 13.20 |
| | 九庄镇 | 93 | 8.59 |
| | 鹿窝镇 | 106 | 9.79 |
| | 流长镇 | 163 | 15.05 |
| | 小寨坝镇 | 213 | 19.67 |
| | 养龙司镇 | 104 | 9.60 |
| | 温泉镇 | 48 | 4.43 |

续表

| 特征量 | 特征描述 | 人数（人） | 占总人数的百分比（%） |
|---|---|---|---|
| 性别 | 男 | 807 | 74.51 |
| | 女 | 276 | 25.49 |
| 聘用方式 | 续聘 | 1049 | 96.86 |
| | 新聘（新增） | 34 | 3.14 |

资料来源：息烽县自然资源局。

## （一）确定聘用条件

已列入当地建档立卡贫困人口，年龄一般在 18～60 周岁（对于续聘人员，根据健康情况可酌情放宽年龄限制），身体健康，能胜任野外巡护工作，有责任心强，政治素质良好，热爱公益事业，遵纪守法人员确定为聘用对象。

## （二）明晰聘用程序

由建档立卡贫困户向村委会提出书面申请，经村委评议和公示后向当地乡镇人民政府提交相关资料进行申报；经乡镇人民政府审核同意、考察后，按照"脱贫、择优、公开"的原则，确定拟聘的生态护林员经县级林业、财政、扶贫部门审定后，由乡镇人民政府与其签订聘用和管护合同，并报县级林业主管部门备案。

## （三）规范考核办法

生态护林员由乡镇林业站考核，乡镇人民政府审核，由县级林业主管部门审批。原则按月考核，其考核结果作为发放生态护林员森林管护承包补助费的依据。

考核内容主要包括：（1）管护责任区每月开展巡护天数（巡护记录）；（2）是否最先发现责任区破坏森林资源的情况或有无漏报；（3）各种影响森林资源安全的隐患是否被发现；（4）有无巡山记录；（5）乡镇林业主管部门交办工作的完成情况等。

年终综合评定，对工作突出和满勤的进行奖励，对工作不负责、不服从管理的提出批评，对辖区内发生森林资源违法案件情况的进行惩处，其工作成效将作为次年续聘依据。

据息烽县扶贫办统计，2020 年在息烽县全县建档立卡贫困户多达 2635 户 7157 人中，选聘了 1083 人为生态护林员，占建档立卡贫困人口的 15.13%。

# 三、息烽县生态护林员需求分析

## （一）数据来源及样本基本特征

本章分别对息烽县永靖镇、鹿窝镇、西山镇和九庄镇生态护林员发放调查问卷，以填写问卷的方式进行调查。问卷收集了有关被调查者个人基本信息，如年龄、性别、受教育程度，重点收集了生态护林员对管护工作需求等信息。本次调查共发放问卷 210 份，收回问卷 154 份，回收率 73.33%；剔除一些缺失数据较多的问卷和有明显偏差的问卷，最终的有效问卷为 138 份，有效回收率为 65.71%。

从表 29 - 4 可以了解到，在 138 名调查对象中以男性居多占 74.63%，年龄以 51～60 岁的为主，占到了总人数的 39.13%，在教育程度方面小学及以下文化程度最多达到 51.45%，其次是初中文化水平占 41.30%，高中或中专占 7.25%，大专及以上为 0，说明调查对象普遍受教育程度较低。

表 29 - 4　　　　　　　　　　　　样本的基本特征

| 特征量 | 特征描述 | 人数（人） | 占总人数的百分比（%） |
|---|---|---|---|
| 年龄 | 30 岁以下 | 7 | 5.07 |
| | 31～40 岁 | 15 | 10.87 |
| | 41～50 岁 | 48 | 34.78 |
| | 51～60 岁 | 54 | 39.13 |
| | 61～70 岁 | 14 | 10.14 |
| 性别 | 男 | 103 | 74.63 |
| | 女 | 35 | 25.37 |
| 受教育程度 | 小学及以下 | 71 | 51.45 |
| | 初中 | 57 | 41.30 |
| | 高中或中专 | 10 | 7.25 |
| | 大专及以上 | 0 | 0 |

## （二）生态护林员对管护工作的需求情况

### 1. 生态护林员对岗位职责和要求的掌握情况

通过调查，在"你对于护林职责、工作流程、巡护内容、安全防范等有关要求是否了解"这一题目中"了解较少"与"了解较多"分别占了37.68%和12.32%，有48.55%的护林员认为"了解一般"，而认为"完全了解"的农民工仅占了总数的1.44%，"完全不了解"为零（见图30-1）。通过这些数据我们可以看出，当地生态护林员对岗位职责和要求虽然有一定认识，但认识程度不深，仍有较大提升空间。

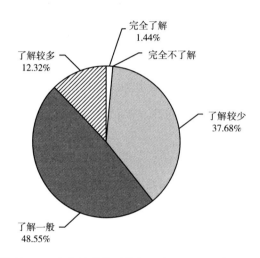

**图 29-1　生态护林员对岗位职责和要求的掌握情况**

资料来源：问卷调查。

### 2. 生态护林员对护林工作的需求

通过图30-2我们可以看到生态护林员对提高待遇的需求度最高，达到86.23%；其次是希望配备巡护设施设备，为70.30%；"加强培训"排到第三，占比为41.30%，且需求年龄相对集中在45岁以下人员，通过走访我们还了解到：在培训内容方面，除了护林职责、流程、巡护内容及要求、安全防范等岗位知识培训以外，有的调查对象还希望能提供符合当地林业产业发展、林下经济等方面的知识培训，反映出年轻一代的生态护林员除了完成护林职责以外，对林业产业发展表现出浓厚的兴趣，期望在开展护林工作的同时也能进行林业产业发展，从而提高经济收入；有 23.19% 的调查对象希望能适当调整管护面积，缩短不同地区所辖管护范围的差距；此外，仅有 9.42% 的调查对象希望减少从事其他非生态护林员职责的工作，反映出绝大多数生态护林员对目前的工作安排如兼顾村内环境卫生等方面无意见。

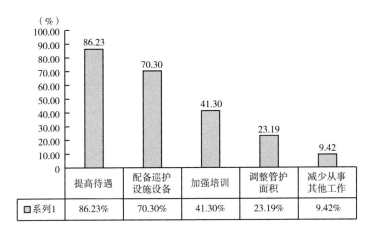

图 29－2　生态护林员对护林工作的需求

资料来源：问卷调查。

通过以上调查我们发现息烽县生态护林工作整体运行较好，聘用流程明晰有序，考核规范透明，生态护林员对政策认可度较高，流失率较低（续聘率为 96.86%）。

# 四、存在的问题及建议

## （一）存在的问题

生态护林员整体文化素质仍处于较低水平，导致护林员对于岗位职责、要求的掌握度偏低，这在一定程度上阻碍了管护工作的推进，影响管护质量。

巡护设施设备尚需配备完善，巡护服装、通信设备没有统一发放。

管护补贴与个人需求仍存在差距。虽然管护补贴目前已提高到每人每年一万元，但由于管护范围广，部分生态护林员需要骑车巡护，从而加大了管护投入。

部分存在指标分配与当地森林资源不匹配的情况，导致不同行政区域生态护林员人均管护面积存在较大差异的现象。

培训力度仍需加大。当地政府虽已组织开展多次培训，但是由于生态护林员整体文化程度较低、年龄较大，培训效果并不理想。

## （二）建议

创新管理模式。除传统的一人指定管护一片区域以外，尝试采用不同管理模式，可优先选用有文化、有能力、年轻化的生态护林员作为小组长，将负责相邻管护区域人员进行整合，组建生态护林小组，按照网格化管理的模式实施管护，人均400元的管护绩效将根据小组成员实际考核情况分等次发放。该模式将充分利用小组长学习能力强、工作执行力高的优势，在一定程度上减少因个人素质差异、指标分配与森林资源不匹配导致管护质量出现较大差别的现状发生。

继续加大巡护设施设备的投入，如巡护服装、通信设施等。既在一定程度上提高生态护林员的工作积极性，也能提高管护效率，促进管护质量进一步提升。

继续加大培训力度，不断扩充和丰富培训内容。除加大原有的岗位知识培训外，可结合乡村振兴、林业产业发展拓展培训内容，特别是有针对性地加强对护林小组长的强化培训，通过护林小组长带动小组成员，在开展管护工作的同时，还可以发展林业产业，既能有效提升培训效果，改善管护质量，还能增加生态护林员的收入，缩短管护补贴与个人需求的差距。

# 五、结语

为有效推动精准扶贫战略，我省林业部门积极推进"生态补偿脱贫"政策，选择身体健康，符合条件的建档立卡贫困人口作为生态护林员，自实施以来取得不俗的成绩。本文就息烽县生态护林员需求现状进行调查分析，总结出存在的问题，并提出建议。希望能为今后贵州各有关部门开展生态护林工作方面提供有效参考。

## 参考文献

［1］国家林业局办公室，财政部办公厅，国务院扶贫办行政人事司．关于开展建档立卡贫困人口生态护林员选聘工作的通知，2016．

［2］中共中央、国务院．关于打赢脱贫攻坚战的决定，2015．

［3］刘攀，刘璞，程婷，等．贵州省建档立卡贫困人口生态护林员政策成效分析［J］．绿色财会，2017（1）：43－46．

［4］石军．建档立卡贫困人口生态护林员现状浅析［J］．花卉，2020（6）：202－203．

［5］王建．建档立卡贫困人口生态护林员问题及对策［J］．绿色科技，2019（21）：200－201．

［6］郑洁．生态护林员：守护一片林 脱贫一群人［J］．当代贵州，2020（25）：46－47．

［7］杨宇琼．论碧江区建档立卡贫困人口生态护林员的选聘与管理［J］．农家参谋，2020（21）：175－177．

［8］刘力群．精准扶贫视域下生态护林员政策相关问题研究［D］．北京：北京林业大学，2018．

［9］方春英．贵州省累计选聘18.28万名生态护林员［N］．贵州日报，2020－7－13．

［10］张凯，刘杨．生态护林员：一人护林，全家脱贫［N］．当代贵州，2020－8－30．

# 第三十章

# 实施生态护林员政策护青山绿水促精准脱贫

## 彭坤华

（贵州省林业学校）

为深入贯彻落实习近平扶贫思想 坚决打好精准脱贫攻坚，2016 年国家林草局会同财政部、国务院扶贫办在贫困地区选聘生态护林员，实现脱贫、生态保护的目标。

为贯彻落实党中央国务院脱贫攻坚工作中的"八个一批"中生态补偿脱贫一批的战略部署，林草局深入实施天然林保护、保护林建设等重点生态工程，及时兑现国家公益林范围内的森林生态补偿金，依靠长效补偿机制落实，稳定解决一批贫困人口脱贫问题。

贵州省 2016 年实施《贵州省建档立卡贫困人口生态护林员工作实施方案》以来，取得显著成效，2020 年实现了全省 66 个贫困县（市、区）、923 万贫困人口全部脱贫，实现绝对贫困全面"清零"目标。

瓮安县岚关乡 2016 年完成了聘用生态护林员管护协议签订、培训和上岗，有效改善建档立卡户家庭的贫困状况，推进了岚关乡贫困人口全面脱贫。

## 一、岚关乡基本概况

岚关乡地处瓮安南端，距县城 22 公里，东与黄平县接壤，南紧邻福泉市牛场镇，西与平定营镇相邻，北与永和镇相连，总面积 110.87 平方公里，有耕地面积 14865 亩，最高海拔 1336 米，森林面积 7547.93 公顷，森林覆盖率68.4%。矿产资源有煤、磷、铁、重晶石等，有地球上同纬度保存最完好的国家级原始森林——朱家山。

岚关乡辖三个行政村 58 个村民组，现有人口 4585 户 16039 人，其中建档立卡户 347 户 1192 人，茶海村 78 户 210 人，岚关村 74 户 176 人，章阁村 195 户 806 人；边缘户 25 户 77 人，茶海村 6 户 19 人，岚关村 7 户 25 人，章阁村 12 户 33 人；脱贫不稳定户 1 户 1 人。2014 年以来，全乡累计减少贫困人口 409 户 1461 人，唯一的一个省级二类贫困村章阁村于 2016 年成功出列退出，2017 年攻坚克难，2018 年接受国家第三方评估验收精彩出列，2019 年剩余 98 户贫困人口全部实现脱贫，贫困发生率从 2014 年 7.37% 下降到 0。

岚关乡建档立卡户 347 户，其中生态护林员 61 户，占全乡建档立卡户 17.6%；茶海村 16 户，占 5%；岚关村 10 户，占 3%，章阁村 35 户，占 10%。2018 年全部脱贫。

## 二、岚关乡生态护林员扶贫政策的落实

为全面落实《中共中央、国务院关于打赢脱贫攻坚战三年行动的指导意见》精神《贵州省委、省政府关于深入实施打赢脱贫攻坚战三年行动发起总攻夺取全胜的决定》，根据《国家林草局办公室 财政部办公厅 国务院扶贫办综合司关于开展建档立卡贫困人口生态护林员选聘工作的通知》，（办规字〔2016〕171 号），按照国家《建档立卡贫困人口生态护林员选聘办法》的要求，贵州省制定了《贵州省建档立卡贫困人口生态护林员工作实施方案》和《贵州省建档立卡贫困人口生态护林员选聘细则》，从 2016 年以来，岚关乡共选聘生态护林员 61 户，每户工资性收入 9600 元/年，按照岚关乡要求，每户必选在 3 人以上，平均每人增加收入 2500 元左右，加上森林生态效益补偿，每户增加收入超过 10000 元以上，2018 年岚关乡生态护林员 61 户脱贫摘帽。

## 三、岚关乡主要经验

### （一）落实政策，严格把关

深入贯彻习近平总书记关于扶贫工作重要论述，坚定坚决如期高质量完成脱贫攻坚目标任务，岚关乡成立林业站、财政所、扶贫站、村委部门组成

生态护林员工作领导小组，乡党委书记、乡长担任组长，相关单位负责人为成员，宣传执行国家林草局会同财政部、国务院扶贫办关于开展建档立卡贫困人口生态护林员政策，审核严格把关，经村委会初审、公示、岚关乡林业站审核，最后由乡镇人民政府审批，签订管护合同。为岚关乡建档立卡贫困人口生态护林员扶贫政策宣传和落实提供组织保障。

### （二）合理安排，精准选聘

瓮安县岚关乡认真贯彻落实国家《建档立卡贫困人口生态护林员选聘办法》《贵州省建档立卡贫困人口生态护林员工作实施方案》《贵州省建档立卡贫困人口生态护林员选聘细则》要求，开展生态护林员选聘和管理工作。乡按各村森林资源的分布情况，以 1 个或相邻的多个村划分管护区域，合理安排生态护林员，组建巡护队伍进行巡护。

瓮安县岚关乡根据实际情况，生态护林员主要安排在建档立卡户在 3 人以上家庭，通过乡人民政府审核、张榜公示、林业部门培训、签订管护协议、聘用上岗，做到生态护林员精准选聘。

### （三）加强培训和签订管护协议

瓮安县岚关乡高度重视加强生态护林员的培训工作，培训合格后才能上岗工作，主要培训林业法律、法规、政策和护林员的日常工作比如森林资源巡护及日志填报等，然后由乡与选聘的生态护林员签订管护协议，协议中明确管护地点、管护责任、管护面积、绩效考核。

岚关乡要求生态护林员必须明确管护地点、管护责任、管护面积、绩效考核等内容。

### （四）严格考核

2019 年岚关乡出台了《关于印发〈岚关乡建档立卡贫困人口生态护林员考核实施方案〉的通知》，由乡林业站和各村组成考核小组按季度进行考核，考核生态护林员履职情况，考核结果经生态护林员本人签字确认后，报县林业、财政、扶贫局备案，并将考核结果记入管护协议，考核结果作为管护报酬发放的依据。

### （五）资金专项管理，及时发放

生态护林员补助资金为劳务补贴按每人每月 800 元，由县林业局与财政局通过护林员"一折通"按季度发放，管护绩效补贴为每人 400 元，根据护林员履职情况和考核结果进行发放。

### （六）健全档案，精心管理

岚关乡建立健全生态护林员档案，明确专人管理、及时补充、完善、整理并归档。严格生态护林员年度考核、续签协议；对年度考核不合格的生态护林员，乡林业站通知生态护林员本人，及时培训合格后上岗，履行相关手续，完善信息资料。

## 四、落实生态护林员政策的实效

### （一）森林资源得到有效保护

瓮安县岚关乡自 2016 年落实生态护林员政策以来，有效保护岚关 7547.93 公顷森林资源，生态护林员队加大了全乡森林资源管理的力度，森林资源安全、火情火灾发生率、人为破坏明显下降。例如，岚关乡岚关村蔡成珍，在参加生态护林员选聘后，按照选聘流程，被聘用为该村生态护林员，并签订了管护合同。通过岗前培训后正式上岗，他一人管护面积约 2800 亩山林，月收入 800 元。按照选聘合同要求，蔡成珍每星期至少巡林一次。夏季，他常态化巡视山林，及时对捕捉野生动物和破坏森林资源的违法等行为进行制止并第一时间报告给岚关乡林业站处理，全力保护好森林资源；冬季，他每日进山巡逻，遇到进山村民和外地人，告诉他们切勿野外用火，注意森林防火。同时，他还在岚关乡林业站领取防火宣传单，入户发放和宣传，一年多来，他管护的林区没有发生一起森林火情。

岚关乡实行生态护林员政策后，在破坏森林资源、林业行政案件报案数和火情、火灾，同比分别上升了 5% 和减少 30%，效果十分明显。

## （二）保护和巩固双促进

至今，全乡落实生态护林员 61 户，累计到位资金 420 万元，61 户贫困户家庭实现生态扶贫，为岚关乡实现脱贫任务做出应有的贡献。

为了巩固脱贫攻坚成果，2020 年《瓮安县下达关于〈2020 中央指标建档立卡贫困人口生态护林员续聘指标及补助资金指标〉的通知》，岚关乡根据通知要求切实抓好生态护林员的管理工作，实现森林资源的保护和巩固脱贫攻坚成果双促进。

## （三）保护生态意识明显提高

生态护林员不仅要保护好森林资源，而其要为生态保护作好保护宣传，做生态文明建设实践者。一方面自身做到并遵守生态环境保护法律，认识到包括滥食野生动物等一些破坏生态环境的行为不仅是不文明、不道德的表现，而更是一种违法犯罪行为；另一方面也要鼓励周围人提高守法意识，带动和影响身边更多人遵守生态环境保护法律，并监督举报他人违反生态环境保护法律的行为，让生态环境领域的守法意识深入人心，从而严格约束不文明行为，提高保护生态意识。

## （四）全面提升劳动技能，增强内生发展动力，巩固脱贫攻坚成果

通过对生态护林员在林业实用技术运用方面进行培训，使之掌握林业实用技术，具备自我造血功能，就能够坦然面对各种困难和问题，找到脱贫致富的路径。

例如岚关乡岚关村村民冯仕进。一家四口人，当他为家里的贫困状况发愁时，脱贫攻坚的春风吹到了他所在的乡村。借助扶贫政策的力量和自身的不怕吃苦、不断努力，他们在短短几年内实现了脱贫梦。2016 年 10 月，瓮安县生态护林员政策开始落实，冯仕进正好符合选聘条件，当被聘为生态护林员时他非常开心，觉得终于有办法改变自己的生活条件了。自此，他认真履行生态护林员管护职责，每月坚持巡山管护 20 天以上，这样每年可获得 9600 元的管护补助，基本满足了家里日常生活的需要。冯仕进管护的林子周围居住的人口少，空气好无污染。他找准时机、抓住机遇，借助政策东风利

用扶贫贷款发展起林下养蜂产业，成了村里的养蜂大户，现在累计有 100 余箱，加上护林补助，他家的年收入达到 5 万余元。

岚关乡像这样的生态护林员脱贫的有很多，冯仕进只是其中的一员。现在，生态护林员已成为岚关乡生态保护的主力军，为实现保护岚关的绿水青山起到了决定性作用，生态护林员脱贫也是整个脱贫不可缺少的一部分，发挥着引领作用，实现"脱贫＋保护"双重效能。

## 参考文献

［1］肖芳．习近平关于生态扶贫的重要论述研究［D］．赣州：江西理工大学，2020．

［2］国家发改委等六部委：发布生态扶贫工作方案［J］．中国食品，2018（4）：46－47．

［3］罗兰．贵州少数民族贫困地区生态扶贫研究［D］．贵阳：贵州财经大学，2019．

［4］杨晓洲．生态补偿机制中的生态扶贫作用分析［J］．花卉，2019（18）：295．

［5］让贫困人口从生态保护中得到更多实惠——六部门制定出台《生态扶贫工作方案》［J］．中国合作经济，2018（4）：21．

［6］晏定坤．浅谈瓮安县林业生态补偿对巩固提升脱贫成效对策［J］．当代旅游，2019（7）：204．

［7］刘永庆，张鹏，张敏欣．青海生态护林员扶贫政策落实与实践［J］．经济师，2020（9）：135－137．

［8］白晓波．林业产业在脱贫攻坚中的作用［J］．花卉，2020（10）：178－179．

［9］张建龙．发挥林业独特优势 坚决打赢扶贫开发攻坚战［N］．中国绿色时报，2015－10－16（1）．

# 中国（南方）现代林业职业教育集团大事记

2013 年 10 月 21 日，中国（南方）现代林业职业教育集团筹备会在柳州召开。会议由集团组建牵头单位—广西生态工程职业技术学院组织。南方片区的 15 个省（区、市）林业职业教育机构、林业科学研究机构、林业企事业单位和林业管理部门的代表 40 多人参加了筹备会。广西林业厅副厅长李明琪、国家林业局林业职业教育研究中心常务副主任李炳凯、全国林业职业教育教学指导委员会常务副主任兼秘书长贺建伟等领导出席会议。会议讨论并原则通过了《中国（南方）现代林业职业教育集团章程》（草案）、《中国中国（南方）现代林业职业教育集团建设方案》、集团组成人员候选人名单和 2014 年工作计划（草案）。

2014 年 7 月 15 日，中国（南方）现代林业职业教育集团在广西柳州成立。广西生态工程职业技术学院院长庞正轰当选中国（南方）现代林业职业教育集团第一届理事长。中国（南方）现代林业职业教育集团由南方 16 个省（区、市）内的 38 所涉林院校、88 家行业企业、14 家科研院所和 8 家行业协会学会联合组成。中国（南方）现代林业职业教育集团将通过搭建集团内林业行业产学研结合和校企深度融合的平台，在师资队伍、实验实习设施、实训基地、职业技能鉴定、教科研成果、教育信息、产教结合及校企合作等方面实现教育资源共享，创新林业职业教育新模式，增强林业职业教育办学活力和服务现代林业发展的能力。

2016 年 7 月 1 日，中国（南方）现代林业职业教育集团理事长、广西生态工程职业技术学院党委书记庞正轰到辽宁林业职业技术学院考察调研集团化办学情况，中国（北方）现代林业职业教育集团理事长、学院党委书记邹学忠，集团常务副秘书长、院高职教育研究所所长徐岩以及学院党政办公室主任刘颖、副主任刘洋参加了交流研讨。双方与会领导和参会人员就今后进一步加强南北两大林业职教集团交流合作等事宜进行了深入交流。

2017 年 1 月 10 日，中国（南方）现代林业职业教育集团 2017 年校长联席会议在广西柳州顺利召开。广西生态工程职业技术学院院长罗掌华、福建林业职业技术学院院长郑郁善、广东生态工程职业技术学院院长廖金铃、安徽林业职业技术学院院长欧阳家安分别主持了阶段性会议。会议紧紧围绕集团的运行机制、工作重点、工作计划、理事大会等事项进行了深入的探讨和研究，并对集团未来的发展方略及行动计划达成了共识，认为集团的发展需要加强校企合作，要吸纳更多有影响力的龙头企业加入，实现资源共享、校企合作、产教融合的协同发展。

2017 年 5 月 26 日，中国（南方）现代林业职业教育集团第二届理事会暨产教融合高峰论坛在柳州开幕。会议由集团理事长单位广西生态工程职业技术学院承办。国家林业局人教司副司长王浩、广西壮族自治区林业厅副厅长邓建华、国家林业局人教司培训处处长吴友苗、广西壮族自治区教育厅职成处副处长万锋锋、中国林业教育学会秘书长田阳、中国（北方）现代林业职业教育集团秘书长徐岩、广西生态工程职业技术学院党委书记李振秋、院长罗掌华，越南部分涉林院校和企业，印尼金光集团等境外企业，福建林业职业技术学院、云南林业职业技术学院、广东生态工程职业学院、贵州林业学校、福建三名林业学校等 13 所高职院校和 5 所中职院校以及 15 家企业和科研院所的领导及代表参加会议。开幕式由广西生态工程职业技术学院院长罗掌华主持。会议进行了集团工作总结、部署了 2017 年的工作计划、工作重点，审议通过了《集团章程修订意见》、部分集团人事变动情况，制定了各工作委员会 2017～2018 年工作计划及重点工作实施方案，并进行了校校合作和校企合作签约和企业需求发布，为下一步全面开展集团工作打下了坚实的基础。

2017 年 11 月 24 日，由广西生态工程职业技术学院、中国（南方）现代林业职业教育集团承办的全国林业职业院校协作会 2017 年度会议在柳州召开。会议旨在深入学习贯彻党的十九大精神，围绕"合作、开放、创新"主题研讨交流林业职业教育产教融合、校企合作、专业建设、院校治理、国际交流等问题。国家林业局人事司处长吴友苗、调研员邹庆浩，国家林业局职教中心常委副主任胡志东，林业厅人事教育处处长宋正海，广西生态工程职业技术学院党委书记李振秋，院长罗掌华，党委副书记、纪委书记黄健，副书记王汉奇，副院长时祖豪、王伟，及全国 31 所林业职业院校的 120 余名代表参加会议。会议由胡志东主持。会议讨论形成了全国林业职业院校协作会 2017 年度会议宣言。宣言强调：为全面提高林业职业教育质量，推动林业职业教育现代化，我们将共同致力于：坚持以习近平新时代中国特色社会主义思想为指导，科学发展林业职业教育；坚持以德树人，德育为先；坚持以生为本，素质为基；坚持创新驱动、内涵发展；坚持产教融合、合作共赢；坚持面向世界、开放办学。

2018 年 1 月 12 日，中国（南方）现代林业职业教育集团 2018 年校长联席会议在云南林业职业技术学院顺利召开。广西生态工程职业技术学院院长罗掌华、湖南环境生物职业技术学院院长左家哺、福建林业职业技术学院副院长叶世森、广东生态工程职业技术学院党委副书记邓燕忠等参加会议，广西生态工程职业技术学院院长罗掌华主持了会议。代表们结合十九大精神，紧紧围绕集团的工作计划、理事大会等事项进行了深入的探讨和研究，对集团今后的发展达成了共识。会议主要确定了集团第一届微课创作大赛、第三届理事大会相关事宜、优质课程资源共享建设实施方案、第一届学生技能大赛以及召开集团诊断与改进工作会议等内容。

2018 年 5 月，中国（南方）现代林业职业教育集团参加 2018 年广西职业教育活动周，集团理事长罗掌华参加活动周启动仪式和高峰论坛。此次展览分为政策宣传区、人才培养区、科技创新区、产教融合区、文化传承区、继续教育区、服务居民区、人才招聘区共 8 个展区，集团参加了产教融合展区布展，通过图文展示集团在产教融合上的多方成绩，实物展示有茶叶包装设计、木材榫卯结合构件、园林景观和动物标本等，充分展示了集团教育产教融合办学成果。

2018 年 5 月 12 日，中国（南方）现代林业职业教育集团第一届微课创作大赛复评会暨学生技能竞赛研讨会在广东生态工程职业学院召开。参加会议的领导有国家林业和草原局职教研究中心常务副主任胡志东、中国（南方）现代林业职业教育集团理事长罗掌华博士，以及中国（南方）现代林业职业教育集团部分副理事长单位的领导和专家。本次微课创作大赛由广东生态工程职业学院承办，大赛分为高职组和中职组，共收到了 18 个成员单位 81 件参赛作品。集团学生技能大赛研讨会由中国（南方）现代林业职业教育集团理事长罗掌华博士主持。研讨会主要就集团学生技能大赛项目的承办方式和评审方式，参赛项目的数量和相关内容等方面进行研究讨论。经过与会领导和专家的激烈讨论，达成了相应的共识。

2018年9月29日，首届全国林业创新创业大赛全国半决赛中国（南方）现代林业职业教育集团赛点暨学生技能大赛研讨会在柳州举行。本次大赛是由国家林业和草原局人事司、人才开发交流中心、中国林业出版社、中国林业教育学会、全国林业就业创业工作联盟、中国高校创新创业孵化器联盟、北京启航致远教育科技有限公司等单位参与协办。国家林业和草原局职业教育研究中心常务副主任胡志东、广西壮族自治区林业厅副厅长、党组成员邓建华出席了开幕式并讲话，中国（南方）现代林业职业教育集团成员单位及各参赛队师生300余人参加开幕式。开幕式由中国（南方）现代林业职业教育集团理事长罗掌华主持，广西生态工程职业技术学院党委书记李振秋致欢迎辞。大赛以深入践行习近平总书记"绿水青山就是金山银山"的发展理念，充分挖掘林业特色优势和创新活力，激发广大林业人才创新创业热情，引导大学生到林业基层一线就业创业，发挥好大学生创新创业示范和辐射作用，为新时代林业现代化建设提供强有力的创新驱动和智力支撑。

2018年11月，广西壮族自治区教育厅正式公布了《关于公布自治区首批示范性职业教育集团评选结果的通知》，中国（南方）现代林业职业教育集团被广西壮族自治区教育厅评为广西壮族自治区十大示范性职业教育集团。

2018年11月27日，由中国（南方）现代林业职业教育集团主办、福建林业职业技术学院承办的中国（南方）现代林业职业教育集团2018年理事会在福建南平顺利召开。国家林业和草原局人事司教育培训处处长邹庆浩，国家林业和草原局职业教育研究中心常务副主任胡志东，中国（南方）现代林业职业教育集团理事长罗掌华，中国（南方）现代林业职业教育集团副理事长左家哺，中国（南方）现代林业职业教育集团副理事长李永和，中国（南方）现代林业职业教育集团副理事长陈文详，以及集团部分成员单位代表共计50余人参加会议，会议由福建林业职业技术学院党委书记兼院长万泉主持。国家林业和草原局人事司教育培训处处长邹庆浩发表讲话，他对集团近年的工作给予了充分肯定，认为中国（南方）现代林业职业教育集团独具优势和特色，集团凝聚力不断增强，辐射领域不断扩大，影响力不断上升，取得了显著成效。理事会上，集团理事长罗掌华代表集团理事会做了《中国（南方）现代林业职业教育集团工作报告》。胡志东主任对 2018 年中国（南方）现代林业职业教育集团近年的工作给予了充分肯定，认为本次会议成功交流并分享了经验和做法，碰撞了职业教育创新发展的思想，凝聚了集团化发展的共识，紧扣了职业教育发展的脉搏，深刻领会了全国职业教育大会的精髓，是一次很成功的会议。

2019 年 4 月 24 日，由中国（南方）现代林业职业教育集团主办、黔东南民族职业技术学院承办的中国（南方）现代林业职业教育集团 2019 年校长联席会在贵州黔东南顺利召开。中国（南方）现代林业职业教育集团理事长罗掌华，副理事长左家哺、李永和、廖金铃、潘菊素等，以及集团理事单位代表共计 30 余人参加会议，会议由集团理事长罗掌华博士主持。本次校长联席会就 2019 年集团重点工作进行了商讨，在以下方面达成了共识：一是确定了中国（南方）现代林业职业教育集团第一届学生技能大赛承办单位、赛项和时间。二是中国（南方）现代林业职业教育集团第二届微课创作大赛，继续按照第一届的评审方式和流程来评审。三是积极推进 2019 年"中国—东盟林业产教对接会"。四是 2019 年全国林业创新创业大赛南方片区初赛由广西生态工程职业技术学院负责承办，半决赛由江苏农林职业技术学院承办。五是完善了中国（南方）现代林业职业教育集团的经费管理制度。

2019 年 6 月 27 日，中国（南方）现代林业职业教育集团第二届微课创作大赛复评会在湖南环境生物职业技术学院召开。参加会议的领导有集团秘书长冯昌信，湖南环境生物职业技术学院院长左家哺，以及集团部分副理事长单位的代表共计 30 余人参会。开幕式由湖南环境生物职业技术学院副院长刘振湘主持。本次微课创作大赛由湖南环境生物职业技术学院承办，大赛分为高职组和中职组，共收到了 16 个成员单位 79 件参赛作品。

2019 年 11 月 9 日，中国（南方）现代林业职业教育集团第一届技能大赛在昆明举行。本次大赛是在国家林业和草原局职教研究中心、全国林业职业教育教学指导委员会指导下，由中国（南方）现代林业职业教育集团主办、云南林业职业技术学院承办。国家林业和草原局职业教育研究中心常务副主任胡志东、中国（南方）现代林业职业教育集团理事长罗掌华、云南省教育厅职成教处调研员高明磊、云南省林业和草原局科学技术处副处长杨荣飞出席了开幕式，开幕式由云南林业职业技术学院院长李永和主持。大赛共设 3S 技术应用、林分调查技术和边坡绿化 3 个赛项，共有来自云南林业职业技术学院、宁波城市职业技术学院、江苏农林职业技术学院、湖南环境生物职业技术学院、黔东南民族职业技术学院、湖北生态工程职业技术学院、福建林业职业技术学院、江西环境工程职业学院、广西生态工程职业技术学院等 13 个集团成员单位的 56 支参赛队伍、95 名参赛选手参加本次比赛。

2019 年 12 月 27 日，由中国（南方）现代林业职业教育集团主办、广西生态工程职业技术学院承办的中国（南方）现代林业职业教育集团 2019 年年会在广西柳州顺利召开。国家林业和草原局职业教育研究中心常务副主任胡志东，中国（南方）现代林业职业教育集团秘书长冯昌信教授，中国（南方）现代林业职业教育集团副理事长左家哺教授，中国（南方）现代林业职业教育集团副理事长李永和教授，以及集团部分成员单位代表共计 50 余人参加会议，会议由湖南环境生物职业技术学院院长左家哺主持。全国林业职业教育教学指导委员会常务副主任胡志东发表讲话，他对南方职教集团 2019 年的工作给予了充分肯定，认为中国（南方）现代林业职业教育集团独具优势和特色，集团成员单位凝聚力不断增强，影响力不断上升，取得了显著成效。年会上，集团秘书长冯昌信教授代表集团理事会做了《中国（南方）现代林业职业教育集团 2019 年工作报告》。年会上，集团副理事长单位代表贵州省林业学校副校长陈登宣读了集团第一届职业技能竞赛、集团第二届微课创作大赛和全国首届林业创新创业大赛半决赛南方集团分赛点获奖个人及院校的表彰决定，并举行隆重的颁奖仪式。为了进一步促南方教育集团发展，年会上江西环境工程职业学院党委副书记宋墩福教授做了经验交流报告，分享了学院在学生技能竞赛上成功的经验和做法。

2020 年 10 月，教育部职业教育与成人教育司正式公布了《关于公布全国第一批示范性职业教育集团（联盟）培育单位名单的通知》（教职成司函〔2019〕33 号），中国（南方）现代林业职业教育集团成功入选，成为首批 150 个国家示范性职教集团（联盟）培育单位之一。中国（南方）现代林业职业教育集团入选全国第一批示范性职业教育集团（联盟）培育单位，是集团在深化职业教育教学改革，打造现代林业职业教育品牌，提升我国现代林业职业教育综合实力，为我国现代林业发展和生态文明建设服务的典型成果。

同时，该项荣誉称号的获得，对集团各成员单位进一步深化产教融合、校企合作，完善现代职业教育体系，提高技术技能人才培养质量，全面增强职业教育集团化办学的活力和服务能力，提供了良好的契机。

2020年11月，由中国（南方）现代林业职业教育集团主办的首届教师教学能力比赛现场决赛在宁波城市职业技术学院举行。决赛通过现场展示和答辩等方式全面考察了教学团队的教学能力设计和课堂教学实施效果。赛后举行了教学能力比赛闭幕式会议，中国（南方）现代林业职业教育集团副理事长左家哺教授，中国（南方）现代林业职业教育集团副理事长潘菊素教授，广西生态工程职业技术学院副院长潘梅勇教授，中国（南方）现代林业职业教育集团副秘书长王永富教授，以及参赛选手共计30余人参加闭幕式会议，闭幕式会议由宁波城市职业技术学院景观生态学院院长吴立威教授主持。闭幕式会议上，还举行了中国（南方）现代林业职业教育集团授予宁波城市职业技术学院为本集团教师教学能力比赛基地揭牌仪式。

2020年12月19日，由中国（南方）现代林业职业教育集团主办、湖南环境生物职业技术学院承办的中国（南方）现代林业职业教育集团2020年年会暨校长联席会议在湖南衡阳顺利召开。国家林业和草原局人事司教育培训处处长邹庆浩，国家林业和草原局职业教育研究中心常务副主任胡志东，中国（南方）现代林业职业教育集团理事长罗掌华教授，中国（南方）现代林业职业教育集团副理事长李永和教授、左家哺教授、廖金铃教授、潘菊素教授，中国（北方）现代林业职业教育集团副理事长潘玉昆教授，中国（南方）现代林业职业教育集团秘书长冯昌信教授以及集团部分成员单位代表共计50余人参加了会议，会议由湖南环境生物职业技术学院党委副书记李友华研究员主持。邹庆浩处长对南方职教集团2019年的工作给予了充分肯定，他认为中国（南方）现代林业职业教育集团在创新人才培养模式、搭建绿色人才培养体系、实现集团内人才共建共享等诸多方面做出了卓有成效的工作。国家林业和草原局职业教育研究中心常务副主任胡志东作《中国林业职业教育的价值、使命、担当》专题报告，重点从中国林业职业教育的价值论、中国林业职业教育面临的矛盾、林草行业需要什么样的职业教育等三个方面汇报了当前我国林业职业教育的价值、使命和担当。会上，中国（南方）现代林业职教集团秘书长冯昌信教授作集团2020年工作报告及集团2021年计划。

报告中指出，集团各成员单位精诚协作，密切配合国家林业和草原局人教司实施的各项林业职业教育改革重大工程，逐步形成了理事会、校长联席会、专家委员会的集团管理运行机制，扎实推进人才培养、资源共建共享、校企合作和社会服务等工作，扩大集团在社会上的影响力。

2021年4月9日，为提高职教集团办学水平，促进职教集团高质量发展，中国（南方）现代林业职业教育集团理事长冯昌信教授一行，赴中国（北方）现代林业职业教育集团进行工作经验交流。中国（北方）现代林业职教集团理事长王忠彬教授、中国（北方）现代林业职教集团常务副理事长王巨斌教授，以及相关人员参加了工作经验交流研讨会。会上，中国南北两大林业职教集团代表在集团主办活动、资源共建共享、校企融合、集团运行情况、国家级示范性职业教育集团的培育路径等集团化办学经验上，进行了深入交流，并对中国南北两大林业职业教育集团在资源共建共享等方面开展合作达成了共识。

2021年4月28日，由中国（南方）现代林业职业教育集团主办，安徽林业职业技术学院承办的中国（南方）现代林业职业教育集团2021年校长联席会在合肥顺利召开。安徽省林业局党组成员、副局长张令峰，中国（南方）现代林业职业教育集团理事长冯昌信，安徽林业职业技术学院校长钱滕，福建林业职业技术学院校长刘文开，云南林业职业技术学院校长段利武，江苏农林职业技术学院副校长周兴元，安徽林业职业技术学院副校长夏桂林，湖南环境生物职业技术学院副校长雷小生，广东生态工程职业学院副校长陈岭伟，云南林业职业技术学院副校长林向群，安徽林业职业技术学院纪委书记张余田，池州职业技术学院副校长孙垚等，以及集团理事单位代表共计40余人参加了会议。安徽林业职业技术学院钱滕校长主持开幕式。中国（南方）现代林业职业教育集团冯昌信理事长主持集团重点工作研讨会。研讨会就2021年集团重点工作进行了研讨。广东生态工程职业学院陈岭伟副校长主持副理事长单位代表变更和相关单位加入集团审议的会议。本次校长联席会邀请江苏农林职业技术学院副院长周兴元、教务处副处长孔德志应邀分别作了题为《职业教育教学成果奖的培育和申报》《高等林业职业院校本科专业申报》专题学术报告。

2021年10月，由中国（南方）现代林业职业教育集团主办的第二届技能大赛，分别由云南林业职业技术学院承办的林业 3S 技术应用赛项，福建林业职业技术学院承办的边坡绿化赛项和林分调查技术赛项，开幕式在云南林业职业技术学院举行。中国（南方）现代林业职业教育集团理事长冯昌信教授出席开幕式并讲话，云南林业职业技术学院副校长林向群教授致辞。中国（南方）现代林业职教集团第二届技能大赛共有 15 所成员院校 58 个参赛团队参加比赛，其中边坡绿化赛项共有 12 所院校 21 支队伍参赛，林分调查技术赛项共有 11 所院校 20 支队伍参赛，林业 3S 技术应用赛项共有 9 所院校 17 支队伍参赛。

# 中国（南方）现代林业职业教育集团取得的荣誉

## 获全国第一批示范性职业教育集团培育单位

# 教 育 部 司 局 函 件

教职成司函〔2020〕33 号

## 关于公布第一批示范性职业教育集团（联盟）
## 培育单位名单的通知

各省、自治区、直辖市教育厅（教委），各计划单列市教育局，新疆生产建设兵团教育局，有关单位：

根据《关于开展示范性职业教育集团（联盟）建设的通知》（教职成司函〔2019〕92 号）的工作安排，经自愿申报、省级教育行政部门和有关行指委推荐、专家评审、公示等环节，确定了第一批示范性职业教育集团（联盟）培育单位名单，现予以公布（名单见附件1）。

各地教育行政部门、有关单位要充分认识推进职业教育集团化办学的重要意义，深入落实《国家职业教育改革实施方案》《职业教育提质培优行动计划（2020—2023年）》《教育部关于深入推进职业教育集团化办学的意见》等文件精神，以建设培育示范性职业教育集团（联盟）为契机，进一步完善职业院校治理结构，扎实有效开展实验探索，全面增强职业教育集团化办学的活力和服务能力。

**一、明确工作定位.** 把建设培育示范性职业教育集团(联盟)作为深化产教融合、校企合作的重要抓手,以服务发展为宗旨、促进就业为导向,以完善现代职业教育体系为引领,以提高技术技能人才培养质量为核心,进一步激发职业教育办学活力,促进优质资源开放共享。

**二、加强组织领导.** 各地教育行政部门和有关单位要创新工作机制,有效整合资源,加强对集团化办学的统筹、协调、督导和管理。将示范性职业教育集团(联盟)培育单位纳入职业教育提质培优行动计划(2020—2023年)重点任务,待培育期满后,我司将组织统一认定500个左右实体化运行的示范性职教集团。

**三、注重探索创新.** 把职业教育集团化办学作为深化职业教育办学体制机制改革,推进现代职业教育体系建设的重要手段,加快完善集团化办学实现形式。优先在示范性职业教育集团(联盟)培育单位探索产权制度改革和利益共享机制建设,开展股份制、混合所有制办学试点。

**四、落实支持政策.** 对示范性职业教育集团(联盟)培育单位开展体制机制改革、招生招工一体化、培养模式创新等探索实践,要优先给予政策支持。各级教育行政部门要积极协调发改、财政等部门,统筹推进产教融合建设试点、示范性职业教育集团(联盟)等工作,落实好财税、土地、金融等支持政策。

　　按照工作安排，我司将适时启动第二批示范性职业教育集团（联盟）培育单位建设工作。各地教育行政部门、有关行指委要在职业教育集团（联盟）自愿申报的基础上，全面考察评价，提出推荐排序名单，于11月23日前通过网络（网址：http://jth.chinazy.org）报送推荐书（附件2）、推荐名单汇总表（附件3）等材料，同时将纸质材料和资料汇编报专家组。各省级教育行政部门推荐数量不超过5家，计划单列市不超过3家，行指委推荐不超过3家，已入围第一批示范性职业教育集团（联盟）的培育单位不在推荐范围。

联系人：

教育部职成司：卢昊 010-66097741

技术平台：刘晏荦 010-64929239，88504118

邮箱：jth@chinazy.org

邮寄地址：北京市朝阳区慧忠路5号远大中心

附件：

1.第一批示范性职业教育集团（联盟）培育单位名单

2.示范性职业教育集团（联盟）推荐书

3.示范性职业教育集团（联盟）推荐名单汇总表

教育部职业教育与成人教育司

2020年10月15日

| 98 | 湖南工艺美术职业教育集团 | 湖南工艺美术职业学院 |
|---|---|---|
| 99 | 湖南汽车职业教育集团 | 湖南汽车工程职业学院 |
| 100 | 湖南建筑职业教育集团 | 湖南城建职业技术学院 |
| 101 | 湖南现代农业职业教育集团 | 湖南生物机电职业技术学院 |
| 102 | 湖南现代物流职业教育集团 | 湖南现代物流职业技术学院 |
| 103 | 湖南化工职业教育集团 | 湖南化工职业技术学院 |
| 104 | 湖南机器人与智能装备职业教育集团 | 湖南机电职业技术学院 |
| 105 | 全国机械行业新能源技术装备职业教育集团 | 湖南电气职业技术学院 |
| 106 | 珠海市职教集团 | 广东科学技术职业学院 |
| 107 | 广东机电职业教育集团 | 广东机电职业技术学院 |
| 108 | 广东建设职业教育集团 | 广东建设职业技术学院 |
| 109 | 广东食品药品职业教育集团 | 广东食品药品职业学院 |
| 110 | 广东工贸职业教育集团 | 广东工贸职业技术学院 |
| 111 | 店长职业教育集团 | 广州番禺职业技术学院 |
| 112 | 广东轻工职业教育集团 | 广东轻工职业技术学院<br>广东省轻工业联合会 |
| 113 | 中国水利职业教育集团 | 广东水利电力职业技术学院<br>黄河水利职业技术学院 |
| 114 | 广西工业职业教育集团 | 广西工业职业技术学院 |
| 115 | 广西汽车产业职业教育集团 | 柳州职业技术学院<br>上汽通用五菱汽车股份有限公司 |
| 116 | 中国（南方）现代林业职业教育集团 | 广西生态工程职业技术学院 |
| 117 | 广西茶业职业教育集团 | 广西职业技术学院 |
| 118 | 广西轨道交通工程职业教育集团 | 柳州铁道职业技术学院 |
| 119 | 广西现代商贸职业教育集团 | 广西经贸职业技术学院 |
| 120 | 广西水利电力职业教育集团 | 广西水利电力职业技术学院 |
| 121 | 广西建设职业教育集团 | 广西建设职业技术学院 |
| 122 | 重庆智能制造职教集团 | 重庆工业职业技术学院 |

# 获广西壮族自治区首批示范性职业教育集团

## 广西壮族自治区教育厅

桂教职成〔2018〕58号

### 自治区教育厅关于公布自治区首批示范性
### 职业教育集团评选结果的通知

各市教育局，各有关高等学校，区直各中等职业学校：

为加快推进我区职业教育集团化办学，发挥职业教育集团在治理结构、运行机制、创新办学模式、服务经济社会发展等方面的示范引领作用，我厅印发了《自治区教育厅关于开展自治区级首批示范性职业教育集团遴选工作的通知》（桂教职成〔2018〕47号），经申报、形式审查、专家评审、网上公示等环节，确定了广西工业职教集团等10个职教集团为自治区首批示范性职业教育集团。

自治区示范性职业教育集团要进一步加强自身建设，创新体制机制，深化产教融合、校企合作，促进教育链和产业链有机融合，全面提升服务区域产业发展、服务现代职业教育体系建设的能力，在我区深入推进职业教育集团化办学中发挥示范引领作用。我厅将在政策支持、资金投入和项目安排等方面对自治区示范性职业教育集团建设予以倾斜支持，承担自治区示范性职业教育集团建设任务的有关职业院校要明确建设的任务与要求，落实的建设举措和投入保障，确保自治区示范性职业教育集团建设取得预期实效。

附件：自治区首批示范性职业教育集团名单

广西壮族自治区教育厅

2018 年 11 月 21 日

附件

# 自治区首批示范性职业教育集团名单

| 序号 | 集团名称 | 秘书单位 |
| --- | --- | --- |
| 1 | 广西工业职教集团 | 广西工业职业技术学院 |
| 2 | 广西茶业职业教育集团 | 广西职业技术学院 |
| 3 | 广西汽车产业职业教育集团 | 柳州职业技术学院 |
| 4 | 广西农业职业教育集团 | 广西农业职业技术学院 |
| 5 | 中国（南方）现代林业<br>职业教育集团 | 广西生态工程职业技术学院 |
| 6 | 广西水利电力职业教育集团 | 广西水利电力职业技术学院 |
| 7 | 广西交通运输职业教育集团 | 广西交通职业技术学院 |
| 8 | 广西现代商贸职业教育集团 | 广西经贸职业技术学院 |
| 9 | 南宁市中等职业商贸<br>旅游专业集团 | 南宁市第一职业技术学校 |
| 10 | 广西商务职业教育集团 | 广西国际商务职业技术学院 |